养老质量测评

——中国老年人口生活质量
评价与保障制度

刘渝琳 著

商务印书馆
2007年·北京

图书在版编目(CIP)数据

养老质量测评:中国老年人口生活质量评价与保障制度/刘渝琳著.—北京:商务印书馆,2007
ISBN 978-7-100-05353-2

Ⅰ.养… Ⅱ.刘… Ⅲ.①老年人—生活—质量—评价—中国 ②老年人—社会保障—福利制度—研究—中国
Ⅳ.D669.6 D632.1

中国版本图书馆 CIP 数据核字(2007)第 075667 号

所有权利保留。
未经许可,不得以任何方式使用。

养 老 质 量 测 评
——中国老年人口生活质量评价与保障制度

刘渝琳 著

商 务 印 书 馆 出 版
(北京王府井大街36号 邮政编码 100710)
商 务 印 书 馆 发 行
北京瑞古冠中印刷厂印刷
ISBN 978-7-100-05353-2

2007 年 8 月第 1 版　　开本 787×960　1/16
2007 年 8 月北京第 1 次印刷　印张 22
定价:33.00元

目 录

前 言 ·· 1

第一章 绪 论 ··· 4
  1.1 问题与背景 ··· 4
  1.2 目的及意义 ··· 9
  1.3 思路与方法 ··· 12
  1.4 内容和结构 ··· 14
  1.5 研究的难点与创新 ·· 21

第二章 国内外文献综述及理论借鉴 ·· 25
  2.1 国内外文献综述 ·· 25
  2.2 理论借鉴 ·· 34
  2.3 对现有研究的反思及进一步研究的必要性 ······································ 42

第三章 老年人口生活质量的含义及内容界定 ·· 44
  3.1 以往对生活质量的研究视角 ··· 44
  3.2 本课题的研究视角分析 ·· 45
  3.3 研究的内容确定 ·· 53
  3.4 研究的含义界定 ·· 58
  3.5 本章小结 ·· 59

第四章 基于 UML 的老年人口生活质量指标体系的构建 ························· 60
  4.1 引言 ··· 60

4.2 UML 基础 ………………………………………………… 61
4.3 创建指标体系的初始构架模型 ………………………… 71
4.4 建立系统结构类图 ……………………………………… 97
4.5 我国老年人口生活质量指标体系的构建 ……………… 99
4.6 本章小结 ………………………………………………… 104

第五章 我国老年人口生活质量指标指数的构造 ………… 105
5.1 指标权重方法的确定 …………………………………… 105
5.2 老年人口生活质量指标体系权重值的确定 …………… 108
5.3 老年人口生活质量综合指数的计量 …………………… 117
5.4 指标解释与构造 ………………………………………… 118
5.5 本章小结 ………………………………………………… 144

第六章 老年人口生活质量指标体系的实证检验 ………… 145
6.1 调查对象及方法确定 …………………………………… 145
6.2 调查资料整理和有效性判断 …………………………… 147
6.3 回归方程检验 …………………………………………… 152
6.4 聚类分析 ………………………………………………… 167
6.5 模拟分析——模拟提升因子的权重 …………………… 175
6.6 本章小结 ………………………………………………… 177

第七章 我国老年人口生活质量的现状及成因分析 ……… 179
7.1 存在的问题 ……………………………………………… 179
7.2 我国老年人口生活质量不高的外部成因研究 ………… 185
7.3 造成困境机理：一个简单模型 ………………………… 186
7.4 老年人口生活质量政策设计的内在矛盾 ……………… 191
7.5 其他国家或城市的经验评价 …………………………… 194
7.6 本章小结 ………………………………………………… 204

第八章 制度分析与政策支持 ················ 206
8.1 基于公共产品外部效应矫正机制的老年生活保障制度的确立 ················ 206
8.2 基于"软预算约束"机制的老年医疗保险制度的确立 ················ 219
8.3 基于部分基金制下的我国养老保险制度的确立 ················ 231
8.4 基于制度保障的经济来源的投资稳定性和良性利用的机制构造 ················ 268
8.5 本章小结 ················ 277

第九章 研究结论与政策运用 ················ 279
9.1 研究结论 ················ 279
9.2 政策运用 ················ 285
9.3 研究展望 ················ 288

参考文献 ················ 291

附录 A 老年人口生活质量问卷调查表 ················ 302

附录 B 城镇老年人口样本调查 ················ 304

附录 C 老年人口生活质量评价系统 ················ 309
1 系统的设计与研究 ················ 309
2 功能模块的设计技巧及特点 ················ 313
3 结束语 ················ 342

后记 ················ 343

前　言

1982年联合国在奥地利的维也纳召开了第一届世界老龄化问题大会,大会规定:60岁及以上人口占总人口数10%以上,或是65岁及以上人口占7%以上的国家或地区称之为"老年型"国家或地区。如果说在当时主要是一些发达国家正在经历着人口老龄化所带来的一系列问题,那么20年后的今天,老龄化问题已经成为发达和发展中国家共同面对的挑战了。

在我国,随着人口生育率的持续下降和人口平均预期寿命的延长,全国人口老龄化进程正在不断加快。根据我国第五次人口普查资料显示:目前我国60岁以上老年人口已超过总人口的10%;65岁以上人口为9 400万,占全国总人口的7%。预计到2015年,我国60岁以上人口将超过2亿,约占总人口的14%;65岁以上的人口将达到8.9%。0—14岁人口占总人口的22.89%,以60岁为老年人口年龄起点①,0—14岁为少儿年龄范围,将老年人口除以少年人口所得的老少比为30.4%。以上数据充分说明,我国已进入人口老龄化社会,近年来,老年人口在全国总人口中的比重日益增加,使得国内对老年人群的关注也日益增强,伴之而来的研究老年人口的生活质量问题就成为了有关部门和学术界、社会团体所关注的焦点和热点之一。

在现有的关于我国老年人口生活质量指标体系的构建与分析的研究中,尽管不同领域的学者从各自的学科角度对生活质量的主观维度有所涉及,社会指标研究中也论及生活质量指标体系,但是真正完整地对老年人口生活质量指标体系进行评价的研究并不多,并且将在理论研究基础

---

① 全书中老人均指60岁以上人口。

上所建立的指标体系结合中国具体实际进行实证研究的就更不多了。因此,在这样的一种老年人口生活质量指标体系的理论研究背景之下,科学可行地构建适合我国特殊国情的老年人口生活质量评价指标体系将在一定程度上补充和完善对该问题的研究。

2004年由本人主持的"我国老年人口生活质量指标体系的设置与评价研究"(批准号:04CTJ005)得到了国家社会科学基金项目的支持,该项目研究的基本定位是:以老年人口为研究对象,以生活质量为中心,以制度保证为重点,以指标体系评价为主线,通过理论与实证分析,探索在我国老龄化日趋严重的条件下,中国老年人口生活质量的评价方法及保障机制。

在国家哲学社会科学规划办公室、重庆市社会科学规划办公室、重庆大学、昆明大学及有关专家的关心与支持下,课题组成员根据研究计划,围绕课题思路,积极认真开展研究工作,其研究成果在以下方面有所突破并形成了自身的研究特色。

一、研究目标定位于有重要应用价值而又缺乏理论关注的领域。 现有研究多以人口生活质量为研究对象进行"指标体系"研究;本课题在定位上选择老年人口作为研究对象,并且以其生活质量作为研究内容,它本身就是一个受世人关注而又研究较为欠缺的领域。到目前为止,理论界还没有形成专门的关于老年人口生活质量指标体系的研究成果,尽管有国际上比较权威的关于人口生活质量指数的计量,但老年人口生活质量指数的构成还是一个空白。因此,该课题的研究是一个新的开拓。

二、在研究内容上突出共性与特殊性的结合。 本课题从提升老年人口生活质量、完善保障生活质量的制度机制等方面提出了国家投资、私人生产对生活质量的影响机制、老年医疗保障的软预算约束机制、养老保险资金的部分基金制的思想,该思想不仅具有近期效应,而且考虑了长远的综合利益,特别注重了老年人口群体的特殊性。

三、研究方法与切入点有所突破。 本课题使用的研究方法是同类研究中较为先进或前沿性的,有些方法是我们首次应用于生活质量研究的(如UML方法),有些则是我们在前期研究中归纳、借鉴形成的(如层次分析、博弈分析)。在研究视角上将研究的落脚点集中在对指标的选择及指标体系构建及评价方法上,一定程度上完善和发展了我国老年人口生活质量评价指标体系。同时,课题着重于制度方面的研究,而不是全面研究生活质量需要解决的所有理论问题,这不仅能突出研究重点,而且使课题的研究成果在理论上具有创新性,在实践上具有可操作性。

值得高兴的是,经专家匿名评审鉴定,其研究成果得到了充分的肯定与较好的评价:**专家认为该项研究成果是我国老年人口生活质量指标体系研究中最为系统和全面的一项成果;并且认为该项成果具有较大的创新,在该研究领域达到了国内先进水平。**

但是,我们也清楚地认识到,老年人口生活质量的指标体系评价是一个复杂的社会工程,目前国内外没有权威的指标评价指数。本研究旨在抛砖引玉,不妥之处,热忱期望专家学者们不吝赐教指正。

刘 渝 琳

2007 年 3 月

第一章 绪论

1.1 问题与背景

1.1.1 问题的展示

本课题是关于老年人口生活质量指标体系的研究,研究的基本定位是:以老年人口为研究对象,以生活质量为中心,以制度保证为重点,以指标体系评价为主线,通过理论与实证分析,探索在我国老龄化日趋严重的条件下,中国老年人口生活质量的评价及保障机制。本课题的研究主要基于以下方面:

第一,基于制度层面上的研究

关于老年人口生活质量的研究大多聚焦于对生活质量水平的衡量,对影响老年人口生活质量的因素及其分析也主要体现在一些表象上。本课题的研究目的是从制度方面发掘影响老年人口生活质量的深层次原因,特别是关于隐藏在原因背后的机制设计对老年人口生活质量的影响。

第二,基于理论层面上的研究

从理论上来讲,对于生活质量的研究最早起源于20世纪60年代的美国。当时对于生活质量研究的涉及面较窄,研究的方法也比较单一浅显。后来随着各国人口结构的变化与发展,人口老龄化的趋势在一些国家已经开始出现,这也是学术界之所以开始重视老年人口生活质量研究的重要原因之一。老年人口是一个特殊的群体,这就使得关于老年人口这一群体的研究带有一定程度上的特殊性。由于进入老年这一个年龄阶段的时候,人的生理、心理等诸多方面都有可能与年轻阶段相比发生了重大的变化,这给研究老年人口生活质量的相关问题带来了一定的不确定性,在一定程度上增加了研究的难度。

在现有的关于我国老年人口生活质量指标体系的构建与分析的研究中,不少学者提出了指标体系构建的设想,但是真正完整地对老年人口生活质量指标体系进行评价的研究并不多,并且将在理论研究基础上所建立的指标体系结合中国具体实际进行实证研究的就更不多了。因此在这样的一种理论研究背景之下,科学可行地构建适合我国特殊国情的老年人口生活质量指标体系是有必要的,可以在一定程度上对我国老年人口生活质量指标体系的研究作出有益的补充。

第三,基于技术层面上的研究

从研究的技术层面上来讲,我国许多学者对老年人口生活质量指标体系的设计中有许多项目统计资料尚缺,也不可能很快有这方面的统计,必须进行实证研究取得各地详细数据才能作出评估。同时由于我国特殊的国情,城乡有别,不同地区差别也很大。因此,要对全国各种类型的地域都进行实证研究后才能测量出中国人口的生活质量。此外,在有关学者所研究的指标体系中有许多指标是属于主观方面的感受与评价,然而由于心理、精神等主观方面的指标是不容易进行量化处理的,但是这些主观方面的指标又在很大程度上对指标体系的研究有决定性作用,故而使得现有的这一领域的指标体系研究有所欠缺。今后研究的重要任务之一就是在大量实证性问卷调查基础上,筛选出主要的、能被准确测量的若干主观生活质量指标,按照一定的权重纳入生活质量指标体系。因此本课题在考虑我国老年人口生活质量指标体系设置的时候,也将采用问卷形式,在一定程度上尝试添加相关主观方面的指标,以弥补由于指标体系只包含易于量化的客观指标所导致的不完善性与非全面性的缺陷。

第四,基于实践层面上的研究

在当今竞争日益激烈的情况下,每个国家的经济、文化等综合国力的发展显得尤为重要。从某种意义上讲,竞争的格局将取决于谁能拥有较高的人口素质,谁能以较快的速度改善人口的生活质量,跻身于世界各国的前列。近年来无论是发达国家还是发展中国家都越来越清晰地认识到，经济增长本身并不是终极目标，全民生活质量的真正提高才是最重要的。

人类社会迈进20世纪以前，很少有"人口老龄化"一词的出现。然而，在进入20世纪以后，随着西方发达国家出生率和死亡率普遍下降的趋势越来越明显，致使人口年龄结构发生了重大的变化。人口老龄化是世界人口发展的普遍趋势，是科学与经济不断发展进步的标志。在1982年，维也纳世界人口老龄问题大会规定，60岁及以上人口占总人口数10%以上，或是65岁及以上人口占7%以上的国家或地区称之为"老年型"国家或地区。在我国，随着人口生育率的持续下降和人口平均预期寿命的延长，全国人口老龄化进程正在不断加快。进入21世纪以来，世界上大多数国家都面临着全面进入老龄化社会的巨大挑战。根据我国第五次人口普查资料显示：目前我国60岁以上老年人口已超过总人口的10%；65岁以上人口为9 400万，占全国总人口的7%。预计到2015年，我国60岁以上人口将超过2亿，约占总人口的14%；65岁以上的人口将达到8.9%。0—14岁人口占总人口的22.89%，老少比为30.4%。按照国际通用指标规定，当一国60岁及以上人口超过10%或65岁及以上人口超过7%，0—14岁人口低于30%，老少比在30%以上时，就可以确定这个国家步入老龄化社会。以上数据充分说明，我国已进入人口老龄化社会。近年来，老年人口在全国总人口中的比重日益增加，这个庞大人群在数量上的不断膨胀，使得国内对老年人群的关注日益增加，研究老年人口的生活质量问题也随之成为了有关部门和学术界、社会团体所关注的焦点和热点之一。

综合以上制度、理论、技术以及实践层面上的原因，本课题将在国内外相关的统计指标体系理论以及生活质量理论的基础上，在充分考虑我国老年人口具体实际的条件下，根据老年人口生活质量的内涵，以UML为分析工具，运用层次分析法和专家咨询法相结合的方法确定各层次指标的权重并设置反映老年人口生活质量的各项指标，从而形成反映老年人生活质量的各层次指标体系，同时采用指标值的无量纲化对指标体系中的单项指标进行标准化处理以获得相关对应的参考变量，并在此基础上运用计量经济学理论及人口统计分析方法对指标体系进行评价及方案选择,最后将结合实证研究的结果,分析其影响老年生活质量的原因并揭示出其制度影响的重要性,在此基础上,设计出适合我国老年人口的保障机制,为衡量我国老年人口生活质量提供制度保证。

1.1.2 研究的背景

第一,时间背景

本研究跨越建国以来特别是20世纪80年代以来我国老年人口生活质量含义变化的各个阶段。考虑到研究结论的针对性、实效性和对未来的指导意义,本课题将重点考察1996年把"老有所养、老有所医、老有所为、老有所学、老有所乐"写进《中华人民共和国老年人权益保障法》后老年人口生活质量含义界定的变化及其与保障制度的关系。为了更深刻地刻画和揭示老年人口生活质量的含义及内在特征,本研究在相关的制度考察中,还将研究的时间背景适当地延伸到老年人口生活质量未来的发展,以前瞻性的视角考察并解释现实问题。

第二,空间背景

本研究不包括60岁以下人口,但是随着人口寿命的延长及老年人口的增加,这种空间概念在不同的发展阶段,其内涵、形态和特征是各有区别的动态概念。本研究认为正是这种发展变化对老年人口的生活质量构成了重要的影响。但本研究的空间背景并不局限于此,而是一方面将老年人口置于整个经济发展过程之中,从经济和社会发展全局的角度,从总体和宏观上加以考察和研究;另一方面,结合人口生活质量的内容,从制度设计上进行研究和探索;同时还将从健康、物质、精神、家庭、环境等角度,构建老年人口生活质量的评价基础。

第三,理论背景

本研究以前人相关的理论成果和实践经验为宝贵资源,从中汲取可用于支撑本研究的理论和方法营养,并试图取得创新。本研究将这些理论资源集中概括为可持续发展理论、博弈理论及供求关系三大理论体系。其中既包括市场经济的相关理论及其研究方法,又包括统计研究中的各种计量的理论、方法与政策主张,还包括计算机系统中的 UML 应用方法。研究中将在严格分析这些理论产生、发展和应用条件的基础上,紧密结合中国实际和研究需要努力加以吸收应用,并力争突破与创新。

第四,现实背景

当今中国最大和最重要的背景是改革开放。改革开放的核心是社会主义市场经济体制的建立和完善,以及与之相伴的对外开放和随之而来的全球化冲击。在本研究中前者构成了体制背景,后者构成了开放背景。

从体制背景上看,本研究正处于计划经济不可逆转地被市场经济逐渐代替的阶段,尽管体制转型尚未完成,但社会主义市场经济体制的建立和完善已驶入"快车道"。因此,本研究总结计划经济中老年人口生活质量存在的问题及对现在造成的影响,立足转型经济,面向市场经济,寻求市场经济中老年人口生活质量评价体系的完善对策。但本研究并不始终停留在体制转型的背景下,而是以市场经济的理论模型为参照,研究和探索中国老年人口生活质量评价的制度选择与机制建立。

从开放背景上看,伴随着改革的深化及中国加入 WTO 参与经济全球化,对外开放进入新的发展阶段。从生活质量的角度看,由于经济的发展与对外开放程度的加深与规范,为老年人口生活质量的评价奠定了基础,同时,更加规范与开放的国际条件为老年人口生活质量提供了参照,同时也提出了更严格的约束条件。本研究将在这些约束条件下,分析其内在关系,探索中国老年人口生活质量评价与制度保障的互动发展及机制建立。

总之,本课题以中国老年人口生活质量评价中出现的诸多问题为分析的起点,针对老年人口生活质量保障制度选择中的矛盾,运用经济学、投资学、博弈论等相关理论,分析和阐释老年人口生活质量提高所依赖的制度实施问题,并依据制度实施的结果与制度意图的偏离,反思制度的制定等问题;通过对老年人口生活质量政策实施过程的具体分析,丰富当前我国制度变迁的实证研究,并尽可能作出理论的贡献。

1.2 目的及意义

1.2.1 研究目的

根据本课题研究所考虑的制度、理论、技术以及实践层面等各方面的原因,本课题的研究主要包括以下三个层次的目标:

第一,研究的初级目标

生活质量指标体系的设置与评价问题具有相当强的学科交叉性。同时生活质量这一含义至今在国际上都还没有一个统一的认识,因此本课题研究的初级目标就是在充分借鉴国内外思想基础之上,结合我国老年人口的特殊性,对我国老年人口生活质量的含义进行界定。

第二,研究的中级目标

在界定了我国老年人口生活质量的含义之后,本课题研究的中级目标是要依据"老年人口生活质量"这一新概念的提出,根据建立我国老年人口生活质量指标体系的理论依据,选择并筛取所需要的指标,然后在一定程度上设置出科学合理地反映我国老年人口生活质量的指标体系,并结合实证研究结果对设计出的指标体系进行适当的修正。

第三,研究的终极目标

在设计出我国老年人口生活质量指标体系的框架之后,本课题研究的终极目标是以此客观地评价我国老年人口在建设小康社会进程中的作用及地位,同时也为建立健全养老保障机制及制度安排勾画出方案设想。

1.2.2 研究意义

第一,理论意义

生活质量指标体系的设置与评价问题涉及人口学、社会学、统计学、经济学等多个学科,并且有相当强的学科交叉性,它蕴涵在由健康、物质、精神、家庭、环境五个支持系统构成的可持续发展能力之中,这虽然增加了研究的难度,但同时也为研究提供了广阔的空间。特别是"老年人口生活质量"这一新概念的提出并以此作为全面评价老年人口生活优劣的概念,它不但反映了经济的增长、制度的变迁,也反映了社会的全面进步。老年人口生活质量的问题往往在时间上具有一定的滞后性,而作用的强度则往往具有乘数效应,因此解决老年人口生活质量问题必须具有战略性和超前性的思想。老年人口的增长与老年人社会福利的关系一直是各国备受重视的课题之一,具有较强的理论研究价值。本课题以老年人口作为研究对象,以制度设计为突破口,以设置老年人口生活质量指标体系作为主要内容,不仅丰富了人口生活质量的内容,而且在指标体系的评价上,对 PQLI、HDI、ASHA 等生活质量指数进行了深化与扩展,建立了专门评价老年人口生活质量的指标指数,这无疑为学术界提供了一种新的视角。如何更好地提高老年人口的生活质量,从制度设计上保证老年人口生活质量与建设小康社会的关系,是本课题的理论意义所在。

第二,实践意义

目前中国 65 岁以上的人口超过 9 400 万,占总人口的 7% 以上;80 岁以上老年人口达 1 300 万;60 岁以上老年人口为 1.34 亿,占总人口的 10% 以上,并正在以每年 3.2% 的速度急剧增长。民政部部长李学举在十届全国人大常委会第五次会议上作关于老年人权益保障的工作报告时指出:中国老年人口增长速度很快,按照国际通行标准,中国的人口年龄结构已经开始进入老年型。具体体现在:

①我国人口老龄化速度加快。由于我国人口生育率的持续下降,以及人均寿命的延长等原因,致使我国人口老龄化速度加快,根据联合国的预测,在 21 世纪前 20 年是中国人口老龄化速度最快的时间。目前,在 65 岁以上的人口已经占了 7%,我国用了不到 30 年就达到了这个百分比。中国不仅是世界上人口数量最多的国家,也是老年人口数量最多的国家。同时我国人口老龄化还有一个特点,即超前于经济发展水平而提前出现,这被称为"未富先老"的现象。

②我国老年人口的规模成倍增长。我国老年人口规模巨大,只用了

1/4 个世纪的时间就实现了西方大多数国家历经一个世纪,甚至更长时间才能完成的人口转变。在 2000 年我国老年人口占总人口的比重就达到了 7.08% 左右。人口预测专家根据近年来我国老年人口的增长幅度等情况,以 1990 年的老年人口数作为基期,以 1990 年、1995 年以及 2000 年我国老年人口的数据作为进行预测的前期数据基础,并以每相隔五年为一个预测点,对我国未来近百年的老年人口规模及老龄化变动趋势作了相关预测,如表 1—1 所示:

表 1—1 未来中国老年人口规模及其老龄化变动趋势表

年份	老年人口数(万人)	老年化程度(%)	年份	老年人口数(万人)	老年化程度(%)	年份	老年人口数(万人)	老年化程度(%)
1990	6 299	5.6	2030	23 053	15.3	2070	33 086	21.9
1995	7 578	6.3	2035	27 631	18.1	2075	32 175	21.4
2000	9 019	7.1	2040	30 795	30.1	2080	31 529	21.0
2005	10 300	7.8	2045	31 366	20.4	2085	31 370	20.8
2010	11 451	8.4	2050	31 523	20.6	2090	31 814	21.1
2015	13 428	9.5	2055	32 704	21.5	2095	32 451	21.7
2020	16 805	11.6	2060	33 434	22.0	2100	33 121	21.7

从表 1—1 可以看出,在 2005 年以后我国的老年人口将超过 1 亿,2020 年将达到 1.6 亿,2030 年将达到 2.3 亿,2040 年会超过 3 亿,2040 年到 2080 年期间,我国 65 岁以上人口都将会在 3 亿以上。

③我国高龄老人比重增长较快。高龄老人,一般是指 80 岁及以上的老人。在我国目前的人口结构中,高龄老人成为增长最快的一个群体。从 1990 年到 2000 年,我国高龄老年人口从 768 万增加到了 1 199 万,年平均增长速度达到 4.56%,远远高于我国老年人口和总人口的年平均增长率。

老年人口的核心问题是老年人口的生活质量问题。在我国实现小康生活水平的战略目标中,老年人口生活质量状况如何将直接影响目标的实现程度。由于我国老年人口作为特殊而又容易被忽视的弱势群体,目前我国大多数老年人口存在收入来源单一、文化程度不高、能力贫乏、健康状况欠佳等现实状况,应该说他们还只停留在生存水平的层面上,离生活质量的要求还十分遥远。但随着我国正在进入老年人口由占总人口

10%向20%快速增长的时期,对于这些新老年群体的老年人,他们对物质富裕、健康保障及精神和家庭的需求将日益迫切,因此研究该课题具有广阔的前景和较强的现实意义。

1.3 思路与方法

1.3.1 研究思路

老年人口生活质量是一个集合概念,它是由老年人口在诸多领域中的地位共同表现出来的,如老年人口的物质生活、精神生活、家庭生活、健康质量、生活环境等共同构成了老年人口生活质量的内涵。因此应当由以上内容共同构成反映老年人口生活质量的评价指标体系。该指标体系的直接目标是为客观反映老年人口生活质量提供评价的依据,同时也为提高老年人口生活质量的途径提供理论支撑。因此,为了保证与提高老年人口的生活水平,从政府角度在制度方面提出对老年人口的保障要求。为了提高与推动老年人口生活质量评价的进程,必须完善老年人口生活质量的保障制度,以尽可能实现预期目标或减少损失。因此,本课题研究的基本思路是:针对老年人口生活质量提高的历史使命,分析当前我国老年人口生活质量的现状、存在的问题以及造成当前我国老年人口生活质量不高的理性缘由,刻画我国老年人口生活质量在制度保障中各利益主体间的博弈行为及互动机理,并构造基于这种互动机理上的老年人口生活质量的保障机制,设计解决阻碍老年人口生活质量提高的制度机制、政策环境和政府干预的政策通道。

1.3.2 研究方法

在经济理论研究的方法框架中,一般使用的方法和程序是:假设—概念—现象范围—特定理论—检验方法—价值评判与具体建议。

第一,基本假设

老年人口生活质量的基本假设包括经济人假设、资源稀缺性假设、心理主观假说。经济人假设是指每一个从事经济活动和进行经济决策的个人或集体都以效用最大化为目标。落实到老年人口生活质量理论中,即个人的决策是基于对个人经济利益最大化的追求。由于老年人口生活质量的评价受到主观与客观的影响,因此非经济因素(心理因素)影响的可能性很大。资源稀缺性假设是经济学研究存在的前提,在老年人口生活质量的评价过程中,形成生活质量的资源、养老保障、公共支持、老年人口的健康等投资都被认为是稀缺资源。

第二,概念体系

概念是形成理论框架的基石。老年人口生活质量评价体系所涉及的概念相当广泛,包括与其研究密切相关的老年人口、生活质量等概念,此外还包括公共产品、养老保险基金、外部性、软硬环境及生活质量的动态性。概念体系在一定程度上的集中有助于简化分析对象和分析过程。

第三,研究对象

主要集中在对老年人口生活质量指标体系的研究,研究对象定位在60岁以上老年人口的生活质量上并进行指标体系的设置与评价,这本身就是对人口生活质量范围的突破,也是本课题研究的价值所在。

第四,特定理论

任何项目的研究都需要一定的理论作支撑,老年人口生活质量指标体系的研究涉及人口学、经济学、统计学等诸多理论的融合,是一个跨学科的交叉性课题,有坚实的理论基础并为推动理论的进一步发展提供了广阔的研究空间,有很强的学术研究价值。本课题主要从经济学、管理学的角度进行研究,涉及以下理论:制度经济学理论、可持续发展理论、博弈论、供求理论等。同时期望通过经济理论与经济实践相结合来推动人口生活质量理论的发展。

第五,研究方法

现代人口理论对人口生活质量的研究通常采用的是 PQLI、HDI、ASHA 等指标评价方法。针对本课题研究的思路,在常规方法的基础上,根据我国的特性,该课题还应用了经济学、管理学相关的研究方法。

此外本课题的价值观念还明显地体现在有关的规范分析与实证分析中，具体而言，拟采用以下的技术路线和方法：第一，通过大量资料的检索、收集和调研，在充分了解国内外理论研究前沿的基础上，从假设出发，在主观与客观相结合、宏观与微观相结合、供给与需求相结合的基础上界定本项目老年人口生活质量的内涵；第二，根据现有反映人口生活质量的各项指数进行专家分析—UML模型分析—提取指标—建立指标体系；第三，根据反映老年人口生活质量的各项指标，运用层次分析法和专家咨询法相结合的方法确定各层次指标的权重并设置反映老年人口生活质量的各项指标，从而形成反映老年人口生活质量的各层次指标体系；第四，在对国内社会、经济、管理、人口、统计等方面的知名专家进行函询的基础上，用归一化数学方法对函询的结果进行计算，采用指标值的无量纲化对指标体系中的单项指标进行标准化处理以获得相关对应的参考变量；在此基础上运用计量经济学的理论及人口统计分析方法对指标体系进行评价及实证分析；第五，通过实证研究的结果，从制度保障出发，分析影响老年人口生活质量的制度成因，在此基础上，揭示出制定保障制度的内在机理，为政策建议提供理论及制度支撑。

1.4 内容和结构

1.4.1 研究内容

老年人口生活质量评价的内容包括五个方面：物质生活质量、健康生活质量、精神生活质量、家庭生活质量和环境生活质量等。对老年人口生活质量评价现状的研究表明，这五个方面都不同程度地存在着各种各样的问题，并且，导致这种现状的各种原因都与老年人口生活质量保障制度的实施和运作没有很好地考虑有关老年人口生活水平提高密切相关。

在老年人口的健康生活质量方面，由于老年人口身体的特殊性与保健医疗的需要，选择符合其目标的医疗保障制度是至关重要的。通过研究可以发现健康对老年人口生活质量的影响是最大的,这直接关系到老年人口健康生活质量的高低,更关系到我国制度安排的设计问题。

在老年人口的物质生活质量方面,可以认为物质是人口生存与发展的基础。针对老年人口而言,对物质的消费与享受更多源于原有的积蓄或社会的保障制度。由于老年人口的收入偏低及养老保障制度尚不健全,老年人口并没有得到更多的实惠,严重影响了老年人口物质生活质量的提高。

在老年人口精神生活质量方面,来源于健康、物质为基础的精神,不仅与充足的物质保证、健康的身心条件有关,也与和谐的家庭生活、生存的外部环境、自身的文化素质紧密相关。因此,它是集五个方面于一体的综合指标体系。

在老年人口家庭生活质量方面,我国老年人口安度晚年的重要依托是家庭。家庭成员间的互相关怀,经济上同舟共济,精神上互相慰藉,老年夫妻亲密无间的和谐婚姻关系,这些都将增进老年人的生命活力,减少生活、精神上的各种困扰。特别是随着我国计划生育政策的执行,其政策效应带来的家庭规模的减小使老年人口的晚年更加依赖于老年夫妻的相依为伴。

在老年人口生活环境质量方面,这似乎是影响老年人口生活质量的外在条件,但从实质上看,老年人口的生存环境、医疗保障、养老保障等制度都将对老年人口的物质生活、精神生活、健康生活、家庭生活等带来至关重要的影响。为此,健全的制度不仅是老年人口生活质量的保障基础,而且也是老年人口生活质量的内在运行机制。

针对以上问题,本课题从制度保障的角度出发,认为有几点需要完善:第一,自然环境的改善。自然环境的好坏对老年人的健康十分重要。特别是在自然环境具有公共外部性特征的情况下,如何在资源供给不足与过度使用的现实条件下,在政策制定与制度实施中使之达到供求均衡,而且对老年人口的生活从制度上给予倾斜与保护。第二,医疗保障制度的改革。进入老年的一个主要变化是老年人的身体维护与治疗,原有的医疗保障制度不利于老年人口生活质量的改善,如何在医疗保健的约束方面给予完善,建立软预算约束机制便成为老年人口生活质量的重要内容。第三,养老保障制度的完善。老年人口的实际收入下降已成为不争的事实,作为从生产领域转向消费领域的人口,其对经济的依赖与压力更大,原有的养老保障基金制度无法满足老年人口对经济的需求。养老基金如何保值增值?这个问题长期以来一直是学术界研究的焦点。能够实现投资的保值增值的制度设计是十分重要的。部分基金制度的设计在本课题中的应用就是解决政府与个人的激励约束问题。如何将基金加以定位,以及如何激励、约束和监督它,不仅是完善养老基金运作的重要内容,更是提高老年人口生活质量的保证。具体的研究内容如下:

第一,老年人口生活质量的理论借鉴和国内外研究现状

在国内外研究现状基础上,课题首先着力阐述老年人口生活质量评价的理论研究及其学术价值,然后从两个角度系统地分析老年人口生活质量的研究现状:一方面是从生活质量的指标体系的视角,回顾和论述现有的衡量老年人口生活质量的内容框架,并归纳与采用社会学、经济学、管理学等理论,研究关于老年人口生活质量含义及内容的文献及其主要观点;另一方面,课题着重分析老年人口生活质量评价指标体系,从生活质量评价的角度来探讨国内外关于老年人口生活质量特殊性的主要观点、学术价值和对本课题的借鉴意义。这一部分的研究主要是在整合文献中已有成果的基础上,针对已有研究成果进行归纳,总结出迄今为止基于老年人口生活质量评价指标体系模式的理论比较与利弊分析的主要结论,提出从制度保障的角度研究老年人口生活质量评价的主要观点,提炼出主要的研究理论、模型、方法及工具箱,为本课题的研究提供理论出发点和基本的研究方法平台。

第二,老年人口生活质量指标体系构建的依据及参考

指标体系的设置是本课题的中心内容及难点所在。指标设置的科学与否对评价老年人口生活质量的影响及结论是有差异的。如何设置一套既反映生活质量内容,又反映老年人口生活质量的特殊性的共性与特殊性相结合的指标体系是本课题研究的重点与目的所在。因此,UML系统的使用为指标体系的设置提供了强有力的支撑,也为之奠定了理论与技术基础。

第三,我国老年人口生活质量指标体系构建的框架及指标解释

在指标体系构建的理论基础上,分析我国老年人口生活质量的含义及影响因素。在征求专家意见的基础上,通过理论分析与经验判断,设置反映老年人口生活质量内容的系列指标并针对各指标层对老年人口生活质量的贡献程度作了层次分析。然后依此方法对各单指标也相应地作权重划分。同时,构造一个总结性的综合指数模型。在此基础上,探讨造成这种权重大小的原因和内在机理,为课题构建老年人口生活质量保障的运作机制提供视角。这有利于后续研究中的理论与模型构思,同时也有利于在后续研究中对运行模式的筛选,可以启发老年生活质量评价模型的参数设置和信息结构设计等。这部分研究在整个项目研究中的作用主要是提供一个思维背景,为评价指标体系、衡量老年人口生活质量高低所赖以建立的基本框架提供实证依据。

第四,老年人口生活质量的实证及评价研究

上述各种理论研究都需要实证支持。这部分研究将观察模型中的政策参数(如老年收入与消费、健康变量、环境变量等)在指标数据的采集、时期的选取、检验的模型等方面的变动对老年人口生活质量适用性条件、功能锁定等方面的影响。通过制度政策—作用变量—动态发展的最优路径,检验其结果是否可以反映老年人口生活质量的高低。在此基础上设想将选择的制度机制应用于目前环境下或假设的不同环境下的效果。这种实验既可通过数学推导得出,也可以通过案例、统计分析获取。同时,还要构造出一个总结性的综合指数模型,来刻画经济社会老年人口生活质量可持续发展的总体行为,这个部分的研究将为后续的制度研究提供一个可以依赖的平台,同时将给出在经济理论框架下制度保障的各利益

集团的互动与博弈机制的总体描述。总体框架给出的是较具体的生活质量评价,而具体的均衡过程在这里不给出具体描述和展开,而只是引出这个问题的存在。

第五,老年人口生活质量制度保障的均衡分析

这部分研究将针对上一部分引出的问题进行思考。从描述老年人口生活质量的总体框架出发,对如何建立保障制度的问题加以系统的分析。在总体框架中,给出各制度的表现及利弊趋势,对其制度的实施的可能走向和结果作出大致的判断预测。在各种保障机制的描述中,给出各保障制度的局部博弈关系的微观机理。着重探讨了政府行为,给出了政府与私人的博弈与均衡。提出了自然环境保障、医疗保障、养老保障等局部均衡。在此基础上,提出了各保障制度的运行机理及政策支持,使其构建的保障制度可以揭示基于前述研究结论的我国老年人口生活质量的内在本质。勾勒出保障制度的运行及实施的机制设计,提出相应的具有可操作性的思路及建议。

1.4.2 逻辑结构

我国老年人口生活质量的评价涉及老年人口生活中的健康质量、物质质量、精神质量、家庭质量及生活环境质量等各方面内容及各方关于老年生活质量指标的选择及其实现,虽然不能涵盖老年人口生活质量评价的全部内容,但却勾画了其主要内容,得出完善与提高老年人口生活质量的基本观点。本课题的逻辑结构是:概念界定,分析指标体系构建的基本依据,构造我国老年人口生活质量的指标体系评价,分析老年人口生活质量实践中存在的问题以及产生问题的理性缘由,刻画制度保障下影响老年人口生活质量的博弈行为,构建老年人口生活质量保障制度的运作机制,进行实证研究并揭示出提高我国老年人口生活质量的对策建议,对课题加以总结并指出课题的缺陷和研究展望。整个逻辑结构可以用一个结构示意图来表示,见图1—1。

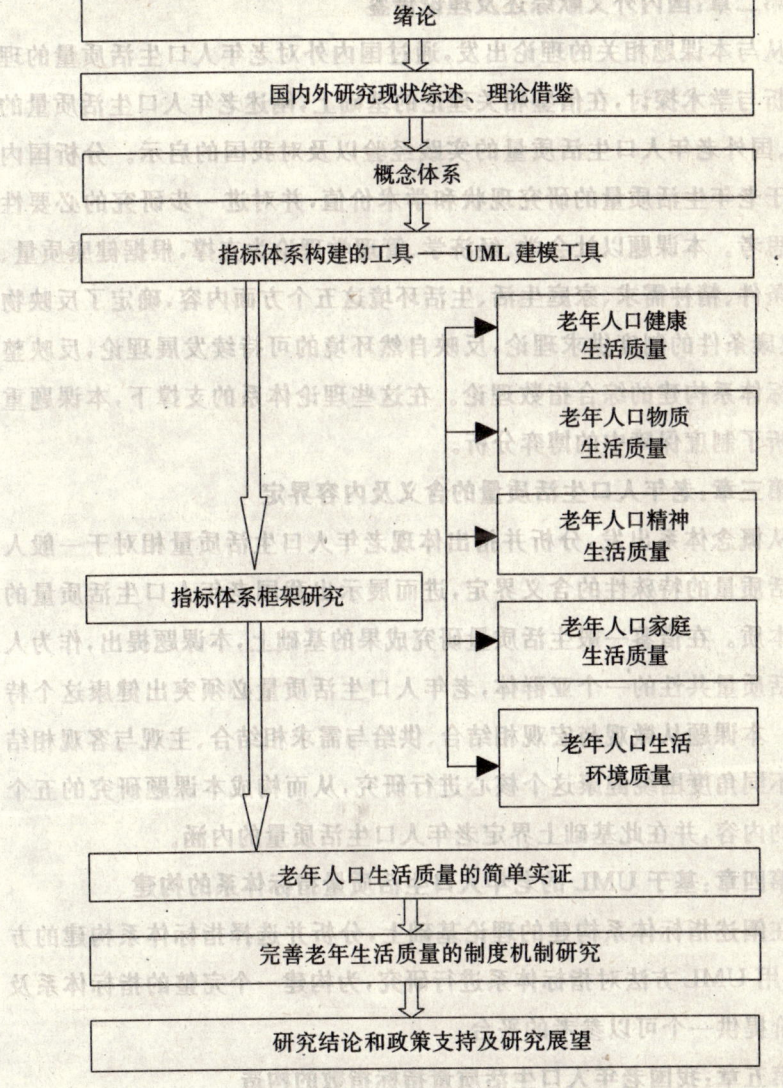

图 1—1 课题结构示意图

根据上述关于课题研究内容的分析和图 1—1 所示的逻辑结构示意图,本课题分为 9 章,具体安排如下:

第一章:绪论

提出课题的研究背景和研究意义,阐述课题的研究内容及课题的逻辑结构,并提出课题的研究方法和可能的创新之处。

第二章：国内外文献综述及理论借鉴

从与本课题相关的理论出发，通过国内外对老年人口生活质量的理论分析与学术探讨，在借鉴相关理论的基础上，阐述老年人口生活质量的起源、国外老年人口生活质量的实践经验以及对我国的启示。分析国内外关于老年生活质量的研究现状和学术价值，并对进一步研究的必要性进行思考。本课题以社会学、经济学、管理学理论为支撑，根据健康质量、物质条件、精神需求、家庭生活、生活环境这五个方面内容，确定了反映物质、健康条件的制度供求理论，反映自然环境的可持续发展理论，反映整个指标体系构建的综合指数理论。在这些理论体系的支撑下，本课题重点分析了制度保障中的博弈分析。

第三章：老年人口生活质量的含义及内容界定

从概念体系出发，分析并指出体现老年人口生活质量相对于一般人口生活质量的特殊性的含义界定，进而展示出我国老年人口生活质量的内在本质。在借鉴一般生活质量研究成果的基础上，本课题提出，作为人口生活质量共性的一个亚群体，老年人口生活质量必须突出健康这个特殊性。本课题从微观与宏观相结合、供给与需求相结合、主观与客观相结合的不同角度围绕健康这个核心进行研究，从而构成本课题研究的五个方面的内容，并在此基础上界定老年人口生活质量的内涵。

第四章：基于 UML 的老年人口生活质量指标体系的构建

在阐述指标体系构建的理论基础上，分析并选择指标体系构建的方法，采用 UML 方法对指标体系进行研究，为构建一个完整的指标体系及其评价提供一个可以参考的平台。

第五章：我国老年人口生活质量指标指数的构造

在指标体系构建基础上，确定反映我国老年人口生活质量内容的指标体系并运用层次分析方法确定指标权重以构造老年人口生活质量评价指标体系，分析指标体系中各单指标是如何计量并与总体生活质量评价的目标一致。在指标选取的基础上，根据因素分析法与主观构权法确定指标权重，同时在借鉴目前具有代表性的三大生活质量指数 PQLI、HDI、ASHA 的基础上，构造符合本课题界定的老年人口生活质量内涵的反映权重的综合指标指数：$I=\dfrac{\sum XW}{\sum W}$。

第六章：老年人口生活质量指标体系的实证检验

通过对样本城市与农村老年人口生活质量的实证分析，揭示并分析城乡差别的内在成因，为分析影响老年人口生活质量的原因奠定基础。

第七章：我国老年人口生活质量的现状及成因分析

本章在借鉴国外生活质量研究的基础上，通过制度方面的运行机制的必要性与可行性分析，揭示了影响老年人口生活质量的内在机理，论证了制度对于保证老年人口生活质量提高的重要性。

第八章：制度分析与政策支持

在对老年人口生活质量影响因素的分析及建立健全保障制度的必要性与可行性分析的基础上，设计影响老年人口生活质量的保障运行机制的制度约束和框架；描述制度约束中政府对行为的激励约束问题；构造一定保障体制的博弈均衡下的各利益的均衡模型；研究健全的保障制度对老年人口生活质量政策效应的影响。

第九章：研究结论与政策运用

在前述分析的基础上，从政府、制度、机制等方面，提出完善我国老年人口生活质量评价的对策建议。同时指出本课题的缺陷所在以及今后进一步研究的展望。

1.5 研究的难点与创新

1.5.1 研究的难点

第一，传统的指标选取通常带有相当的随意性与主观性，本课题力图用一定的模型进行分析以选取指标，这不仅是课题的难点所在，也是课题的亮点所在。

第二，数据搜集的限制是本课题难于深入研究下去的主要原因，但本课题在样本调查的基础上，力图在有限的数据资料中尽可能地反映中国的实际。

第三,现有指标体系的研究方法已相当规范,本课题根据传统的研究方法,在借鉴经济学、统计学理论的基础上,建立了指标指数并在此基础上作实证分析,完成指标构建、评价模型和实证研究集于一体的研究体系,虽然有相当的难度,但却是一个值得研究与突破的问题。

1.5.2 研究的创新

总体来看,本研究的创新思想有以下三方面:

第一,研究目标定位于有重要应用价值但缺乏理论关注的领域

现有研究多以一般人口生活质量为主进行指标体系的研究,而本课题的研究目标定位于"老年人口生活质量的评价指标体系"。本课题选择老年人口作为研究对象,并且以其生活质量作为研究内容,这本身就是一个备受世人关注且研究又较为欠缺的领域。到目前为止,理论界还没有形成专门的关于老年人口生活质量指标体系的研究成果。在国内,尽管武汉大学对人民生活质量指标体系的研究居于国内领先水平,但对老年人口生活质量没有专门的探讨。虽然国际上有比较权威的关于人口生活质量指数的计量,但老年人口生活质量指数的构成还是一个空白。本课题不仅填补了指标体系在这方面的研究空白,还着重于制度机制方面的研究,而不是全面研究生活质量需要解决的所有理论问题,这样做不仅能突出研究重点,而且使本课题在理论上具有创新性,同时在实践上具有可操作性。

第二,在研究内容上突出共性与特殊性的结合

在现有研究中,人口生活质量的研究受到了不同程度的关注,特别是结合小康水平研究生活质量已成为目前研究的热点,但对老年人口生活质量的研究却积累不足,至今仍没有形成系统的观点体系。本课题从提升老年人口生活质量、完善保障生活质量的制度机制等方面提出了国家投资、私人生产对生活质量影响的运行机制、老年医疗保障的软预算约束机制、养老保险基金的部分基金制的思想。该思想将不仅具有近期效应,而且考虑了长远的综合利益,克服了目前更多注重对物质生活提升生活

质量的单方面研究的局限。

第三,研究方法有所创新

由于研究目标与内容的新颖,本课题需要相对新颖的研究方法。从前面对研究方法的叙述看,本课题拟使用的研究方法是同类研究中较为先进或前沿性的,有些方法是我们首次应用于生活质量研究的(如 UML 方法),有些则是我们在前期研究中归纳、借鉴形成的(如层次分析、博弈分析)。同时,在研究视角上将研究的落脚点集中在对指标的选择及指标体系的构建及评价方法上,填补了我国老年人口生活质量评价指标体系方法上的空白。

具体来看,本研究的创新主要体现在以下五方面内容:

第一,建立了基于理论、实证、制度保障三位一体的分析框架

老年人口生活质量指标体系选择不仅是由人口生活质量的内容与老年人口的特殊性的需要所决定,更重要的是由保障制度及机制选择所决定的。以中国人口老龄化及老年生活在运行过程中的问题为研究的源起,以老年人口为研究对象,这是当前我国评价人口生活质量领域的研究中较为薄弱的环节。针对长期以来学术界对老年人口生活质量研究中的内容构成—指标评价—对策的研究范式,本课题的创新之处在于试图探究现行老年人口生活质量保障制度运行的内在机理及运行过程,建立一个关于评价老年人口生活质量的指标体系构建—实证评价—制度机制及管理的运行过程的分析框架。第一次系统地从制度角度、机制运行方式进行老年人口生活质量评价,开辟了研究的新视野。

第二,揭示了老年人口生活质量的内涵

老年人口生活质量的内容应该寓于人口生活质量的内容之中。在共性研究的基础上,对老年人口生活质量评价的根本在于解决老年人口生活质量的特殊性问题。这一研究视角不同于已有的相关研究。有不少学者用现行老年人口生活质量的客观评价与主观感受来界定生活质量的内涵,其阐述颇具启发性。本课题从主观与客观、宏观与微观、供给与需求等方面对老年人口生活质量进行界定,既吸收了比较统一的研究范式,又从不同角度进行研究而达到殊途同归的目的。在此基础上界定生活质量的含义,从而将问题的研究引向深入。

第三,构造了基于老年人口生活质量含义的评价指标体系

老年人口生活质量的内容是多元的、全方位的。课题引入 UML 方法对指标体系进行选择,在此基础上利用层次分析方法,确定并发现了各指标对老年人口生活质量的影响程度及贡献大小。本课题的创新之处在于通过对老年人口生活质量指标体系的选择,构造了一个在老年人口特殊群体约束条件下的指标体系。该指标体系不仅符合老年人口生活质量的性质,而且为生活质量的评价奠定了基础。

第四,明确了影响老年人口生活质量的内在动因及保障机制

本课题认为:影响老年人口生活质量的因素很多,但从其内部寻找原因容易发现,生活质量的提高需要一定的制度作为保障。本课题的创新之处在于从制度的深层原因发掘影响老年生活质量的制度障碍,使其在制度选择中达到均衡以实现提高老年人口生活质量的目的。课题主要构造了影响生活质量的生活环境的制度约束、激励与约束机制,而且对老年人口生活质量的可持续发展也作了推断并预测了长远发展趋势。因此,分析得出的结论,既是理论上的逻辑终点,又可看做是实践的起点。

第五,实证了老年人口生活质量的程度与水平

本课题运用回归分析、聚类分析的方法,采用 EVIEWS、SPSS 软件,在调查了样本城市老年生活状况的基础上,实证地分析其基本特征、影响因素和相互关系,发现并揭示老年人口生活质量的影响因素。同时,从模拟的角度分析了制度改善条件下老年生活质量的实证,第一次对老年人口生活质量进行模拟实证,不仅使课题具有前瞻性,而且也佐证了理论分析所得出的结论。

第二章 国内外文献综述及理论借鉴

任何研究都是在既有研究基础之上,作为"永无终点"和"最后一棒"的"接力"而已,唯有更好地继承和扬弃,才能有更新发现。基于此,本研究跟踪和研读既有相关文献,发现国内外学者大多是围绕人口生活质量进行研究而忽视了老年人口这个弱势群体。对该问题的研究虽然十分欠缺,但近年来却有不断凸现本研究主题并有促成趋势之苗头。本研究在继承与借鉴前人研究成果的基础上,提出了需要进一步拓展的内容及空间,为本研究的理论价值与实践意义奠定基础。

2.1 国内外文献综述

2.1.1 国外文献研究综述

回顾国外"生活质量"研究的历史,大致可以分为四个时期:20世纪20年代中期至50年代中后期的酝酿阶段;50年代末到60年代的兴起阶段;70年代初至80年代的发展阶段;90年代至现在的深化阶段。

20世纪20年代中期—50年代:1929年,美国政府建立了"社会趋势研究委员会",并在奥格本(W. F. Ogburn)主持下,自1929年至1933年共出版了5本年度研究报告。1933年出版的《美国近期社会趋势》几乎包括了美国社会各个生活领域的社会发展趋势。在以后的20年左右的时间里,奥格本的学生在"社会趋势"研究领域发表了许多重要的论著,这类研究逐渐发展成为两大主流:社会指标的研究和生活质量的研究。这即是生活质量研究的开始。

20世纪50年代末—60年代:国际范围内的生活质量研究兴起于20世纪五六十年代的美国。在这时期,美国的一些社会学家注意到社会发展的整体性,认识到社会与经济在国民生活中具有同等重要的地位,从而发起了社会指标运动,生活质量问题即在此时被提了出来。1957年,古林(Gurin)、威若夫(Veroff)、费尔德(Feld)等人在美国首次进行了具有重要意义的社会调查,主要研究美国民众的精神健康与幸福。1958年,经济学家加尔布雷思(J. K. Galbraith)在其所著的《富裕社会》一书中首次提出"生活质量"(Quality of Life,缩写QOL)这一概念。1960年,美国发表的《总统委员会国民计划报告》和鲍尔(R. Bauer)、罗顿(Lowton MP)等人同年发表的有关美国社会第二次实施全国规划的文献中,也都使用了这一概念。1965年,坎特里尔(H. Cantril)发表了13个国家关于生活满意程度的良好感觉水平的比较研究报告,并提出了"自我标定等级量表"。1969年,布拉德伯恩(N. Bradburn)也在一项全美民意调查中,对国民的精神健康状况进行了监测。所有这些观念为生活质量的进一步研究奠定了良好基础。

20世纪70年代—80年代:20世纪70年代以来,世界各国关于"生活质量"的研究蓬勃发展,并取得了丰硕成果。对生活质量研究作出重要贡献的是美国经济学家罗斯托(W. W. Rostow),他在1971年出版的《政治与成长阶段》一书中深入探讨了生活质量问题,并形成了自己的理论,提出了人类社会发展中的一个重大突破是进入到"追求生活质量"的阶段。随着对生活质量探讨的逐步深入,人们开始关注其应用研究,并逐渐将重点转向测量和评估生活质量的指标体系上。在对人口生活质量的指标衡量研究中,具有代表性的是1975年莫里斯(M. D. Morris)指导下的海外发展委员会(ODC)在其所发表的《莫里斯全球社会评价模式》中将"生活质量"作为其衡量社会经济发展的"物质生活质量指数"(The Physical Quality of Life Index,PQLI),避免了"过程"波动对测度准确性的影响;1976年,美国学者坎贝尔(Campbell)等人建立了一套感觉指标模型来研究美国社会的生活质量,他们借鉴了坎特里尔的"自我标定等级量表",把人们对生活的总体的感觉分成从完全满意到完全不满意的几个等级,重点研究对生活整体的满意度和对13个具体领域的满意度。以后的经济学家斯沙莱与安德罗在1980年的生活质量比较研究论文集中汇集了十多个国家关于这方面的研究成果。

20世纪90年代至今:这一阶段关于生活质量的研究呈现出国际化趋势。据一些学者统计,在有关生活质量的研究文献中,绝大部分文献来自美国和加拿大。除这两国以外,还有德国、瑞士、南非、苏联(俄罗斯)、日本、匈牙利和朝鲜等许多国家和地区。随着跨国界的数据在应用上的逐渐方便,急需构造一种综合指数来反映人类发展的水平。这方面最新的尝试是由联合国开发计划署(UNDP)每年发布的人类发展指数(HDI),这一指数是关于采用概念性的合成指数来度量人类发展思想的可行性,但一些学者认为采用数据的质量和有限的数据限制了它作为测量人类发展的手段(Sartorius, N. Kuyken, 1994; Srinivasan, 1994)。还有一些学者怀疑这个指数在技术上的可行性。当然,也有学者认为HDI"囊括了人类环境的许多方面"(Haq, 1995)。一般来说,一些研究者通过在高水平下提供一个很好的指数包来考虑这个指数指示器构成的合理性(Desgupta and Weale, 1992),并认为人类发展的概念比"任何指数或固定的指示器"可能所反映的要广得多(Streeten, 1994),但是,由于HDI只是加总的指数,其效果一直备受争议。

这一时期,除了生活质量研究的不断深化外,学术界也十分关注老年人口生活质量的研究。在老年人口研究方面有较大影响的是:Reich J. W., Zautra A. J. (1987);约瑟夫·J. 斯彭格勒1980年出版的《个人和人口老龄化经济学》;詹姆斯·H. 舒尔兹(James H. Schulz, 1990)于1990年出版的《老龄化经济学》,这些著作较为集中地研究了老年人口的特征及面临的现实问题,为老年人口生活质量具体内容的研究作了重要的探索。

美国著名人本心理学家马斯洛(A. H. Maslow)从满足需求的角度把人类需要分成五个层次,生活质量的最高境界是人的全面发展,这可以说是对人口生活质量内容的较为深入的论述。以后的经济学家戴维(David. A. Wise, 1989)、威尔逊(Wilson, 1994)、霍尔曼(Holman. K., Winblad. B, 2000)、弗里斯与阿博特(Ferriss, Abbott. L, 2000)试图在此有所突破,他们运用更加微观的个量分析方法将马斯洛生活质量的研究与索洛(Solow)的技术进步概念结合起来作为衡量每个人的生活质量高低的标准,对人口生活质量指标体系的研究有所加深。尽管自1990年以来,联合国开发署在其报告中公布了人类发展指数作为人口生活质量的衡量指标,但由于各国经济与社会发展的不平衡性,关于人口生活质量的衡量及指标评价仍带有很大的局限性。

综合以上研究的发展过程,国外生活质量指标的研究有以下几个特点及贡献:

第一,生活质量指标及其体系的研究与发展经济学、制度经济学的兴起是分不开的

早在第二次世界大战以后,"现代化理论"、"发展理论"相继兴起,在衡量"现代化"或"发展"问题的过程中提出了"以人为中心"的发展观,认为经济增长并不是发展的最高目标,人才是发展的最高要求。生活质量的概念一方面反映了发展理论的主要趋势,即从经济发展的结果转移到人的发展的体现;另一方面,生活质量更多地与资本的概念联系在一起。战后发展经济学和整个20世纪50年代的公共政策注重的是人均GDP的增长。60年代人力资本概念兴起,强调经济增长和经济发展中人力投入的质量,即医疗保健、教育培训等。70年代前期,对收入不平等方面的关注,促使人们探索收入不平等对生活质量影响的评估方法。70年代中期,罗马俱乐部呼吁人们创造包括环境因素在内的生活质量指数来衡量各国不同时期和各国之间的经济发展和社会福利水平。另外,西方经济学的重要流派制度经济学的兴起和发展,也为分析和解决生活质量指标所反映的现实问题提供了理论工具。

第二,国外生活质量指标的概念化及其指标指数的选择

现在,大多数的专家比较赞同把生活质量看做一个抽象的概念,并视为生活等级的代名词,强调生活等级取决于经济的发展程度。具有代表性的衡量生活质量的指数是PQLI指数、HDI指数等。

第三,生活质量指标体系的建立及其对生活质量与经济发展关系的实证分析

总体来说,国外生活质量指标的建立基本上遵循了三种模式、以经济

学为基础的扩展(GDP)账户模式、以社会学为基础的社会指标模式和以心理学为基础的心理模式。经济发展的最终检验,不是普通的物的指标,而是人的发展,是人的生活质量的提高程度。

第四,对生活质量关注的国际化

在早期,美国经济学家罗斯托把生活质量看做是经济增长的最后阶段。20世纪70年代后期,发展中国家也开展了"基本需求"运动,确定了一系列优先于经济增长的社会目标,旨在提高人的"生活质量"。到了90年代,经济发展质量和与其紧密相关的人类发展概念成为许多国际化会议的中心议题,这些都表明人们对生活质量关注的国际化。

第五,老年人口生活质量指标体系的研究需要跨学科的参与和贡献

老年人口生活质量的研究大多在社会学、医学领域展开,从经济学、管理学的角度进行研究还较欠缺。随着生活质量研究的不断深入,老年人口生活质量的内涵需要进一步加以明确和界定,用单一的方法很难准确地测量出老年人口生活质量的真实水平。因此,老年人口生活质量的研究需要跨学科的参与和贡献,特别是经济学与统计学的结合将使该领域的研究有更广阔的空间。

2.1.2 国内的研究文献综述

中国生活质量的研究开始于20世纪80年代。综观国内学者的研究,无论在理论上还是在方法上都有不少积极的成果,为后来者的研究留下了许多可借鉴的思想。

从现有的研究来看,南京大学人口所已故的马淑鸾教授可能是国内最早采用生命质量指数PQLI(The Physical Quality of Life-index)来测度人口生活质量的人口学家,以后的学者王俊改在此基础上进行了时序比较,进一步论证了PQLI与人均GNP的正相关关系。

我国正式开始对生活质量的研究起步较晚,但研究的深度与广度却令人吃惊,主要表现在以下几个时期:

第一,20世纪80年代—90年代:研究的初始阶段

在这一时期,学术界几位比较有名的关于生活质量指标体系研究的

学者,如林南、卢汉龙、卢淑华、叶南客、朱庆芳、胡荣、易松国、赵细康等,他们对生活质量调查的科学性、方法论、样本代表性等方面的研究都各有特色。他们提出的生活质量指标体系都是主观、客观指标的复合。如林南、卢汉龙在上海城市居民生活调查研究中提出13项具体指标(林南,1987)。林南、王玲等在天津调查研究中提出22项具体指标(林南、卢汉龙,1989)。卢淑华在北京、西安、扬州三地调查研究中提出"总体生活满意度"的13个具体指标(卢淑华、韦鲁英,1992)。可以看出这一时期学术界对生活质量的评价进行初步的量化分析。

第二,20世纪90年代中期—2000年:研究的发展阶段

这一时期对生活质量的研究有了较大的发展。朱国宏(1993)认为"所谓生活质量,就是指一定经济发展阶段上人口生活条件的综合状况"。我国学者对生活质量的定义,大致可以分为主观派、客观派和综合派。潘祖光等(1995)、邬沧萍(1998)认为生活质量的内容应包括客观的生活质量与主观的心理感受两个方面。鉴于我国目前的经济发展状况,一些学者对生活质量的研究开始系统化。冯立天(1996)在《中国人口生活质量再研究》一书中从经济、健康、就业、教育、居住环境、婚姻家庭等六个方面对我国生活质量进行了较为详尽的论述,认为生活质量是"一个国家或地区人们生活条件的优劣程度"。其间还用相当的篇幅分析了老年人口生活质量,尽管并不系统,但却说明了老年人口生活质量的特殊表现。以后也有不少学者开始关注老年人口生活质量的研究。90年代北京市老年学学会将老年人口生活质量作为研究项目,成为我国对老年人口生活质量进行专门研究的开始。于学军(1995)在其著作《中国人口老化的经济学研究》中从生产、分配、交换与消费四个方面运用定性与定量相结合的方法对老年人生活质量进行了较为系统的研究。值得一提的是1995年初中华医学会老年医学学会流行病学学组(1995)制定了"老年人口生活质量调查表",从11个方面来对老年人口生活质量进行评价,主要包括:健康状况、生活习惯、日常生活功能、家庭和睦、居住条件、经济收入、营养状况、心理卫生、社会交往、生活满意度、体能检查。香港大学齐铱博士(1998)在主持的"中国内地和香港地区老年人生活状况和生活质量研究"

课题成果中把20世纪70年代以来西方一些学者评价老年人口生活质量所采取的功能多维评价方法归纳为以下五个方面的基本内容:社会状况、经济状况、躯体健康、精神健康、日常生活功能。潘祖光等(1995)则运用1990年人口普查及1992年中国老年人口供养体系调查资料,将老年人口生活质量分解成三个核心方面:老年人口物质生活水平状况的指标、老年人口健康水平状况的指标、老年人口文化水平状况的指标。可以看出,这一时期学术界对老年人口生活质量的关注,在其指标体系的衡量与评价方面有了一定的进展。

第三,2000年至今:研究的深化阶段

这一时期的研究有了长足的进步,主要体现在以下方面:

①生活质量的概念界定。周长城(2001)认为"生活质量就是环境提供给人们生活条件的充分程度以及人们生活需求的满足程度,是在一定物质基础之上,社会成员对自身及其自身所处的各种环境的感受和评价"。蒋志学等(2003)则根据我国属于发展中国家的具体情况,认为生活条件的优劣程度是决定人们生活质量的主要因素,生活质量的高低应由社会对个人的供给和个人对生活的需求两个方面决定。两位学者都认为"生活质量就是人们的素质和生活条件的优劣程度,以及对生活的满足程度"。这与以前对生活质量的定义有所不同。

②构建老年人口生活质量理论体系。怎样从生活质量的概念出发去构建老年人口生活质量体系,实质上这一过程就是一个由共性到个性的过程,只是在选择表现老年人口这一特殊群体的指标上侧重不同而已。高峰(2003)、杨中新(2002)认为在构建老年人口的生活质量体系上,应该与一般人口有所区别,他们将老年人口的特殊性体现在增加诸如社会保险、人寿保险、居住条件和疾病测试等指标上。蒋志学等(2003)认为:共性表现在生活条件的优劣和个人对生活的满意程度上,老年人口生活质量的特殊性集中反映在老年人口的健康生活质量中。身体健康状况是老年群体的敏感指标,健康老人和病残老人的生活质量具有天壤之别。健康状况既是健康质量的直接反映,也是生活条件构成的客观生活质量的间接反映。同时,健康质量不同,往往也会影响老年人对生活满足程度的

评价。所以,身体素质应作为老年人口生活质量的一项重要指标。李永胜(2003)依据老年人口对生活需求的基本性质,认为老年人口量化指标可以分为三类:物质生活类质量指标、精神生活类质量指标和社会生活类质量指标。这一指标体系主要是根据指标的性质分类而得到的。蒋志学等(2003)则根据所提出的生活质量的定义,构建了由客观生活条件指标、主观满足程度指标、人的素质指标这三个子系统构成的指标体系。深圳大学的杨中新(2002)教授从中国本身所具有的特色出发,思考和列举了中国老年人的生活质量内容,研究提出我国老年人口的生活质量内容应该包括以下10个方面:经济生活质量、家庭生活质量、婚姻生活质量、健康生活质量、教育生活质量、情趣生活质量、从业生活质量、环境生活质量、政治生活质量、人文生活质量。

③老年人口生活质量评价方法。刘红波等(2002)利用 SF-36 问卷调查的方法对社区老年人群的生命质量进行了调查,探讨了影响生命质量的因素,并且使用逐步回归的方法对调查资料进行了分析及评价,得出了一些人口社会特征影响老年人口的生命质量的结论。2000年2月,北京大学人口所、世界卫生组织生殖健康与人口科学合作中心郑晓瑛教授(2000)撰文探讨了老年人口生活质量评价的一些问题,对人口预期寿命、健康预期寿命与生理健康的评价、心理健康的评价、日常生活功能的评价和社会完好性的评价等作了概要分析。

蒋志学(2003)采用了评分平均数的方法,将其未量化的指标转换成用数量标志表现的分组和等级,实际上就是将每个指标划分为不同的等级,不同的等级赋予了不同的分值,其分值从 0 到 100,最后通过加权平均求出老年人口生活质量的综合指数。蒋志学采用评分平均数的方法对辽宁城市老年人生活质量进行了综合评价,得出了老年人生活质量指数。李永胜(2003)在其文章中主要通过各项指标的量化计算出反映老年人口生活质量的指标指数,并将其作为老年人口生活质量指标评价的基本分析方法。例如,家庭和睦指数就是用老年人口在家庭中能和睦相处的人数占全部老年人口的百分比来表示,老年人丧偶指数用老年人中丧偶人数比上全部老年人口数来表示。将这一指标体系用于评价老年人口生活质量时就必须根据实际情况进行因素分析,因为老年人口的生活质量在不同的时期和地区是有差异的。在进行因素分析的时候,还要使用相关分析与技术进行测定,但在这里作者并没有指出具体的技术是什么,也没有对其设定的指标体系进行验证,对其信度和效度也没有说明。

④各指标权重的设置。蒋志学(2003)认为在客观指标中的月人均可支配收入分指数对老年人口生活质量的贡献大于人均居住面积分指数的贡献,所以他对两项指数的权重分别赋予了0.6和0.4,而对其他贡献无法分出高低的指标,就赋予了相等的权重。而李永胜(2003)则在其设立的指标中没有涉及这一问题,只提到对于不同时期和地区的老年人口生活质量因素所需进行的具体分析。

可以看出,虽然在过去的研究中考虑到指标权重的分析,但是在设计权重时,还没有比较科学和有效的方法,这就使得主观随意性太大,科学性难以保证,这也是本课题在研究中力求解决的问题。

⑤制度层面的研究。武汉大学周长城(2002)教授负责的课题组从政策与制度层面对中国人口生活质量进行了专门研究,可以说是我国在该领域具有代表性的研究成果,并使研究的广度与深度得到了进一步的发展,但该研究成果忽视了对老年人口这个特殊群体的研究,不能不说是一大缺憾。邬沧萍(2003)在最近发表的论文"提高对老年人生活质量的科学认识"中对我国老年人口生活质量作了一定程度上的分析与总结,强调了老年人口的特殊性与共性在指标体系研究中的重要作用。可以说,老年人口生活质量研究在以后将成为研究的重点与热点。

生活质量研究是社会发展到一定阶段的产物。中国学者从不同学术角度对生活质量进行了不同程度的研究,这些研究具有以下特征:

①所进行的研究着重于生活质量的主观维度,尤其是社会学和社会心理学角度的研究较为突出;而现有的涉及客观维度的研究缺乏理论支撑,特别是经济、管理理论的支撑,而且指标体系的设置也有待于规范。

②这些研究大多以个体角度为主,较少涉及社会层面,没有突出政策含义。

③对老年人口生活质量的研究既没有权威的含义界定,更没有对这

个群体特殊性的系统研究。

综上所述,在过去近20年中,虽然学术界在人口生活质量问题研究上取得了较大的具有创新性的研究成果,但对老年人口生活质量的衡量及指标体系评价的研究还十分欠缺,目前还没有一个权威性的研究结论。本课题认为老年人口的生活质量的真正提高是我国全面建设小康社会、实现经济可持续发展的基础和前提条件。中国人口可持续发展中的难题就是拥有庞大的老年人口及其生活质量的不确定性,本课题将用新的视野和思路研究老年人口生活质量,较少涉及个人生活层面,而以社会条件层面(公共领域)为主建立并评价具有中国国情的指标体系,并以此论证老年人口生活质量与保障制度的互动关系。

本课题在比较分析国内外研究现状的基础上,拟解决以下问题:

◆从综合指标指数的角度研究老年人口生活质量指数。

◆从制度管理的角度研究老年人口生活质量指数。

◆从动态的角度研究老年人口生活质量指数。

◆从可操作性的角度研究老年人口生活质量指数。

2.2 理论借鉴

众所周知,一个成功理论的存在并得到世人的认可,不是因为其在任何时间、地点的万能,而是因为它作为一个原创的根本,能为不同时间、地点的实践认知提供方法参考,故而,"三大指数"在理论层面上为世界老年人口生活质量的研究提供了方法借鉴,然而鉴于我国特殊国情下的人口老龄化,此方法并不能完全适用于中国,因此其修正模型的研究才是解决当前我国老龄化问题、提高我国老年人口生活质量、促进经济发展的理论选择。

2.2.1 国外生活质量指数对构造我国老年人口生活质量指数的理论借鉴

生活质量内涵广泛,是对物质生活、精神生活、生活环境、个人素质、就业与社会保障等方面的综合反映,因而生活质量可以从不同的方面采用不同的指标来描述和衡量。然而,如果仅采用某一方面的某些指标或某些方面的一系列指标,往往只能反映生活质量的一个或几个侧面,无法反映其综合状况,特别是生活质量的各个方面的变化并不是同步的,有时可能存在着相反方向的变动,因而有必要将反映生活质量不同侧面的各个指标综合为一个指数以反映总体的生活质量。建立一个全面反映生活质量状况的综合指数具有以下意义:首先,采用综合指数来反映生活质量,不仅能够观察到生活质量不同方面的存量,还可以测度其时期变化的流量;其次,综合指数将反映生活质量不同方面的指标概括其中,具有简明、综合的特征;最后,综合指数是一个定量化的指标,不仅能够准确描述生活质量的变化,还能够为衡量社会经济发展提供量化的事实依据。

目前,国际上具有代表性的三大指数是:

第一,物质生活质量指数 PQLI(Physical Quality of Life Index)

该指数是由美国华盛顿海外发展委员会莫里斯等人在 1975 年提出来的,它是由 1 岁人口平均预期寿命、婴儿死亡率和 15 岁以上成年人识字率 3 个指标组成。该指数旨在衡量一个国家或地区的"生命素质指数"或"人口素质指数"。PQLI 的计算方法是先求出各单项指标的指数值 $u_i(x)$,然后求出它们的平均数,即:

$$u_i(x)=(x-x_0)/(x_1-x_0) \quad \begin{matrix} x>x_1 \\ x_0<x\leqslant x_1 \text{(当 X 为预期寿命时)} \\ x\leqslant x_0 \end{matrix} \quad i=1,2,\cdots,n$$

$$u_i(x)=(x_1-x)/(x_1-x_0) \quad \begin{matrix} x>x_1 \\ x_0<x\leqslant x_1 \text{(当 X 为婴儿死亡率时)} \\ x\leqslant x_0 \end{matrix}$$

在此基础上,$\text{PQLI}=\dfrac{\sum\limits_{1}^{3}u_i(x)}{3}$。

该指数作为测度穷国居民生活质量的方法,具有简明、综合的特点。具体计算方法是先将三个指标换算成指数:平均期望寿命指数=(平均期望寿命-38)×10.39,婴儿死亡率指数=(229-每千名婴儿死亡数)×12.22,成人识字率指数=100×15 岁以上识字人口/15 岁以上人口,然后把这三个指数进行简单平均而获得。由于该方法具有简明、综合的特点，已为许多国家接受并用来衡量社会经济发展或生活质量的变化，甚至被推为"全球估价模式"。我国学术界也曾用PQLI指数研究我国社会发展状况和生活质量提高的程度，但PQLI指数也有其局限性：

①PQLI指数仅用健康和识字两个方面来反映穷国的人口生活质量状况，显然过于粗糙、简单。应当在指数中包括物质生活质量，因为即使是最贫困的人们，也希望自己在长寿的同时，能掌握最基本的文化知识，参与社会生活，同时也希望自己的家庭能尽快摆脱贫困的物质生活环境。

②PQLI指数是反映穷国生活质量的综合指数，对富国失去了敏感性，对发展中国家也有其局限性。一般来说富国PQLI指数已达到很高水平，很难用PQLI测度富国间的差异，当然这并不是PQLI本身的过错，因为设计PQLI的初旨是衡量穷国人们的生活质量状况，而当今世界已进入高科技信息时代，仅以上述三个指标来反映发展中国家的生活质量，显然与时代格格不入。

第二，人类发展指数（HDI，Human Development Index）

由联合国开发计划署在其《1990年人类发展报告》中首次提出HDI，其主旨是想通过若干指标换算为综合指数值，来测度发展中国家摆脱贫困状态的程度，取代单独依靠收入指标衡量发展与福利水平的方法。随着对生活质量研究的深入与发展，根据1993年提出的公式计算而得的HDI似乎成为学术界公认的具有代表性的衡量生活质量的典型。该指数的构造是建立在3个不同权数的经验变数上，根据联合国开发计划署《1993年人类发展报告》，HDI指数由预期寿命指数、教育指数和调整后的人均GDP指数三个指标构成，并计算其算术平均数而获得：$I_i = \dfrac{\max X_i - X_{ij}}{\max X_i - \min X_i}$（$X_i$分别表示预期寿命、人均GDP、教育等）。

$$HDI = \frac{1}{3}\sum_{i}^{3} I_i = \frac{1}{3}（预期寿命指数＋人均GDP指数＋教育指数）。$$

计算人均GDP指数时，一个必不可少的步骤是选取计算年的世界各国中人均 GDP 最大值,它不是根据实际的某一富国的最大值选取的,而是按计算的 9 个发达国家(澳大利亚、加拿大、德国、法国、荷兰、挪威、瑞典、英国和美国)贫困线水平的平均值作为最大值,凡超出最大值的部分对该国的社会发展或生活质量的提高的贡献大于零。

HDI 指数在方法论上吸取了 PQLI 指数合理的内核,如采用最大值、最小值和某一国的实际值来计算变量指数值,又增加了人均 GDP,并用国际购买力平价进行换算,在知识变量中增加了平均受教育年限等。可以说 HDI 指数较之 PQLI 指数向前大大推进了一步,然而仍有较多不完善的地方。例如,1991 年的 HDI 指数计量中,虽然超过 9 个发达国家贫困线水平的人均 GDP 部分仍对社会发展和生活质量有贡献,但按其递减公式计算,其贡献是微乎其微的,特别是用 HDI 指数来反映和研究一个国家的生活质量并且进行比较研究时,不仅构成指标过于简略,而且在不进行国际对比的情况下,也没有必要对人均 GDP 进行国际购买力平价的换算,而这种换算又是非常复杂的工作。

第三,ASHA 指数

该指数是由美国社会卫生组织提出的一种综合评价生活质量的指标体系,它包括 6 个项目:就业率 X_1、成人识字率 X_2、平均预期寿命 X_3、人均 GNP 增长率 X_4、人口出生率 X_5、婴儿死亡率 X_6,其模型为:ASHA=$\frac{X_1 \times X_2 \times X_3 \times X_4}{X_5 \times X_6}$。该指数规定 6 个指标值为就业率 85%,成人识字率为 85%,平均期望寿命为 70 岁,人均 GNP 增长率为 3.5%,出生率为 2.5%,婴儿死亡率为 5%,则 ASHA 值为 20.23,以此作为发展中国家 2000 年经济、社会发展和生活质量提高的奋斗目标。ASHA 指数仅用 6 个指标来反映一国社会、经济发展状况和生活质量,简明扼要,易懂易算,且这些指标在有健全的统计制度的国家都能从常规年度统计中获得,也便于国际间的比较研究。但 ASHA 指数在我国学术界和政府部门贬多褒少,原因之一是各指标是平列的,没有加权;原因之二是据此计算我国的 ASHA 值,其敏感度已经降低,在我国落后的边远地区,ASHA 指数似乎还有存在的价值。

总之,三大指数的提出,在一定程度上成为各国专家和学者在人口生活质量评价问题上的主要参考,然而由于指数建立的针对性、各国人口状况的差异性和变异性使得这"三大指数"的运用具有很大的局限。因此,世界各国的理论界、学术界都在寻找适合自身国情的修正指数。

2.2.2 以人为本的理论体现在整个指标体系评价中

20世纪50年代以来社会发展观产生了两大转变:一是从以经济增长为核心到以社会的全面发展为宗旨的转变;二是从以发展的客体为中心到以发展的主体为中心的转变。这种以人为本的新发展观强调了社会经济的发展应该以发展的主体——"人"为中心,而不是以传统的经济增长为中心,社会经济的发展应该以人的全面发展为目标(彭念一等,2003)。这一观点正符合我国社会经济发展的根本目标,即"社会的进步与经济的发展,从根本上说,是为了最大限度地满足人们不断增长的物质文化需求",也就是说,"一切社会活动的最终目的是为了不断解放生产力,不断发展生产力,以满足人民群众根本利益的需求。"如果把爱因斯坦的著名公式 $E=mc^2$ 移植并应用到社会经济范畴中的时候,就会自然而然地把这个公式解释为:经济发展具有的能量不但取决于人们生活的质量,而且取决于人们生活的有效需求的实现程度(牛世献,2000)。因此,生活质量的不断提升是人的发展的核心内容,而老年人口生活质量状况将直接影响我国人民生活质量的实现程度,因此,以人为本的思想是本课题研究的基石,在这个指标体系构建中,突出体现了以人为本的思想。

2.2.3 经济发展理论对老年人口物质生活质量评价的理论支撑

我国理论界对生活质量的关注和研究一开始就是在经济学领域展开的。著名经济学家厉以宁教授较早地对西方经济学中的"生活质量"研究作出了比较客观的评价,他认为:"应当承认,当代西方经济学家提出的生活质量概念,包括萨缪尔森所提出的'经济净福利'概念,不是没有意义的。这反映了战后资本主义国家经济增长中的问题,以及那种只顾产值、不顾环境的经济增长给居民生活带来的损害。"厉以宁提出"生活质量这个概念不是纯属虚构的东西,而是有实际内容的",生活质量总是与经济发展相联系的。

当然,首次将提高人口生活质量与增强经济与综合国力这两个重大论题有机地结合起来的是南京大学的夏海勇教授(2002),他在由国家社科基金资助的研究课题中对以上问题得出了一系列重要的结论:第一,提高人口生活质量是经济发展与增强综合国力竞争的终极目的,而人口生活质量的提高,有利于动员和调动蕴藏于民众之中的巨大力量,创造出更多的社会财富,有利于社会环境的稳定、祥和,这是进一步增强一国的综合国力及其国际竞争力所必不可少的。第二,人口生活质量的提高离不开经济的增长,但人均国民生产总值的提高与人口生活质量的提高常常是不同步的。不同的经济增长方式对人口生活质量有着极大的影响。没有"发展"的经济增长,非但不能提高人口的生活质量,有时还会起反作用。第三,生活质量的高低主要是由社会供给水平决定的,构成生活质量的诸因子在社会发展的不同阶段对生活质量具有不同的影响作用,但经济发展水平的高低对生活质量具有决定性的作用,在我国经济还不发达的社会主义初级阶段,只有合理调整和优化社会经济结构,加强社会经济的协调发展和可持续发展,才能在一定条件下的经济发展中获得生活质量的提高(夏海勇,2002)。

2.2.4 可持续发展理论在生活环境指标体系中的应用

可持续发展理论首先在西方出现,经过几十年的发展,其理论体系已初步形成,可持续发展的核心问题是促进人与自然的和谐。该理论强调既满足当代人的需求,又不损害后代人满足他们自身需求的能力的发展。对于发展中国家而言,可持续发展的中心是发展,在发展中实现发展与环境资源的协调并达到以发展促进环境资源的开发、保护,又以环境资源的开发、保护来更好地推动经济的发展。为了体现生态持续、经济持续、社会持续的特征,必须处理好人口、资源、环境与经济发展的关系(洪银兴,2002)。建立老年人口生活质量指标体系不仅要用生活质量指标描述并解释社会发展,而且要充分发挥人口生活质量指标对社会发展的预测性功能,用人口生活质量指标来规范发展。具体表现为,用生活质量指标代替单一的经济指标,在经济发展之外尤其要突出生态可持续和社会可持续的重要性,使生态标准、社会标准与老年人口生活质量的真正提高标准尽可能地融合。只有当生态系统保持良性循环,生态资源维持持续、稳定的供给能力,才能既满足当代人又满足后代人的需求,才能有条件和基础来提高基数已较大的老年人口的生活质量水平。

由于生存空间、自然资源和开发能力都是有限的,尤其在我国,人口规模庞大、人均资源过少,持久而普遍地提高老年人口的生活质量会受到诸多因素的强有力制约。因此,老年人口生活质量的基本内容不仅包括物质与自然的协调与发展,而且强调老年人口生活质量的持续提高,体现了经济发展、健康改善与环境保护指标有机结合起来的思想。这种思想可以说是可持续发展理论的具体体现。

2.2.5 供求理论在老年人口生活质量环境指标体系中的分析

在市场经济中,需求与供给是决定市场价格的两大基本力量。需求是购买欲望与购买能力的统一,供给是供给能力与供给欲望的统一,二者的交点形成市场的均衡价格。

在老年人口生活质量的指标体系评价中,生活质量的高低是由供给与需求双方决定的,即体现在社会对老年人口生活的"供给"以及老年人口对自身生活满足的"需求"两个方面。为了体现老年人口的特殊性,国家对老年生活提供的以健康服务为中心的生存环境的改善,自然条件、娱乐设施等的投入构成了生活质量的供给方;另一方面,老年人口以健康质量为中心的经济、生存环境、保障制度等的要求构成了生活质量的需求方,二者的结合与均衡构成了一定条件下老年人口所达到的生活质量水平。见图 2—1 所示：

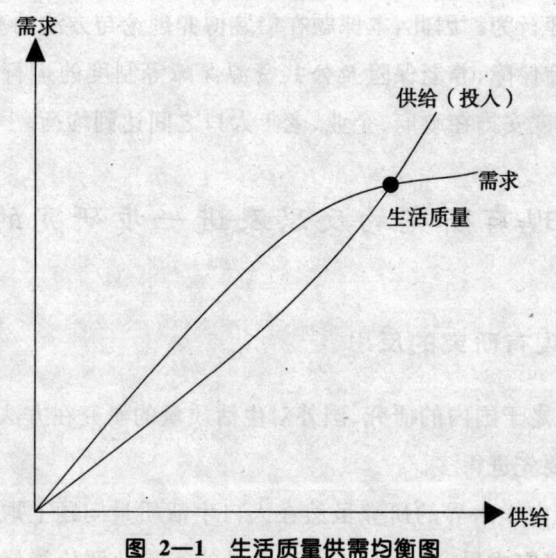

图 2—1　生活质量供需均衡图

从图 2—1 可以看出：在供给、需求的比较与交互作用中，老年人口生活质量是随着社会发展水平变化而波动的，老年人口生活质量的评价内容是一个动态监测的过程。随着供给水平的提高，老年生活质量将会提高，同时，随着老年人对生活质量需求的提高，自然又会推动供给水平的进一步提高。在二者的交互作用中，老年生活质量将得到进一步的提升，因此，老年生活质量是一个动态发展的过程。这个过程体现了市场经济中供求双方的矛盾运动，是供求理论的特殊应用。

2.2.6　博弈论在老年人口生活质量保障制度中的应用

新古典经济学有两个基本假定：一是市场参与者的数量足够多，从而市场是竞争性的；二是参与人之间不存在信息不对称问题。这两个假设在现实中是不满足的。在不完全竞争市场中，人们之间的行为是相互影响的，所以一个人在决策时必须考虑对方的反应，这就是博弈论要研究的问题。在新古典经济学研究受到理论界及学术界的挑战后，接近于现实的博弈理论适时发展起来。作为一种关于决策与策略的理论，博弈论来源于一切通过策略进行对抗或合作的人类活动和行为。作为影响老年人口生活质量的保障制度及运行过程,明显存在政府与私人、委托人与代理人之间的博弈行为。因此,本课题在借鉴博弈理论与方法的基础上,选择我国老年医疗保障、养老保险及公共资源保障等制度的运行模式与管理方式,使其制度安排在政府、企业、老年人口之间达到均衡。

2.3 对现有研究的反思及进一步研究的必要性

2.3.1 对现有研究的反思

第一,较之于国内的研究,国外对生活质量的研究在方法、内容、理论及思想上都要先进得多。

第二,国内学术界的研究虽然在人口生活质量问题上取得了一些具有创新性的研究成果,但对人口生活质量的衡量及评价指标体系的研究几乎都没有脱离国外研究生活质量指数的模型范围。

第三,目前国外具有代表性的衡量生活质量的指数都有其局限性:就PQLI指数而言,虽然该指数便于进行国际比较,同时计算简单,有较强的可操作性,但是所衡量的"生活质量"的范围过于狭窄,而且其反映的三项指标的加权数相同,使其衡量的生活质量实际水平不能得到客观反映。尽管HDI已成为国际著名的测量生活质量指标的工具之一,但选取的变量和应用范围有限,数据的质量、收入变量处理的方法仍受到了很多质疑。另外,国外这三大指数的衡量几乎都没有涉及老年人口问题。

第四,目前国内外对老年人口生活质量的指标评价研究在学术界都还是十分欠缺的,没有一个代表性的指标指数衡量。

2.3.2 进一步研究的必要性

第一,从研究内容来看:大量研究文献表明,对生活质量的研究主要集中在人口生活质量方面,而较少涉及老年人口生活质量的内容,特别是关于老年人口生活质量的指标评价几乎没有专门的研究著述。这也是本课题研究的实践价值所在。

第二,从研究的角度来看:以往研究都是从社会学的角度进行分析,本课题从制度的角度挖掘影响老年人口生活质量的深层根源,有其进一步研究的理论价值。

第三,从操作性来看:本课题首次应用 UML 系统选择指标体系,这不仅为该课题的研究提供了依据,而且也使本课题在同一领域研究中具有开创性和可操作性。这也是本课题需要进一步研究的必要性所在。同时,本课题在进一步研究中,借鉴与学习相关研究理论基础是十分必要的,它为本课题的研究提供了扎实的理论支撑。

第三章 老年人口生活质量的含义及内容界定

任何创新性研究都不是孤立的,更不可能"凭空而起"。它都是在基本概念的基础上进行研究的,"概念在其展开的过程中就表现为理论"(Georg Wilhelm, Friedrich Hegel,1959)。本章从概念体系出发,从不同的角度进行分析,在明确老年人口生活质量所体现的基本内容基础上,定义和界定老年人口生活质量的理论内涵。这是本研究的基础性工作,为研究老年人口生活质量与一般人口生活质量的不同奠定了基础,为理论研究与创新提供了概念基础。

3.1 以往对生活质量的研究视角

生活质量是一个复杂的、多层面的概念,不同学科对生活质量有不同的定义。"生活质量"这一概念最早是由美国经济学家加尔布雷思(J. K. Calbraith)于1958年提出的。以后的学者霍姆斯(Holmes,1960)认为:生活质量意味着一种幸福,是在生活中体现真正的自我,坦然处世的状态。利瓦伊(Levi,1975)将其定义为:由个人或群体所感受到的躯体、心理、社会各方面的良好生活适应状态的一种综合测量,而测量使用幸福感、满意感或满足感来表示。卡尔曼(Calman,1984)认为:生活质量意味着某一特定时间个体期望与其现实体验的差别或距离,这种差别可随时间而改变,并可为个人成长所修订。由二十多个国家和地区参与的WHO生活质量研究组(1993)将生活质量定义为:不同文化和价值体系中的个体对于他们的目标、期望、标准以及所关心的事情都与生活状况的体验有关。从以上这些概念可以看出,将其定义为主观体验是一个大的趋势。我国学者对生活质量的定义虽然有不同的观点(第二章有论述),但大致可以分为主观派、客观派和综合派。具有代表性的观点如周长城(2001)认为"生活质量就是环境提供给人们生活条件的充分程度以及人们生活需求的满足程度,是在一定物质基础之上,社会成员对自身及其自身所处的各种环境的感受和评价"。

从目前来看,虽然有不少学者(房长茂,1997;桂世勋,2001;龚鹤琴,2003;蒋青,2004)对老年人口生活质量的含义作了不同角度与不同程度的研究。但具有代表性的观点(邬沧萍,2002)认为生活质量至少包括六个方面的内容:物质生活、精神文化生活、生命质量、自身素质、享有的权益与权利、生活环境。以上六个方面对人口生活质量好坏都是不可缺少的。身体健康是生存和发展的自然基础,物质生活是生存和发展的物质基础,精神文化生活是生存和发展的精神支柱。前三个方面是生活质量的前提和必要条件,后三个方面可以说是生活质量的充分条件。老年人口生活质量的定义迄今在国内外都是罕见的,20世纪90年代北京市老年学学会首都人口生活质量研究课题也未下一个明确的定义。笔者认为在界定老年生活质量的含义之前,必须清楚老年人口的特殊性,在不失一般性的生活质量含义的情况下突出并体现老年人口的特殊性。

3.2 本课题的研究视角分析

人类社会发展的实践告诉我们:经济增长不等于发展,生活富裕并不等于幸福(周长城,2003)。对于老年人口生活质量,老年人自己也有一个主观的大体评价,这就是生活满意度。可以说,生活满意度是衡量生活质量的主观指标,它受客观因素和主观因素的多重影响。一个生活质量较低的群体可能会产生对生活质量的高度满足,而一个生活质量较高的群体对其生活质量可能并不满意,这主要在于其参照系的不同。老年人口多采取过去的艰苦生活作为参照系,一般会对生活质量比较满意。但是,也有部分老年人口眼界较为开阔,容易将自身状况与国内、国外作横向比较,所以其期望值的满足程度是比较低的。这种主观上的低满足程度又受到种种客观因素的影响,最终表现出对其生活的满意度不会很高。但是生活满意度毕竟是对客观生活状况的主观反映,所谓的不满足,既是生活需要的,也是生活中未曾得到满足的。

透过老年人口对各个领域的生活满意度的回答,我们可以发现老年人口生活质量中存在的问题,寻找到阻碍老年人口生活满意度提高的客观制约因素。本课题的研究在借鉴前人研究成果的基础上,力图从以下四个不同的角度进行研究。

3.2.1 共性与特性相结合

老年人口是一个特殊的群体,老年人口的生活质量除具有一般人口生活质量的共性之外,还有其特殊性。所谓共性,表现为生活质量的高低决定于生活条件的优劣程度和个人对生活的满足程度。这里的生活条件既包括社会生活条件,如教育、卫生、文化、交通、服务、社会风尚和社会治安等等,也包括自然生活条件,如环境的净化、美化等等。个人生活的满足程度包括对物质生活的满足程度和对精神生活的满足程度。老年人口除了具有以上共性外,其特殊性集中体现在老年人口的健康生活质量上。身体健康状况是老年群体的敏感指标。健康状况既是健康生活质量的直接反映,也是构成客观生活质量的间接反映,因为健康状况与长期生活条件的优劣程度紧密相关。同时,健康生活质量不同,往往也会影响老年人口对生活满足程度的评价。所以,身体健康条件应作为老年人口生活质量的一项重要指标。

在清楚了老年人口所具有的特质后,应该确定老年人口生活质量的具体研究内容。由于老年人口生活质量作为人口生活质量共性的一个亚群体,必须突出健康这个特殊性,因此本课题认为,老年人口生活质量所反映的内容应该从以下不同的角度围绕健康为核心进行考虑,并以不同角度所反映的内容区域的交集作为本课题研究的内容,在此基础上界定老年人口生活质量的内涵。

3.2.2 主观与客观相结合

目前,国内外学者对于生活质量主要有三种不同的理解。其一,以美国为首的西方发达国家的学者大都从主观感受方面来理解生活质量,因而他们主要用反映人们生活态度和满意度的主观指标来测量和评估生活质量。其二,发展中国家大都从影响人们物质和精神生活的客观方面来理解,因此在测评时主要运用衣、食、住、行等反映人们生活条件的客观指标。其三,将上面两种理解结合起来考虑,认为生活质量是由反映人们生活的客观条件和人们对生活的主观感受两部分组成(高峰,2003)。

本课题认为,老年人口生活质量是老年人生存和养老需要的各方面情况的综合反映,是建立在一定的物质条件基础上老年人个体对自身及其社会环境的认同感。特别突出了老年物质生活与精神生活的统一,因此它是客观与主观指标的综合评价。客观指标是实际生活状况和环境的具体表现,一般可以度量。而主观指标是凭借自我感受直接评估生活质量,特别是老年人对生活需求的满足程度是通过老年人的心理状态、情绪、意愿等主观感受进行的。在本课题中,二者结合所反映的内容如图3—1所示。

虽然老年人口生活质量包括了客观与主观两个方面的内容,但本课题的研究重点还是放在老年人生活的客观方面,其原因在于:一是中国是一个发展中国家,经济尚欠发达,在物质需求还没有得到充分满足时很难会有精神方面的追求,即人们对生活的主观感受的主导变量都是经济型的,由此说明客观因素的影响是至关重要的;二是社会统计受社会发展的制约,目前更多统计的是一些客观指标,而生活质量指标选择是建立在社会经济统计发展基础上的,因此老年人口生活质量的度量只能选择反映生活质量的客观指标(罗萍,2000)。

3.2.3 宏观与微观相结合

老年人口的生活质量状况,是体现老年社会保障水平的重要标志,它是社会发展所追求的终极目标和最高原则。从这一方面来看,它体现着以人为中心的原则,并对经济发展、社会结构、生态环境等整体的社会发展作出评估,对我国改革政策和社会发展战略的具体实施具有监测作用,关系与制约着社会经济发展的方向,因此,老年人口生活质量的指标衡量又具有宏观的功能。但生活质量总体水平的高低是通过老年人口每一个个体的感受表现出来的,因此又具有微观的层面,宏观与微观的结合具体表现在老有所养、老有所学、老有所为、老有所医、老有所乐等几个方面(李永胜,2003)。这几个方面的内容可以通过宏观指标与微观指标的有机结合描述出来,如图3—2所示。

尽管老年生活质量涉及宏观与微观两个方面的内容,但本课题的研究较少涉及个人的微观层面,而以宏观层面(公共支持)为主。因为宏观层面的总体生活需求的满足是微观层面生活质量提高的前提,而且从我国经济发展的现状来看,也应该以宏观层面的生活需求满足程度为首要目标(周长城,2003)。

第三章 老年人口生活质量的含义及内容界定 49

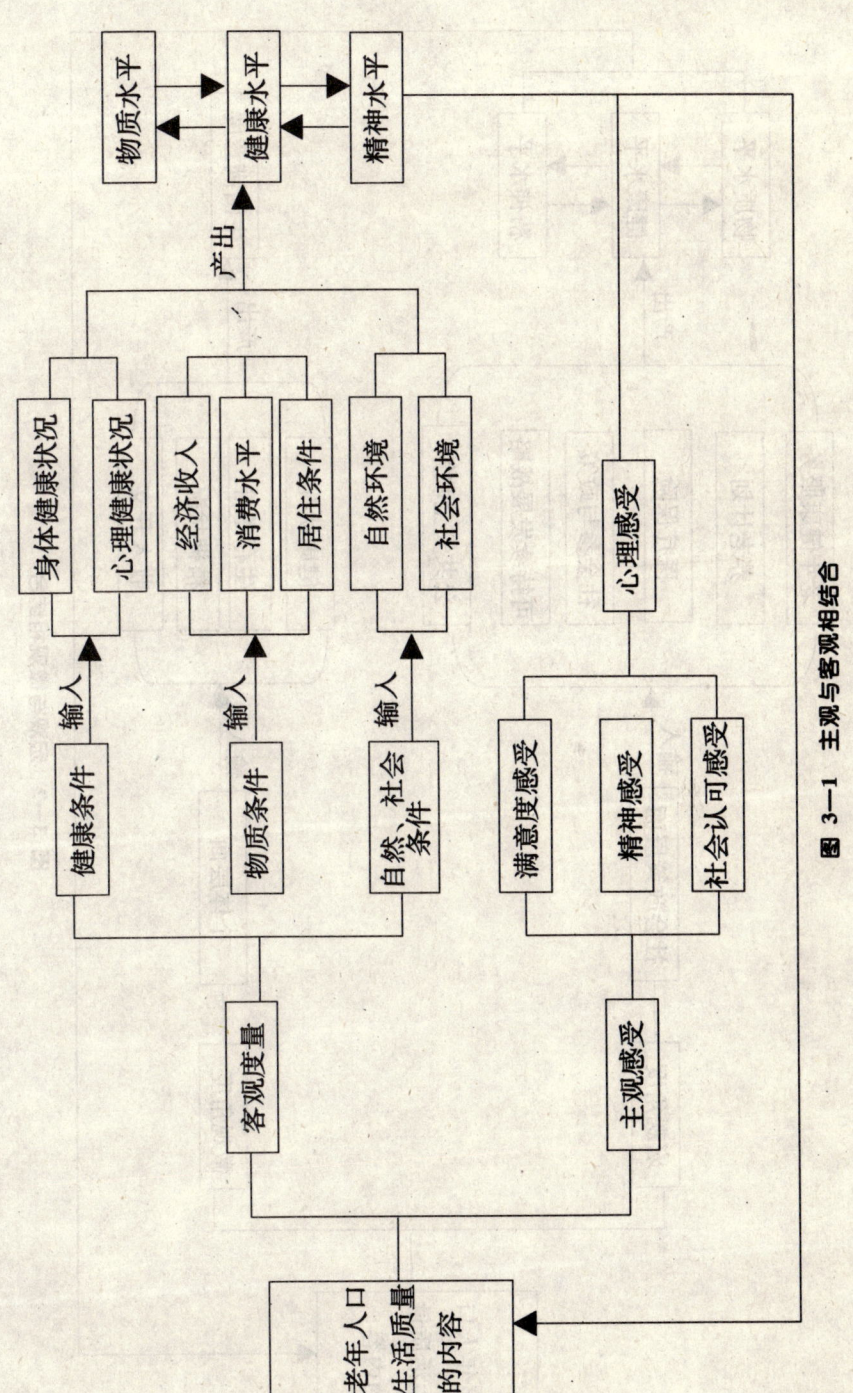

图 3—1 主观与客观相结合

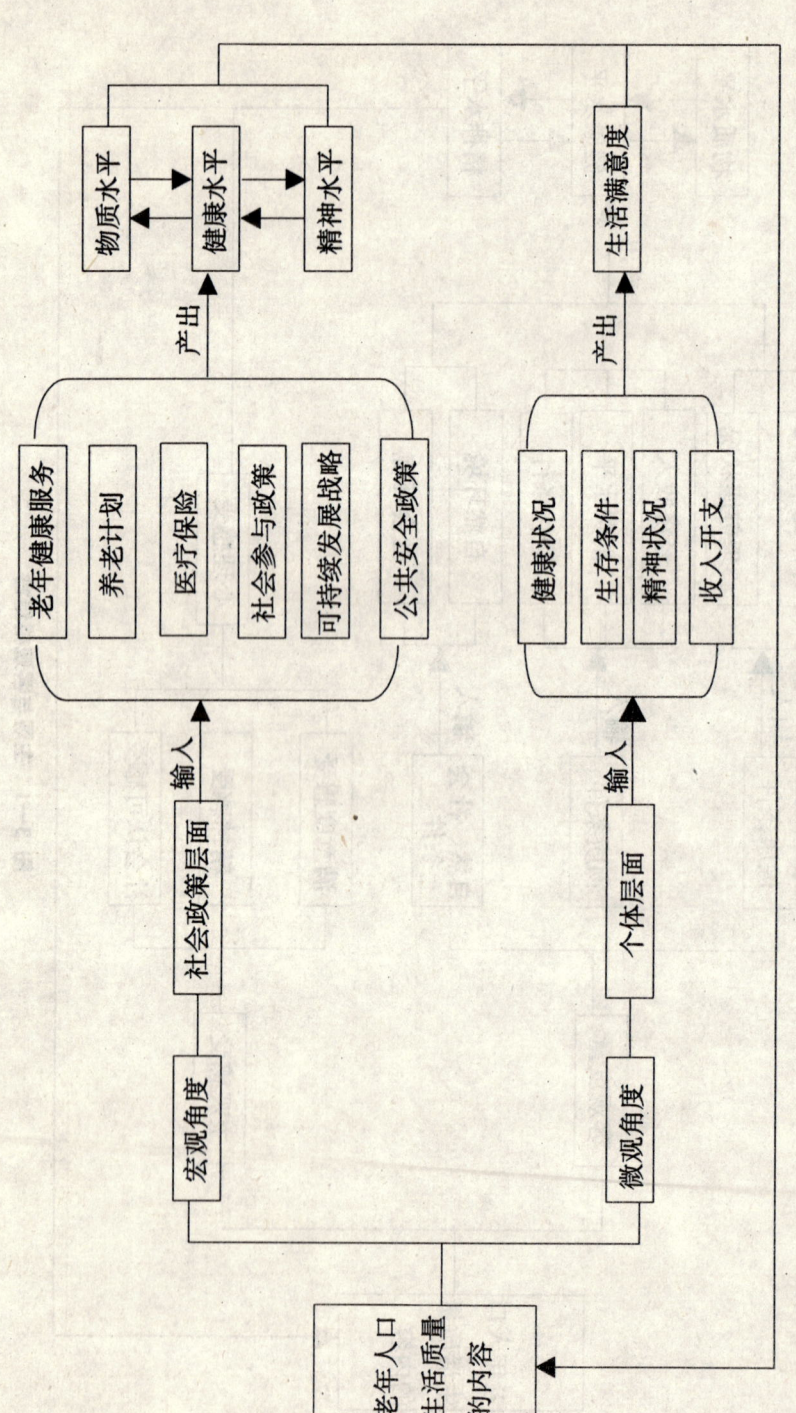

图 3—2 宏观与微观相结合

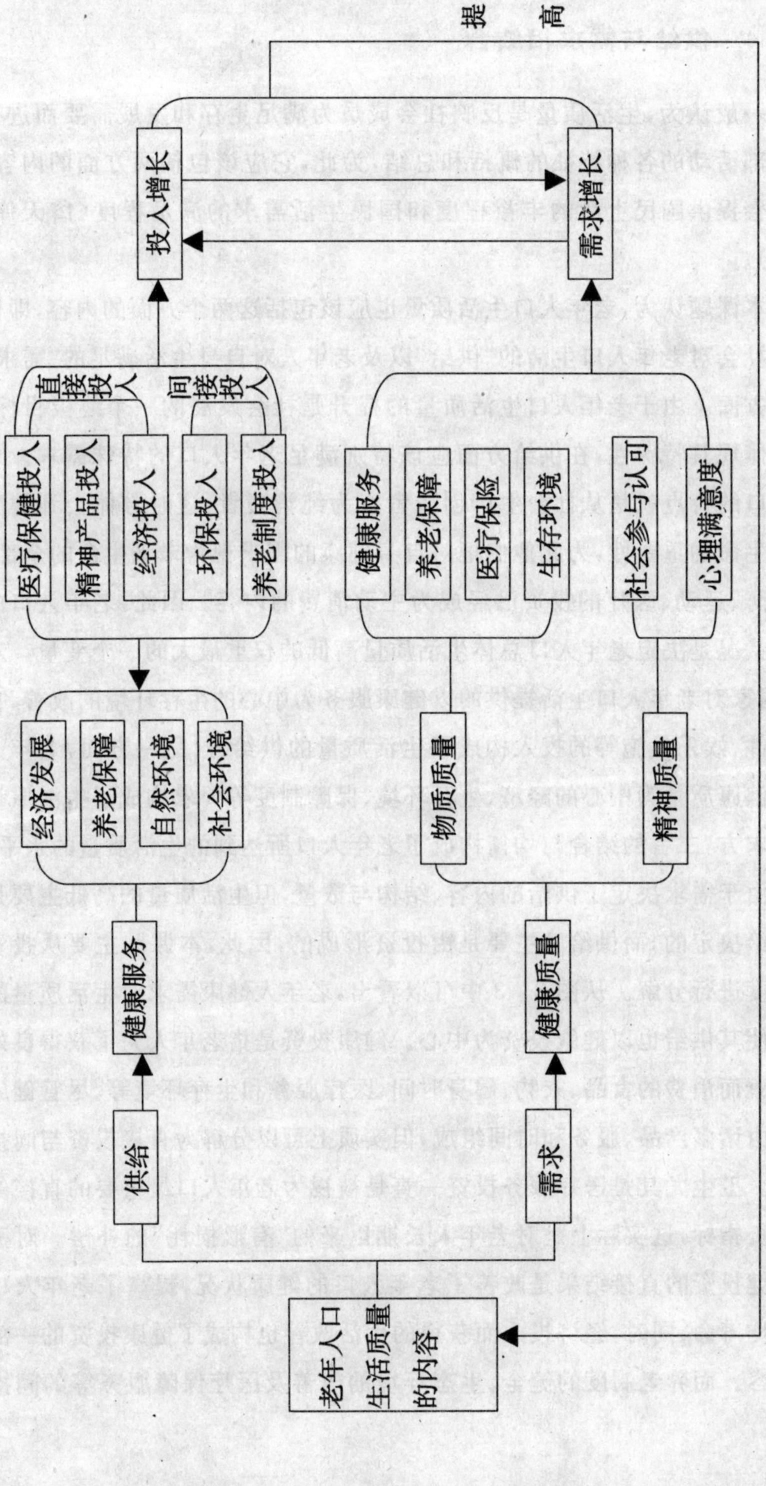

图 3—3 供给与需求相结合

3.2.4 供给与需求相结合

一般认为,生活质量是反映社会成员为满足生存和发展需要而进行的全部活动的各种特征的概括和总结,为此,它应该包括两方面的内容,即社会提供国民生活的丰裕程度和国民生活需求的满足程度(詹天庠,2003)。

本课题认为,老年人口生活质量也应该包括这两个方面的内容,即体现在社会对老年人口生活的"供给"以及老年人对自身生活满足的"需求"两个方面。由于老年人口生活质量的提升是社会发展的一个终极目标,为了体现其特殊性,在供给方面应该特别满足老年人口的特殊需求。老年人口的特点就是从社会生产创造者变为纯消费者,这时方体会到健康之于生命的重要性,为此他们把对自身健康的需求视为未来生命的全部,对预防、运动、医疗的投资已经成为主动消费的内容。因此,老年人口的健康状况是决定老年人口总体生活质量高低的权重最大的一个变量。对此,国家对老年人口生活提供的以健康服务为中心的生存环境的改善、自然条件、娱乐设施等的投入构成了生活质量的供给方;另一方面,老年人口以健康质量为中心的经济、生存环境、保障制度等要求构成了生活质量的需求方,二者的结合与均衡构成了老年人口所达到的生活质量的水平。

由于需求决定了供给的内容、结构与数量,但生活质量的高低主要是由供给决定的,而供给又主要是由投资形成的,因此,本课题主要从投资的角度进行分解。从图 3—3 中可以看出,老年人健康需求对生活质量的意义使其供给也以健康投资为中心。健康投资是指老年人为了获得良好的健康而消费的食品、衣物、健身时间、医疗服务和生存环境等,尽管健康投资由诸多产品、服务和时间组成,但实质上可以分解为直接投资与间接投资。卫生尤其是医疗服务投资一直是被视为老年人口最重要的直接健康投资指标,这实际上是对老年人长期以来的"有形损耗"的补偿。对卫生保健投资的直接结果是改善了老年人口的健康状况,提高了老年人口的平均寿命;同时,经济投入而获得的生活改善也构成了健康投资的一部分内容。而养老制度的健全、生态环境的改善及医疗保障服务等的间接投入不仅可以提高老年人口生命的价值,使老年人从较长的寿命中得到实质性的满足,而且可以明显地提升老年人口的生活质量。

众所周知,以健康为中心的保障制度是一种具有准公共物品特性的经济行为。由于健康投资可以修复人们的身体与心理,提高老年人口的生命质量或减少老年人口的疾病损失,从而增加整个社会的财富和提高社会文明程度,这时就产生了制度的外部经济效益。正是因为制度外部效应的存在,政府在制度设计中如何考虑老年人口的利益就显得尤其重要。

3.3 研究的内容确定

从四种角度综合比较了老年人口生活质量的内容后,可以发现有很多方面是交叉重叠的,采集重叠部分具有的共性,并考虑到老年人口的特殊性,本课题认为老年人口生活质量应该包括以下方面的内容:健康生活、物质生活、精神生活、家庭生活、生活环境等五个方面。

3.3.1 健康生活

健康对老年人口有着重要意义,这个变量主要从生理和心理的角度进行分析。

老年人口的生理特征主要是衰老或老化,表现为内脏器官与组织的萎缩、细胞数量的减少、再生能力降低、免疫功能低下、多种生理功能障碍。

老年人口的心理也发生了很大变化,主要具有以下特征:①孤独寂寞心理。老年人担心别人远离自己,失去家庭的温暖和亲人的陪伴,内心常常感到孤独、寂寞。②焦虑恐惧心理。老年人自制能力差,精神压力大,易产生焦虑、恐惧心理,往往故作谈笑自若,以掩饰自己的恐惧、焦虑情绪。③固执心理。老年人因大脑老化,思考能力下降,不易接受环境的改变和新科技的发展,不想听命于他人。④自尊心理。老年人尤其是老年病人,经常会有失落感,希望得到他人重视,喜欢别人恭顺、赞扬和鼓励。

⑤悲观心理。伴随着各种功能的减退,老年人生活自理能力下降等,往往会变得异常悲观。

健康生活质量主要是指老年人口的寿命与健康情况,其中不仅包含着老年人本身的身体健康,也包括老年人内心的精神状态和心理健康。在过去,学术界常常会把传统的老年人存活年与老年人的健康相混淆,这实际上是不科学的。在我国,一部分老年人虽然身体没有病,但却时常会感觉到不舒服,容易感觉到疲劳、容易感冒等;也有一些老年人身体没有病,但由于认知功能下降,常常会有焦虑抑郁、固执、疑心、自私和偏执等心理障碍,时常感觉到不快乐等。目前,长寿基本上是我国老年人口所希望的,然而忽略了健康的单纯长寿是不完整的,在严格意义上也不能被认定为是属于拥有较高的健康生活质量的范围之内。进入21世纪,人类的寿命水平有了很大的提高,在寿命延长的同时,老年人口健康状况的相应发展也受到社会各界的关注。由于健康状况反映老人人口的生理功能,它往往是追求福利的基础,而且又是与生死相连接,因此经常被视为生活质量的关键。

公认的看法是:能够促使心情愉快的往往不是财富,而是健康。幸福系之于人的精神,精神的好坏又与健康息息相关。只要想想我们对同样的外界环境和事件,在健康强壮时和缠绵病榻时的看法及感受如何不同,即可认识到这点。因此对幸福或不幸福的感受并非客观事件,而是那些事件给予我们的影响和我们对它的看法。就像伊皮泰特斯所说:"人们不受事物影响,却受他们对事物看法的影响。"一般说来,人的幸福十之八九有赖于健康的身心。有了健康,每件事都是令人快乐的;失掉健康就失掉了快乐。即使人具有伟大的心灵、快活乐观的气质,也会因健康的丧失而黯然失色。

因此,老年人口的健康包括生理健康和心理健康,它们是老年群体的敏感指标。生理健康、生活自理和心理健康既是健康生活质量的直接反映,也是主观生活质量的间接反映,因为健康生活质量与长期生活条件的优劣程度紧密相关。同时,健康生活质量不同,往往也会影响老年人口对生活满足程度的评价。所以,身心健康条件应作为老年人口生活质量的一项重要指标。

3.3.2 物质生活

物质保障是提高老年人口健康水平的前提条件,它包括了经济收入的来源及水平、消费结构层次与消费水平,主要体现在吃、穿、住、用、行等方面。因此,老年人口生活需求的满足必须以物质条件为基础,它也是提高生活质量的保证。

目前,我国老年人群整体上来看是比较勤俭节约的,在吃、穿、住、用、行等方面都比较朴素,他们对物质生活上的需求并不是很高。据有关资料显示,我国老年人口中,吃、穿、住等基本生活条件是有保证的。就总体而言,由于社会保障制度的庇护,大多数的城市老年人都安度着幸福的晚年,然而,也有一部分老年人由于没有离退休保障,或者由于经济收入水平低、年纪大、身体差,甚至长期卧床不起,因此处于生存的风险之中。而农村老年人口中能自食其力的部分老人大多是低龄的健康老人,有一定的劳动能力或技术特长,依靠种地或者从事一些力所能及的养殖、农副产品加工等,保证其生活来源,其余的农村老年人口多依靠子女供养。

3.3.3 家庭生活

在社会流动频繁、家庭规模小型化、家庭养老功能削弱的现代社会,老年人口的婚姻生活对其生活质量的影响相当大。老年人不仅意味着经验越来越丰富,还意味着情感越来越丰富。夫妻恩爱、家庭和睦是老年人健康长寿的重要因素。婚姻对老年人的心理健康影响不在于婚姻关系本身的有无,而在于婚姻质量,如果老年人对自身的婚姻状况非常满意,就能达到家庭生活的一种和谐、美满的境界。老年夫妻关系融洽是其家庭生活温馨的基础,婚姻的质量直接影响到老年人口的家庭生活质量。

在我国传统文化中,曾经有过"父母在,不远游"的说法,但随着社会的变革,老年人选择独居的越来越多。"老吾老以及人之老,幼吾幼以及人之幼"、"百行孝为先"等古训如今被赋予了新的内涵。相比之于过去的经济赡养,现在的老年人更期盼的是来自儿女们的精神赡养。特别是城镇老年人希望能常与子女交流对话、聊天,到娱乐场所玩一玩。根据调查发现,一些经济条件并不很好的老年人生活得很幸福,其原因是子女非常孝敬。

3.3.4 精神文化生活

精神文化生活主要是指老年人口的情趣、娱乐、休闲等精神需求的情况。在我国,从老年人口的生活状况来看,大多数老年人的情趣、爱好范围非常广泛,比如:散步、太极拳、迪斯科、交际舞、京剧、扭秧歌、打花鼓等等。同时他们对于各种有社会组织的画展、书法、球类、时装等比赛也保持着较高的积极性和兴趣。由于人们日益增长的物质文化需要得到满足之后,人们就会越来越重视对于精神需求的追求,尤其是像老年人口这样的一个特殊群体,对于精神文化上的需求是非常敏感的。由于进入老年人口的特殊群体的最大失落不是来自于物质与身体,而是来自于从"生产领域"进入"消费领域"的巨大落差。为老年群体提供参与社会活动、公益事业的机会不仅可以使老年人口的余热贡献于社会,也会使老年人口在得到社会认同的同时,提升自身价值,这应该说是老年人口生活质量的较高层次的要求。

许多精神卫生专家提出,人在进入老年之后,身体的器官会部分老化、功能减退,加上工作、生活环境的改变,老年人的心理、情绪变化十分复杂。正是由于老年人口在生理和心理上的一定程度上的变化,使得他们对于精神需求的满足感越来越强烈。老年人口在一定程度上较之于一般人口更加需要精神上的供给,它不仅仅体现在文化娱乐的精神享受方面,更体现在情感方面的需求,它会极大地影响老年人口的身心健康,这是衡量老年人口生活质量中最难以度量的因素。

3.3.5 生活环境

生活环境主要是指老年人口与生活相关的各方面的环境的情况,包括自然环境和社会环境。

自然环境是提高老年人口健康生活质量的空间载体及生活质量可持续发展的基础。因为自然环境是人类生存和发展的基本物质要素，一切环境因子的质量都影响着生活质量，特别是老年人口生活质量。环境作为生活质量的重要因子，它既是目标，又是手段；既可以推动生活质量的提高，又可以从反面使生活质量大打折扣。因此扩大对环保的投资以改善自然环境，将会促进社会、经济与环境的协调、可持续发展，并最终实现生活质量的改善与提高（周长城，2003）。老年人大多数的时间都活动在自己的居住地附近，因此老年人口的生活环境质量就显得尤为重要，要求尽量做到环境优美、周围绿化率高、容积率低、空气质量好等一系列体现自然环境质量的标准。同时，我们也应该注意到，在国家建设部和民政部1999年5月14日联合发布的《老年人建筑设计规范》的强制性行业标准中，也明显体现出我国政府和党关心老年人事业、提高与改善老年人生活环境的思想。

社会环境是提高老年人口生活质量的保障。养老保障制度是一种有效的调节机制。它既可以调节老年人口收入水平及贫富悬殊，弥补市场机制的不足，又能提高老年人口生活的公平程度。因此，健全的养老保障制度是老年人口生活质量得以提高的保证，也是保持社会稳定、实现老年人口经济公平的重要制度。因为对于老年人群特别是城镇老年人口，很大一部分老年人口在退休后是依靠养老保险基金度过自己的老年生活的。因此可以这样说，老年人口生活质量的高低在很大程度上取决于所享受的养老保险和医疗保障的福利水平。

通过以上对我国老年人口生活质量特殊性的探讨分析，可以了解在健康生活质量、物质生活、精神文化生活、家庭生活、生活环境等方面的老年人口生活质量的特殊性特征，从而提炼出关于我国老年人口生活质量的特殊性指标，即健康生活质量指标、物质生活质量指标、家庭生活质量指标、精神生活质量指标和生活环境质量指标等，为评价我国老年人口生活质量提供研究基础。

以上反映老年人口生活质量含义的内容与人们普遍接受的反映人口生活质量的内容有什么区别呢？从人口生活质量到老年人口生活质量的

演变(施祖辉,2002)如图 3—4 所示：

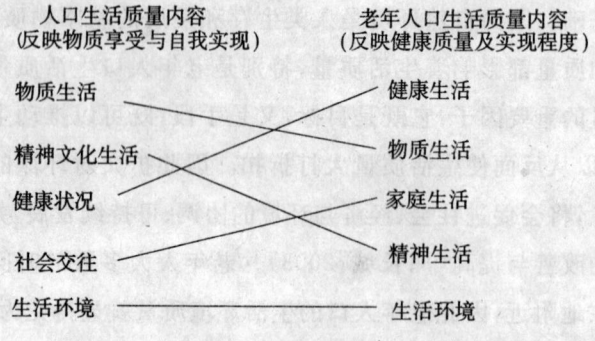

图 3—4　人口生活质量与老年人口生活质量比较

从图 3—4 中可以看出：人口生活质量与老年人口生活质量所反映的内容的差异主要体现在以下方面：

第一,体系目标的差异

人口生活质量指标体系的目标是在测定与反映人们生活福利发展水平的基础上,衡量社会提高国民生活的充分程度及国民得到满足的认同感(周长城,2003);而老年人口生活质量指标体系针对的是老年人口这样一个特殊群体并以健康为根本,目标是衡量社会提高老年人口生活健康服务的供给程度及老年人口对健康需求的实现程度。

第二,内容结构的差异

人口生活质量的中心是围绕物质生活的提高而进行分析与评价的,而老年人口生活质量的中心是围绕老年人口健康质量进行分析与评价的。

第三,研究对象的差异

人口生活质量的研究对象是所有具有社会公民权利的全体国民,而老年人口生活质量的研究对象是 60 岁以上的特殊群体。

3.4　研究的含义界定

从不同角度分析比较了老年人口生活质量的内容之后,本课题结合人口生活质量的一般性与老年人口的特殊性来界定老年人口生活质量的内涵。

老年人口的特殊性主要反映在老年人口对健康的关注与需求,虽然老年人口的生活质量主要是由健康、物质、精神、家庭、环境需求等五个方面构成,这些因素的增进都会提高老年人口的生活质量,但唯有其中的健康存量决定着老年人口生活质量的全过程。虽然每个人通过遗传都获得一笔初始的健康存量,但这种原始积累的存量将会随着年龄增长而折旧,同时也能由于对身体的医疗、康复、环境等物质与精神的投入而增加,因此反映老年人口生活质量的内涵必须强调这方面的内容。

一般认为"生活质量"是一个可以领悟但又难以下精确定义的范畴,正因为如此,"生活质量"的定义历来都成为这一领域研究争论的焦点。本课题在分析了老年人口生活质量包括的内容后,在结合了研究对象的特殊性与一般性的情况下界定老年人口生活质量的内涵:老年人口生活质量是指社会提高老年人健康水平的供给程度和老年人健康需求的满足程度,是建立在一定物质条件基础上,老年人口对生命及社会环境的认同感。

3.5 本章小结

本课题从共性与个性相结合、主观与客观相结合、宏观与微观相结合、供给与需求相结合等不同的研究视角进行分析,发现有很多方面是交叉重叠的,采集重叠部分具有的共性,在不失一般性的生活质量含义的情况下突出并体现老年人口的特殊性,可以看出包含在健康质量、物质生活、精神文化生活、家庭生活、生活环境等方面的内容体现了老年人口生活质量的特殊性。课题在分析了老年人口生活质量包括的内容后,在既体现研究对象的特殊性,又不失一般的情况下界定了老年人口生活质量的内涵,可以说在一定程度上对生活质量的含义赋予了新的内容,为进一步分析我国老年人口生活质量提供了研究基础。

第四章 基于 UML 的老年人口生活质量指标体系的构建

在老年人口生活质量含义界定的基础上，建立科学合理地反映老年人口生活质量内容的指标体系是评价老年人口生活质量的基础。本章首先要解决的问题是如何构建老年人口生活质量指标体系，如何选择反映老年人口生活质量的指标项。为了改变指标项选择随意性的弊端，本课题借助 UML 建模的方法进行选择，使得选择的指标项既能作为评价老年人口生活质量的基础，同时也能作为老年人口生活质量评价的结果。在生活质量指标体系的构建过程中，设置的目标层、反映目标层的指标层、反映指标层的单指标项均是构建指标体系的主要研究内容，为此，本章通过 UML 在指标体系构建过程中的首次应用，从理论与实践上说明指标项选择与指标体系构建的合理性，使其评价能科学地反映我国老年人口的生活质量。

4.1 引言

随着软件系统复杂程度的不断提高，传统的建模方法已越来越难以满足需求，迭代式增量开发方式已得到了广泛的采用（宋来刚，2004）。统一建模语言 UML(Unified Modeling Language)是用来对软件系统进行描述、构造、可视化和文档编制的一种可视化建模语言，具有定义良好、易于表达、功能强大且普遍适用的优点，它与具体的软件工程无关，也与具体的实现无关，是世界范围内广泛应用的一种分析建模方法（韩敏，2004）。UML 不仅能够描述业务结构方面的内容（如组织结构、目标层次、资源等）、行为方面的内容（如过程）以及影响这些内容和行为的业务规则,而且还可利用其标准的扩展机制(如构造)来定义适合于业务建模的新的建模元素,通过对新构造元素之间存在的各种关系进行分析和定义,最终确立元素之间的关系。

尽管 UML 常常与软件系统建模相关联,但由于它能把现实世界建模为交互对象的系统,因此,具有更加广阔的应用范围。基于 UML 的面向对象需求分析克服了传统的需求分析对问题领域受时效上的限制和对系统功能无法把握其精确程度等缺点,同时解决了数据流分析的层次复杂性,对信息模型的映射程度加强了;而且 UML 作为面向对象的可视化标准建模语言,采用了图形符号表示系统中的对象和关系,从不同的角度描述待建立系统,为更好地理解业务流程提供了有效的交流形式。

由于 UML 中的业务建模的目的是描述业务核心功能的复杂现实(Hans-Erik Eriksson,2004),而老年人口生活质量指标体系需要对老年人口生活中复杂、抽象的核心问题进行描述,这正符合业务建模的目的,同时也能构建老年人口生活质量指标体系的框架。因此,可以利用 UML,通过自底向上的方法分析需求,建立初始模型,通过自顶向下逐步求精的方法建立静态的结构类图来构建老年人口生活质量指标体系的框架模型。

4.2 UML 基础

模型是为了理解事物而对事物做出的一种抽象,是对事物的一种无歧义的书面描述(张海藩,2004)。在最通常的意义下,当建立了一个模型后,其实就在运用已经了解的很多知识来理解暂时还不知道的很多东西。在某些领域中,一个模型可能是一组数学方程式;而在另一些领域中,一个模型可能是计算机仿真程序(Joseph Schmuller,2004)。模型有多种类型,在 UML 中通常需要建立静态模型和动态模型,用于理解需求和构建系统构架。

4.2.1 UML 结构

UML 包括了一些可以相互组合为图表的图形元素,通过 UML 的多个视图可从不同的角度展示一个系统,UML 的结构包括构造块、公共机制和构架。

第一,构造块

UML 构造块通常由三部分组成:

①模型元素:即建模元素本身。可以分为结构(类、接口、用例、参与者等)、行为(交互、状态等)、分组(按语义相关的元素分组内聚)、注解(特殊信息说明)4 类。

②关系:用来说明两个或者多个模型元素之间是如何相关的。可以分为关联、依赖、泛化、实现 4 种关系类型。关系类型与图形符号的对应如表 4—1 所示:

表 4—1 关系与图形符号的对应表

关系类型	简要语义	图形符号
关联	描述两个模型元素之间存在某种语义上的联系。	———
依赖	一个模型元素使用了另一个模型元素。两个模型元素之间的语义连接关系为:其中一个模型元素是独立的,另一个模型元素不是独立的,它依赖于独立的模型元素,如果独立模型元素改变了,将会影响依赖于它的模型元素。	-------->
泛化	一个模型元素可以继承另一个模型元素的属性和操作,即继承关系,是通用模型元素和具体模型元素之间的一种关系。	———▶
实现	一个模型元素和它的接口之间的关系。用来协调不同阶段模型之间的关系,其中一个模型定义了一组约定,另一个模型负责实现约定。	--------▷

③图:是 UML 模型的视图,用于展示模型元素的集合,建立系统模型,不是模型本身。通过绘制 UML 视图,可以从不同的抽象角度使系统可视化。UML 一共有九种不同类型的图,被划分为两类,一类是用于系统的静态结构建模的,称为静态模型;另一类是用于系统的动态结构建模的,称为动态模型。

静态模型捕获模型元素及模型元素之间的静态关系,包括类图、组件图、部署图;动态模型捕获模型元素是如何交互以产生系统所需的行为,包括对象图、用例图、顺序图、协作图、状态图、活动图(Booch,1994)。

第二,公共机制

UML 具有四种公共机制,它们一致地应用在语言中,描述了达到对象建模目的的四种策略。

①规格说明,是模型元素的特征和语义的文本描述。UML 不仅是图形语言,而且也为每一个 UML 图形规定了文字说明的语法和语义。

②修饰,用于描述模型元素其他方面的细节特征,通过修饰性说明,不仅增强了图的整体清晰性和可读性,也突出了模型的某些重要特征。

③公共分类,UML 中有两种公共分类。

◆抽象和具体的分类:抽象(即类)是指一类事物的抽象概念,具体(即实例)是一类事物的特定存在。

◆说明和实现的分类:说明是事物行为的约定,实现是事物如何工作的特殊细节。

④扩展机制,UML 允许使用人员根据需要自定义一些构造的语言成分。

不同的机制都可应用模型中的各个元素,对模型元素的特性进行描述,但是不同的模型元素,其可供使用的公共机制的内容是不同的(Jim Arlow,2003)。

第三,构架

构架也可以理解为框架,是用于捕获系统高级层次结构的一种策略,即用来确定是否使用层次框架还是其他的框架,从总体的角度对系统进行分解,降低耦合度。一旦确定构架为层次框架后,在设计包、子系统时就绝对不能出现下层的包依赖于上层的包的情况,这就使得系统结构清楚。

为了捕获系统构架的所有方面,UML 定义了系统的四个不同的视

图,如图 4—1 所示:

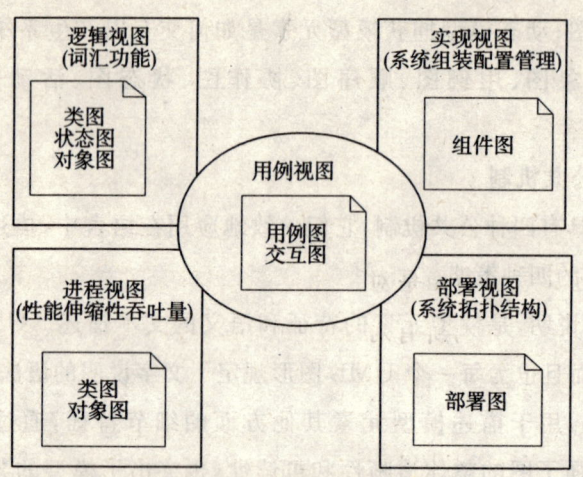

图 4—1 UML 构架

图 4—1 中,用例视图把系统的基本需求捕获为一组用例,并提供构造其他视图的基础,即所有其他视图都必须是从用例视图派生而来的(Jim Arlow,2003)。

4.2.2 包

包也称包图,是 UML 分组模型元素的容器,通过包可将具有紧密语义联系的模型元素进行分组,从而创建结构良好的模型,同时创建模型中的语义边界,不同的包提供系统功能的不同方面。在 UML 中,包由一个大的矩形表示,左上角突出一小格,形成一个文件夹似的图案,其名称放在矩形内。如图 4—2 所示:

图 4—2 包图的 UML 标记

4.2.3 静态模型

静态模型是模拟客观世界及对象彼此间关系的映射,描述了系统的静态结构,为建立动态模型和功能模型提供了实质性的框架。

在建立静态模型时,本课题的目标是从客观世界中提炼出对具体应用有价值的概念,并通过类图对静态模型进行描述。

第一,什么是类

类是一系列拥有相同属性的对象集合。即:类是具有相同属性、操作、方法、关系或者行为的一组对象描述符,而每个对象就是某一个类的实例。可以把类看做是对象的模板,它决定了该类所有的对象结构(属性集)。相同类的所有对象必须具有相同的操作集合、相同的属性集合,但是可以具有不同的属性值。对于对象来说,类就是其所有对象必须遵循的规格说明或模板。分类是人类对客观世界信息排序的最重要的方法之一。为了降低建模的复杂度,可将对象进行分类并组合成类,从而减少建模中的元素数量,并有助于描述更复杂的系统。

尽管类之间存在有各种关系,但类的可视化 UML 语法非常丰富,用 UML 的修饰进行描述,可以明确表达类的含义。在可视化语法中唯一强制的部分是带有类名称的名称分栏,其他所有分栏和修饰是可选的。图 4—3 是一个用 UML 表示的类示例:

计算生活消费水平	
# 食品支出总额	: int
# 生活消费支出总额	: long
− 计算恩格尔系数( )	: float
− 计算生活消费水平( )	: float

图 4—3 UML 类示例

图 4—3 中:第一栏是类的名称,如,计算生活消费水平;第二栏是类的属性,如,♯食品支出总额:int;第三栏是类的操作:如,−计算恩格尔系数( ):float。

其中:井号"♯"、减号"−"分别表示属性的可视化修饰是受保护的、私有的;int、float、long 分别表示取值的类型为整型、实型和长整型。

UML中类的名称命名不采用特殊的字符,同时也不使用缩写形式。

第二,寻找类

由于类代表的是领域知识中的词汇和术语。因此寻找类是系统分析阶段的核心问题,一个完整的系统分析过程是通过从用例中提取实体对象,然后归纳、抽象出实体类。在用例驱动的建模过程中,用例是提取实体类重要、基本的依据。鲁塞尔·阿博特指出:设计者可以从用例文本描述中出现的名词和名词短语来提取实体对象。

词法分析方法就是通过分析文本并尝试着找出类、属性和操作的较为简单的方法。通常,文本中的名词和名词短语暗示类或属性,动词和动词短语暗示操作,是基于问题领域语言的直接分析。通过词法分析还能找出"隐藏"的类,但必须排除干扰名词的同义语、近似语,识别出真正的实体和以名词形式出现的属性、动作等其他概念。可以根据预先定义的概念列表,逐项判断系统中是否有对应的实体对象。通常可以从以下概念类型出发,寻找系统中的实体对象。

◆物理的或实在的对象;

◆人的角色;

◆组织;

◆事件;

◆地点;

◆规格说明或事物描述;

◆规格和策略。

通过试探系统中是否存在这些类型的概念,或将这些概念与实体对象进行对比,就可以提取出系统中较为完整的实体对象。

第三,构造类图

类图提供了对类及其关系进行建模的一种图形化的表示法。由于一个类有时可由几个部分类组成,因此类图中还存在聚集和组成关系。

聚集是部分类和由它们组成的类之间的关系,是一种整体和部分的关联。用符号——◇表示。按聚集关系的表示法,聚集关系构成了类图的层次结构。

组成是强类型的聚集,聚集的每个部分只能属于一个整体。用符号——◆表示。

4.2.4 动态模型

动态模型用于描述系统中对象的交互关系,在系统分析阶段通过用例可对创建的过程进行叙述性说明,用例既可描述参与者和系统之间的交互作用,也能帮助用户理解系统需求和领域专有的术语。因此用例是一个有价值的工具,是对系统提供的功能的一种描述,包括各种序列以及出错序列的规格说明。在本课题中我们通过用例图来构建动态模型。

第一,用例建模的步骤

用例建模的目的就是从用户的角度来捕获系统的行为,并展示系统外部的各类参与者与系统提供的各种用例之间的关系。一个用例表示一项系统功能。用例与参与者直接交互,起点和终点分别是参与者提出的要求和系统返回的结果。用例可大可小,可以是一个简单的操作,也可以是一个由几个操作共同完成的功能,但是它必须具有完整的功能。典型的用例建模步骤是:找出系统边界,找出用例,找出参与者。

①找出系统边界

系统边界即系统模型的范围。构造系统的第一件事情就是要确定系统的边界在哪里。需要定义什么是系统的组成部分(系统的边界内)和什么是系统的外部(系统的边界外)。系统边界定义了什么样的参与者使用系统,系统为参与者提供了什么样的功能作用。

②找出用例

用例是参与者与系统交互的模型元素。通过回答下列问题,可以帮

助建模者发现用例:

参与者需要从系统中获得哪些功能?

参与者需要做什么?

参与者需要读取、产生、删除、修改或存储系统中的信息吗?

系统中发生的事件需要通知参与者吗?

如果用系统的新功能处理参与者的日常工作,是简化了还是提高了工作效率?

③找出参与者

参与者是人所扮演的角色或者是使用系统的事物。通过回答下列问题,可以帮助建模者发现参与者:

使用系统主要功能的参与者是谁?

需要借助于系统完成日常工作的参与者是谁?

谁来维护、管理系统,保证系统正常工作?

对系统产生的结果感兴趣的人或事是哪些?

第二,建立用例图

用例图是从用户角度描述系统的功能,并指出系统各功能的操作者,由用例和表明用例间、用例与参与者间关系的图形符号组成。用例图一般包含4种元素:系统边界、参与者、用例、关系。用例元素与图形符号的

表 4—2 用例元素与图形符号的对应表

用例元素	图 例	说 明
系统边界	系统名称	定义了系统的界限,系统的用例置于其中,参与者置于边界外,在顶部是系统的名称
参与者	<参与者>	代表用户、系统及与本系统交互的其他元素的外部实体,图标下方是参与者的名称
用 例	<用例>	描述了参与者是如何使用系统来实现它们的目标,在椭圆的中心是用例的名称
关 系	具体内容如表 4—1 所示	描述了模型元素之间的相关性

对应关系如表 4—2 所示。

4.2.5 UML 建模基本过程

UML 建模过程是一个迭代和增量的过程。每次迭代产生包括最终系统部分的版本和任何相关的项目文档基线,基线之间相互信赖,逐步迭代直到完成最终系统。两个连续基线之间的差异就是增量(Jim Arlow,2003)。

在每一次迭代中有五种核心工作流,说明需要做什么和需要什么工作技能。这五种工作流是:

需求,捕获系统要做什么;

分析,精化和结构化需求;

设计,用系统构架实现需求;

实现,构造系统;

测试,验证实现是否达到期望值。

建模过程如图 4—4 所示。

图中:

A. 模型的初始状态,表示图中任何事件都未起作用时的状态;

B. 动作状态是一种代表已完成活动的状态;

C. 当动作状态的内部动作完成时即会从该动作状态进行转换;

D. 表明必须先完成各个并行活动然后才出现下一个活动;

E. 表明可同时发生的活动;

F. 最终状态,代表该图所表示的场合中的活动已结束。

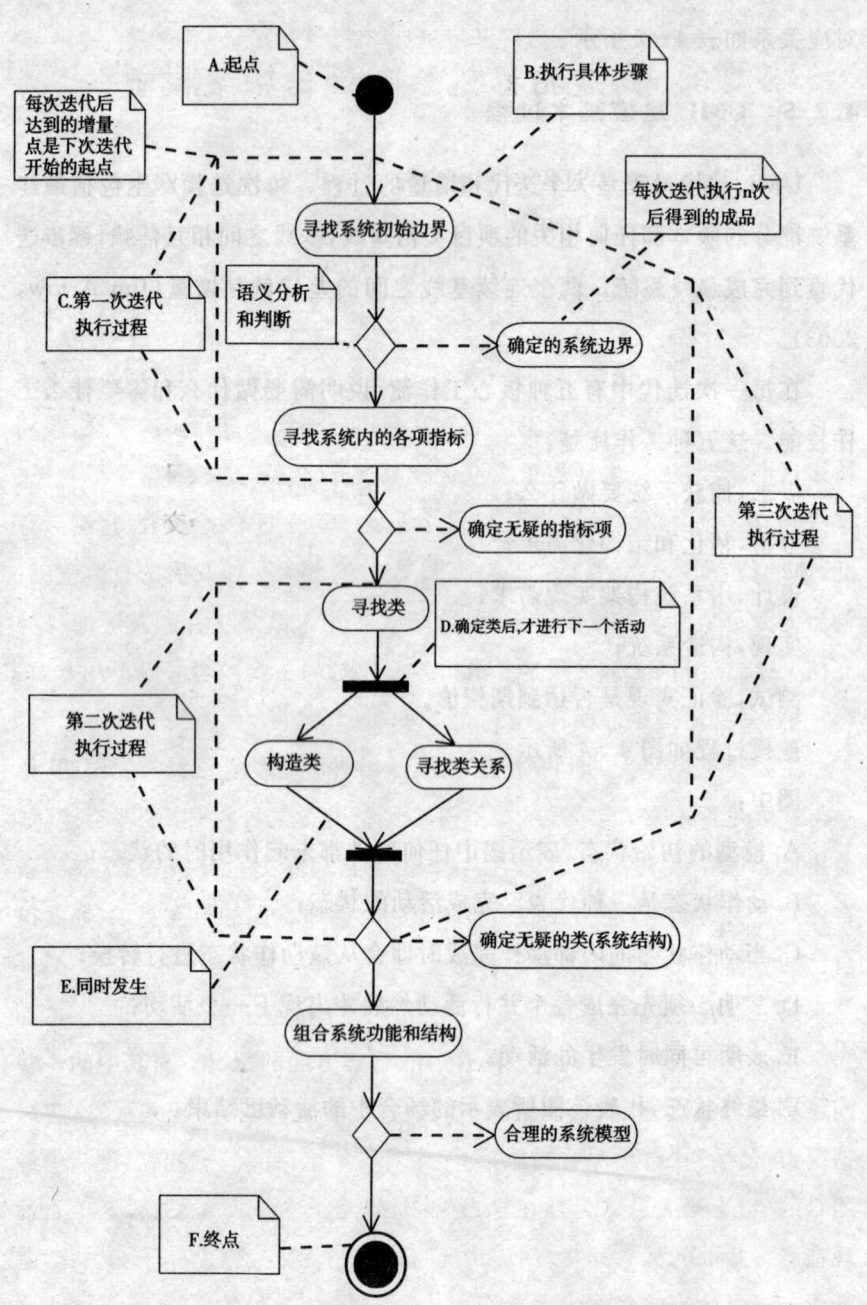

图 4—4 UML 建模基本过程

4.3 创建指标体系的初始构架模型

依据 UML 的建模过程,本课题先要进行需求分析,捕获系统要做什么。因此在这一阶段使用用例建模来创建指标体系的初始构架模型。

4.3.1 收集资料与专家会谈

课题组通过图书馆、资料室及上网收集了大量的有关老年人口生活质量的信息,并与从事老龄工作的专家及部分老年人进行多次交谈,得到初步认识:老年人口生活质量应包含健康状况、生活习惯、日常生活功能、家庭和睦、居住条件、经济收入、营养状况、心理卫生、社会交往、生活满意度、体能检查等方面的内容。其中,身体健康是生存和发展的自然基础;物质生活是生存和发展的物质基础;精神文化生活是生存和发展的精神支柱。通过分析归纳,涉及老年人口生活质量的主要内容有以下几方面:

第一,身体健康方面

主要是指老年人的生理和心理状况,各种生理功能活动有无限制,休息与睡眠是否正常,肢体残废缺陷等。包括有无某种疾病、生理功能(如血压)、心理和认知功能、躯体功能(如生活自理能力)、健康感受(如健康自评)、社会功能(社会交往的性质和范围);健康状况的自我意识(如觉得自己的身体情况与同龄人相比的感受)。

第二,物质生活方面

主要是指老年人口的吃、穿、住、用、行等方面的情况。对其中的一些问题有专门的研究,如居住情况:独居一室、两代同室、无正式居室;起居情况:自己照料、自我保健措施,老年人对日常生活的满意程度,生活中最困难的事;老年人退休金与在业状况:老年人的主要收入来源,老年人对现在经济状况的满意程度;供养情况:自己能养活自己,由其子女供养,由配偶、亲属、政府或集体供养等。

第三,精神生活方面

精神文化生活主要是指老年人口的情趣、娱乐、休闲等精神需求的情况,包括睡眠状况、食欲状况、与别人相处及诉说心里话、孤独感、子女孝敬状况、幸福感受等。专家对其中的一些问题进行了研究。如精神慰藉:孤独感、紧张、害怕;闲暇文化生活:业余爱好、参与老年活动室活动、体育、书画、摄影和老年艺术团体,由体育、教育逐步延伸到健康饮食、休闲和老年旅游文化,解决老年人的"退休综合症";提高自身素质,注重生理健康教育、心理健康教育,重视老年群体的社会交往,增长和更新知识,实现老年人生价值。

第四,生活环境方面

主要是指老年人口与生活相关的各方面环境,包括居住环境、社会环境、自然环境。如卫生保健、文化生活、社会服务、收入分配、社会地位、社会治安。特别在享有的权益和权利方面,提出老年人生活质量高低在很大的程度上还是要依据他们退休后进入老年群体之后所享受的权益和权利等的实际落实情况。

第五,生活质量评价

一方面,从主客观两方面进行生活质量评价:客观标准包括收入和消费水平、居住条件、环境状况、邻里、家庭、教育程度、参与社团活动率等;主观感受包括生活满意度和幸福感等。客观标准和主观感受这两者缺一不可。尽管环境、社区、邻里、家庭、收入都决定着生活质量,但这些客观指标不能充分揭示老年人对生活是否满意、是否顺心。同时,仅仅知道主观感受对于制定何种政策和如何实施干预介入也是不够的。越来越多的人认为,主观感受应在生活质量评价中占相对较大权重。

另一方面,由于生活质量是一个多维概念,因此许多研究者认为生活质量评价至少应包括躯体健康、自理能力、认知功能、心理健康、社会交往、家庭情感支持、生活满意度、健康服务可获性、经济状况、业余生活、幸福感等方面。具体内容如下:

身体健康状况评价包括:用来反映老年人的感官功能、躯体不适、患病状况与程度、睡眠与精力等状态的"生理健康"指标;在生活自理能力评价中,国际通用的日常生活活动能力量表(WHO—ADL 量表)对老年人的生活自理能力进行测定,其测定分为两个方面,即日常生活自理功能

(ADL，Activities of Daily Life)和社会服务设施利用功能(IADL，Instruments Activities of Daily Life)，通过 ADL 和 IADL 各 6 个子项的评分反映出老人生活自理能力的强或弱，得到老年人生活自理能力的"生活自理"指标。

心理健康状况评价是通过老年人智力水平、各种正向和负向心理活动、情绪、紧张程度等，得到老年人的情感、自尊、情绪应激能力、认知等方面的"心理健康"指标。

社会健康状况评价包括：用来反映老年人社会交往和社会活动情况、家庭关系、爱情婚姻、职业、社会地位等社会关系、社会参与和社会支持的"社会完好"指标；反映老年人对经济、医疗、居住、环境、照料等条件的"生活条件满意度"指标。

精神健康状况评价通过老年人对自己生命价值的认识、宗教信仰、精神文化生活等，得到老年人"精神健康"指标。

第六，最关注问题

通过与老龄工作者、老年人的交谈，他们所关注的主要问题是：改善老年人的就医条件，提高医疗保障覆盖率，完善社会养老保障机制，重视夫妻情感和子女情感，认为情感是家庭生活的纽带，在家庭生活中婚姻的稳定程度与家庭的稳定也有一定的关系，居住条件、居住方式和居住环境也是他们关注的方面。

4.3.2 词法分析

由于收集的资料中涉及描述老年人口生活质量的名词将可能成为模型中的类或成为类的属性，而动词及短语可能成为模型中的类的操作或类之间的关联标记。因此，词法分析是建立模型的重要环节。

第一，初次收集筛选

通过寻找应用领域中的重要概念，并进行筛选、排序后，得到系统中的各项初始指标为：

保障、彩电、参加活动频度、城镇、代际、单独拥有一间住房率、地区、电话、独居、二氧化硫排放量、恩格尔系数、分布地区、感官、感受、高血压、供养、孤独、关系、冠心病、环境、患病、婚姻、婚姻感受度、婚姻状况、活动中心、疾病、家庭、家庭关系、健康、教育、紧张、经济、精神、精神生活、居住方式、居住环境、居住面积、客观、老龄工作者、老龄问题研究机构数、老年人、老年人活动中心数、老年人收入、老年再教育机构数、邻里关系、绿地、满意、每百户拥有彩电、每百户拥有电话、每千人医生数、年龄、农村、配偶、评价、气管炎、情感、情绪、躯体、权益、人际关系、人均活动设施占有率、人均绿地占有率、认知、日常生活自理功能（ADL）、社会、社会保障支出占GDP比重、社会风气满意度、社会服务机构数、社会福利机构收养床位数、社会环境、社会活动参与率、社会治安发案率、社区、社会服务设施利用功能（IADL）、身高、身体、身体素质、生活、生活质量、生活自理、生理、生理健康、识字率、收入、睡眠、糖尿病、体重、退休金、文化、文化程度、污水、污水排放量、物质、物质生活、享受权益和权利、消费、心理、心理健康、兴趣、性别、学者、烟尘排放量、研究人员、养老保险、业余爱好、业余生活、医疗保险、营养状况、预期寿命、照料、知识、指标、质量、智力、主观、专家、子女孝敬、自尊、指标评价、研究。

第二，提取参与者

在调查、访谈中涉及的人或机构有：社会服务机构、治安部门、环保部门、统计部门、民政部门、医疗部门、社保部门、老龄委、专家、学者、研究人员、老龄工作者、老年人。

这里可将参与者按数据信息的来源和使用泛化为三类：老年人、社会机构、研究人员。其中老年人、社会机构是系统数据的提供者，研究人员是系统提供信息的使用者。

第三，第二次筛选

可按下述方法进行进一步的词法筛选：

①删除语义功能不清晰的词汇：如生理、主观、质量、精神、客观、文化、知识、教育、躯体、心理、保障、社区、孤独、感受、社会、生活、关系、睡眠、评价、指标、智力、感官、满意、消费、经济、身体。

②选择保留语义近似的词中语义更为适当的一个词汇：如婚姻状况（婚姻状况、婚姻、配偶）；人均绿地占有率（人均绿地占有率、绿地）；社会

活动参与率(社会活动参与率、参加活动频度);业余爱好(业余生活、业余爱好);患病(患病、疾病);享受权益和权利(权益、享受权益和权利);拥有电话(电话、每百户拥有电话);拥有彩电(彩电、每百户拥有彩电);居住方式(居住方式、单独拥有一间住房率)。

③暂时保留语义相对笼统的词汇:如居住环境、精神生活、孤独、供养、社会环境、物质、自尊、家庭、城镇、农村、健康、代际。

从以上三方面分析初始指标中的词汇后,可得到候选指标(按拼音顺序排列)如表4—3所示:

表4—3 第二次筛选后的指标

1.二氧化硫排放量	2.分布地区	3.高血压	4.冠心病
5.婚姻感受度	6.婚姻状况	7.家庭关系	8.紧张
9.居住方式	10.居住面积	11.老龄问题研究机构数	12.老年人活动中心数
13.老年人收入	14.老年再教育机构数	15.邻里关系	16.每千人医生数
17.年龄	18.气管炎	19.情感	20.情绪
21.人际关系	22.人均活动设施占有率	23.人均绿地占有率	24.认知
25.日常生活自理功能(ADL)	26.社会保障支出占GDP比重	27.社会风气满意度	28.社会服务机构数
29.社会福利机构收养床位数	30.社会活动参与率	31.社会治安发案率	32.社会服务设施利用功能(IADL)
33.身高	34.恩格尔系数	35.生活自理	36.生理健康
37.糖尿病	38.体重	39.退休金	40.文化程度
41.污水排放量	42.享受权益和权利	43.心理健康	44.兴趣
45.烟尘排放量	46.养老保险	47.业余爱好	48.医疗保险
49.营养状况	50.拥有彩电	51.拥有电话	52.预期寿命
53.子女孝敬			

4.3.3 用例修饰

根据UML的规则,我们可将表4—3中的每一个候选指标词汇作为一个用例,通过用例语义背板和"shall"语句来进行文本修饰,并进行功能性说明。

用例语义背板的描述形式见表4—4。

表4—4 用例语义背板描述形式

用例名称：
参 与 者：
前置条件：
实现步骤：
结束状态：

其中:用例名称,是每一个候选指标词汇;参与者,是指为完成一个事件而与系统交互的实体;前置条件,是指用例被触发之前系统状态的限制条件;实现步骤,是指当参与者和系统试图达到一个目标时所发生的一系列活动;结束状态,是指用例成功完成之后系统达到的目标状态。

"shall"语句格式：

〈ID〉 The 〈Case Item〉 shall 〈Tag〉

其中:〈ID〉为用例的标志号,可用候选项的顺序号来表示;〈Case Item〉为用例名称,即候选指标;〈Tag〉为用例对系统的影响作用(刘润东,2001)。

根据表4—3的顺序,表4—5至4—9依次对每一个候选指标按反映老年人不同的生活方面进行文本描述。

表4—5 反映老年人健康生活的用例修饰

用例名称:高血压	用例名称:冠心病
参 与 者:老年人	参 与 者:老年人
前置条件:无	前置条件:无
实现步骤： 确定老年人是否患有高血压病	实现步骤： 确定老年人是否患有冠心病
结束状态:获得老年人患高血压病的逻辑值(是、否)	结束状态:获得老年人患冠心病的逻辑值(是、否)

〈3〉The〈高血压〉shall〈反映老年人心、肾、脑、眼的损伤情况,体现老年人身体健康状况〉

〈4〉The〈冠心病〉shall〈反映老年人心脏的损伤情况,体现老年人身体健康状况〉

第四章 基于 UML 的老年人口生活质量指标体系的构建　77

用例名称:紧张	用例名称:邻里关系
参 与 者:老年人	参 与 者:老年人
前置条件:无	前置条件:无
实现步骤: 测试老年人是否具有一定的心理压力承受能力 结束状态:得到老年人在外界压力下的心理表现	实现步骤: 老年人与邻居交往的主观感受程度 结束状态:获得与邻居交往的满意度

〈8〉The〈紧张〉shall〈反映老年人的心理表现,体现老年人的心理状况〉

〈15〉The〈邻里关系〉shall〈反映老年人在与邻居交往中的心理感受,体现老年人的心理状况〉

用例名称:年龄	用例名称:气管炎
参 与 者:老年人	参 与 者:老年人
前置条件:健在且已知出生年月	前置条件:无
实现步骤: 输入老年人出生年月; 确定老年人的岁数 结束状态:得到当前实际年龄	实现步骤: 确定老年人是否患有气管炎 结束状态:获得老年人患气管炎的逻辑值(是、否)

〈17〉The〈年龄〉shall〈预测老年人的余寿,体现身体素质健康水平〉

〈18〉The〈气管炎〉shall〈反映老年人肺部损伤情况,体现老年人身体健康状况〉

用例名称:情感	用例名称:情绪
参 与 者:老年人	参 与 者:老年人
前置条件:无	前置条件:无
实现步骤: 老年人对事物的价值特性所产生的主观反映程度 结束状态:得到程度值	实现步骤: 老年人在受到某种刺激时所产生的一种身心激动状态 结束状态:得到状态值

〈19〉The〈情感〉shall〈反映一种心理认可度,体现老年人的心理状况〉

〈20〉The〈情绪〉shall〈反映心理活动的一个方面,体现老年人的心理状况〉

用例名称:人际关系	用例名称:认知
参 与 者:老年人	参 与 者:老年人
前置条件:无	前置条件:无
实现步骤:	实现步骤:
老年人与他人交往的主观感受程度	测试老年人对现实事物的学习理解力
结束状态:获得满意度	结束状态:获得老年人感知事物的心理活动值

〈21〉The〈人际关系〉shall〈反映老年人在交往中的心理感受,体现老年人的心理状况〉

〈24〉The〈认知〉shall〈反映老年人的思辨能力,体现老年人的心理状态〉

用例名称:日常生活自理功能(ADL)	用例名称:社会服务设施利用功能(IADL)
参 与 者:老年人	参 与 者:老年人
前置条件:大于80岁的老年人	前置条件:小于80岁的老年人
实现步骤:	实现步骤:
输入日常生活活动能力量表的各项值;按照老年人自理能力状况进行评分	1.输入日常生活活动能力量表的各项值;2.按照老年人功能自理能力状况进行评分
结束状态:得到自理能力分值	结束状态:得到自理能力分值

〈25〉The〈日常生活自理功能(ADL)〉shall〈反映老年人生活自理能力的强或弱,体现老年人身体健康状况〉

〈32〉The〈社会服务设施利用功能(IADL)〉shall〈反映老年人生活自理能力的强或弱,体现老年人身体健康状况〉

用例名称:身高	用例名称:生活自理
参 与 者:老年人	参 与 者:老年人
前置条件:无	前置条件:无
实现步骤:	实现步骤:
确定老年人当前的身高值	1.获取老年人的当前行动能力值;2.评估老年人自己照料生活的能力
结束状态:得到实际身高	结束状态:得到生活自理能力值

〈33〉The〈身高〉shall〈反映老年人目前的体形外貌特征,体现老年人的身体素质〉

〈35〉The〈生活自理〉shall〈反映老年人的身体素质,体现老年人身体健康状况〉

用例名称:生理健康	用例名称:糖尿病
参 与 者:老年人	参 与 者:老年人
前置条件:无	前置条件:无
实现步骤:	实现步骤:
输入老年人患病情况;	确定老年人是否患有糖尿病
测算老年人身体健康状况	结束状态:获得老年人患糖尿病的逻辑值(是、否)
结束状态:得到身体健康水平值	

〈36〉The〈生理健康〉shall〈反映老年人的生理状态,体现老年人身体健康状况〉

〈37〉The〈糖尿病〉shall〈反映老年人身体内缺乏胰岛素的情况,体现老年人身体健康状况〉

用例名称:体重	用例名称:心理健康
参 与 者:老年人	参 与 者:老年人
前置条件:无	前置条件:无
实现步骤:	实现步骤:
确定老年人当前的体重值	1.输入老年人心理活动各项值;
结束状态:得到实际体重	2.按照老年人心理表现进行评分
	结束状态:得到心理分值

〈38〉The〈体重〉shall〈反映老年人目前的生理特征,体现老年人的身体素质〉

〈43〉The〈心理健康〉shall〈反映老年人心理状况水平,体现老年人身体健康状况〉

用例名称:兴趣	用例名称:营养状况
参 与 者:老年人	参 与 者:老年人
前置条件:无	前置条件:无
实现步骤:	实现步骤:
测试老年人对事物带有倾向性、选择性的态度	评价老年人的膳食结构及身体吸收功能
结束状态:得到测试值	结束状态:得到评价值

〈44〉The〈兴趣〉shall〈反映老年人情绪上的自我满足程度,体现老年人的心理状态〉

〈49〉The〈营养状况〉shall〈反映老年人的身体素质,体现老年人身体健康状况〉

用例名称:预期寿命
参 与 者:当地统计部门
前置条件:无
实现步骤:
统计并计算老年人去世时的平均寿命
结束状态:得到预期寿命

〈52〉The〈预期寿命〉shall〈反映老年人的寿命长短,体现老年人的身体健康状况〉

表 4—6 反映老年人物质生活的用例修饰

用例名称:居住方式	用例名称:居住面积
参 与 者:老年人	参 与 者:老年人
前置条件:以老人自己感到愉快、满意为准	前置条件:老年人拥有固定居所
实现步骤:	实现步骤:
老年人对目前养老居住生活方式的主观感受	测算老年人个人拥有的固定居所面积大小
结束状态:得到居住方式满意度	结束状态:得到固定居所面积大小

〈9〉The〈居住方式〉shall〈反映家庭生活主观感受,体现物质生活基础〉   〈10〉The〈居住面积〉shall〈反映老年人居住状况,体现物质生活基础〉

用例名称:老年人收入	用例名称:恩格尔系数
参 与 者:老年人	参 与 者:老年人
前置条件:可折算为货币形式的收入(现金、实物)	前置条件:可折算为货币形式的生活消费(现金、实物)
实现步骤:	实现步骤:
1.收集各种收入源收入;	1.收集用于生活的各种开支
2.计算老年人在一年中的收入总和	2.计算恩格尔系数
结束状态:得到收入总和	结束状态:得到恩格尔系数

〈13〉The〈老年人收入〉shall〈反映老年人收入水平,体现老年人的物质生活基础〉   〈34〉The〈恩格尔系数〉shall〈反映老年人物质消费水平,体现物质生活基础〉

用例名称:退休金 参 与 者:老年人 前置条件:有退休金来源 实现步骤: 获取老年人退休金 结束状态:得到退休金额	用例名称:拥有彩电 参 与 者:老年人 前置条件:经济收入达到一定水平 实现步骤: 判断是否购买彩电 结束状态:得到判断的逻辑值(是、否)
〈39〉The〈退休金〉shall〈反映老年人维持生存的经济保障程度,体现物质生活基础〉	〈50〉The〈拥有彩电〉shall〈反映老年人的信息化程度,体现老年人的物质生活基础〉
用例名称:拥有电话 参 与 者:老年人 前置条件:经济收入达到一定水平 实现步骤: 判断电话是否入户 结束状态:得到判断的逻辑值(是、否)	
〈51〉The〈拥有电话〉shall〈反映老年人的信息化程度,体现老年人的物质生活基础〉	

表4—7 反映老年人家庭生活的用例修饰

用例名称:婚姻感受度 参 与 者:老年人 前置条件:老年人(曾经、目前)存在婚姻关系 实现步骤: 老年人对自身婚姻质量的主观评价 结束状态:得到婚姻质量的主观评价值	用例名称:婚姻状况 参 与 者:老年人 前置条件:无 实现步骤: 老年人对当前婚姻关系的主观评价 结束状态:得到婚姻关系的主观评价值
〈5〉The〈婚姻感受度〉shall〈反映老年人对婚姻生活质量的评价,体现老年人家庭生活状况〉	〈6〉The〈婚姻状况〉shall〈反映老年人对婚姻关系的评价,体现老年人家庭生态度〉

用例名称:家庭关系	用例名称:子女孝敬
参 与 者:老年人	参 与 者:老年人
前置条件:有家人或与人同居一室	前置条件:有子女
实现步骤: 老年人对与家庭成员之间关系融洽度的主观评价	实现步骤: 1.评估子女对老年人的关心照料程度; 2.评估子女与老年人的情感交流沟通程度
结束状态:得到家庭关系的主观评价值	结束状态:得到满意度
〈7〉The〈家庭关系〉shall〈反映家庭成员之间的融洽度,体现家庭生活基础〉	〈53〉The〈子女孝敬〉shall〈反映代际关系融洽度,体现家庭生活基础〉

表4—8 反映老年人精神生活的用例修饰

用例名称:文化程度	用例名称:业余爱好
参 与 者:老年人	参 与 者:老年人
前置条件:无	前置条件:无
实现步骤: 1.判断老年人接受新知识的能力; 2.评价老年人的文化等级	实现步骤: 统计老年人进行业余文化娱乐的种类
结束状态:得到等级	结束状态:得到业余爱好范围
〈40〉The〈文化程度〉shall〈反映老年人文化水平的高低,体现老年人精神生活状况〉	〈47〉The〈业余爱好〉shall〈反映业余爱好的广泛程度,体现老年人的精神生活质量〉

表4—9 反映老年人生活环境的用例修饰

用例名称:二氧化硫排放量	用例名称:分布地区
参 与 者:当地环保部门、统计部门	参 与 者:老年人
前置条件:无	前置条件:无
实现步骤: 1.计算当地二氧化硫排放总量; 2.测算二氧化硫对空气质量的影响程度	实现步骤: 确定老年人当前的生活所在地
结束状态:得到二氧化硫对空气质量的影响程度	结束状态:得到老年人当前的居住地
〈1〉The〈二氧化硫排放量〉shall〈反映空气质量,体现老年人生活地区的居住环境状况〉	〈2〉The〈分布地区〉shall〈确定老年人生活在城镇还是农村,用于分地区研究,体现生活地区差异性〉

用例名称:老龄问题研究机构数 参 与 者:老龄问题研究机构 前置条件:存在当地老龄问题研究机构 实现步骤: 统计当地老年人研究机构的数量 结束状态:得到老年人研究机构数量	用例名称:老年人活动中心数 参 与 者:社会机构 前置条件:存在老年人活动中心 实现步骤: 统计当地老年人活动中心数量 结束状态:得到活动中心数量
〈11〉The〈老龄问题研究机构数〉shall〈反映社会关注老龄问题的程度,体现老年人生活地区的社会环境状态〉	〈12〉The〈老年人活动中心〉shall〈反映社会对老年人的关心程度,体现老年人生活地区的社会环境状态〉
用例名称:老年再教育机构数 参 与 者:老年再教育机构 前置条件:存在老年再教育机构 实现步骤: 统计当地老年再教育机构数量 结束状态:得到老年再教育机构数量	用例名称:每千人医生数 参 与 者:当地统计部门、医疗部门 前置条件:无 实现步骤: 统计医生总数; 计算每千人医生数 结束状态:得到每千人医生数
〈14〉The〈老年再教育机构数〉shall〈反映社会对老年人的关注程度,体现老年人生活地区的社会环境状况〉	〈16〉The〈每千人医生数〉shall〈反映就医的便利程度,体现老年人生活地区的社会环境状况〉
用例名称:人均活动设施占有率 参 与 者:当地市政部门、统计部门 前置条件:存在自由活动场地 实现步骤: 1.统计当地活动设施总量; 2.计算老年人个人享有使用活动设施的比重 结束状态:得到比重值	用例名称:人均绿地占有率 参 与 者:当地统计部门、绿化部门 前置条件:无 实现步骤: 计算个人占有绿化面积 结束状态:得到人均享有的绿化面积大小
〈22〉The〈人均活动设施占有率〉shall〈反映政府对人民的关心程度,体现老年人生活地区的居住环境状况〉	〈23〉The〈人均绿地占有率〉shall〈反映政府对人民的关心程度,体现老年人生活地区的居住环境状况〉

用例名称:社会保障支出占 GDP 比重 参 与 者:社会保障部门 前置条件:无 实现步骤: 计算社保支出占当地 GDP 的比重 结束状态:得到比重值	用例名称:社会风气满意度 参 与 者:老年人 前置条件:无 实现步骤: 老年人对社会风气进行评价 结束状态:得到对社会风气的主观满意度
〈26〉The〈社会保障支出占 GDP 比重〉shall〈反映社保水平,体现老年人生活地区的社会环境状况〉	〈27〉The〈社会风气满意度〉shall〈反映社会的文明程度,体现老年人生活地区的社会环境状况〉
用例名称:社会服务机构数 参 与 者:当地统计部门 前置条件:无 实现步骤: 统计当地社会服务机构的总数 结束状态:得到服务机构数量	用例名称:社会福利机构收养床位数 参 与 者:当地社会福利机构 前置条件:无 实现步骤: 统计当地福利机构收养床位数 结束状态:得到收养床位数
〈28〉The〈社会服务机构〉shall〈反映生活的便利程度,体现老年人生活地区的社会环境状况〉	〈29〉The〈社会福利机构收养床位数〉shall〈反映社会收养能力,体现老年人生活地区的社会环境状况〉
用例名称:社会治安发案率 参 与 者:当地治安相关部门 前置条件:无 实现步骤: 统计当地的案件发生率 结束状态:得到治安发案率	用例名称:污水排放量 参 与 者:当地环保部门、用水单位及统计部门 前置条件:无 实现步骤: 1.估算污水排放量; 2.测算污水对饮用水水源地水质的影响度 结束状态:得到饮用水水质达标率
〈31〉The〈社会治安发案率〉shall〈反映生活环境的安定程度,体现老年人生活地区的社会环境状况〉	〈41〉The〈污水排放量〉shall〈反映政府对环保的重视程度,体现老年人生活地区的居住环境状况〉

用例名称:享受权利和权益	用例名称:烟尘排放量
参 与 者:老年人	参 与 者:当地环保部门、统计部门
前置条件:有政府机构制定的相关条例	前置条件:无
实现步骤: 确定老年人享受相关条例的落实情况	实现步骤: 计算当地烟尘排放总量; 测算烟尘对空气质量的影响度
结束状态:老年人享有权利和权益的程度	结束状态:得到空气中烟尘的含量
〈42〉The〈享受权利和权益〉shall〈反映社会对老年人的关注程度,体现老年人生活地区的社会环境状况〉	〈45〉The〈烟尘排放量〉shall〈反映政府对环保的重视程度,体现老年人生活地区的居住环境状况〉
用例名称:养老保险	用例名称:医疗保险
参 与 者:老年人	参 与 者:老年人、医保部门
前置条件:已参加养老保险	前置条件:无
实现步骤: 老年人领取养老保险金	实现步骤: 统计老年人参加医疗保险的比例
结束状态:得到养老保险金额	结束状态:得到医疗保险覆盖率
〈46〉The〈养老保险〉shall〈反映社会养老制度的完善程度,体现老年人生活地区的社会环境状况〉	〈48〉The〈医疗保险〉shall〈反映社会医疗保障制度的完善程度,体现老年人生活地区的社会环境状况〉

4.3.4 创建用例构架模型

由于 UML 建模过程是一个迭代和增量的过程,因此在迭代的建模过程中,用例图、用例描述将不断进化,并随着建模工作进展而不断地精化以描述真正的需求(Frank Armour,2004)。创建用例构架模型按如下步骤进行:

第一,分组

根据语义分析,可按语义所表达的功能进行分组。

在系统的候选指标用例中,由于其数目较多,因此需要组织这些用例,对其按所反映的系统需要的逻辑功能进行分组。本课题分析所有的用例修饰,并根据"shall"语句的〈Tag〉内容,从中提取体现不同逻辑功能的名词对象:空气质量、身体健康、家庭生活、婚姻生活、婚姻关系、家庭成员、心理状况、物质生活、社会环境、生活地区、收入水平、心理感受、身体素质、居住环境、思辨能力、社会保障、社会收养能力、精神生活质量、安定程度、体形外貌、物质消费、文化水平、精神生活状况、环保、心理状态、社会医疗、保障制度、通讯消费、寿命、娱乐消费、自理能力。

根据上述已经提取的名词对象所体现的功能,将这些名词对象进行分组以获得抽象的实体类。

①含有身体健康、身体素质、心理状况、思辨能力、体形外貌、寿命、心理状态、自理能力这些词汇及近似词的用例,均从不同的角度反映了老年人的身体和心理健康状况,可抽象为健康生活类;

②含有收入、消费及这类词汇的近似词的用例,均从不同的角度反映了老年人的物质生活状况,可抽象为物质生活类;

③含有家庭生活、婚姻生活、婚姻关系、家庭成员这些词汇及近似词的用例,均反映了老年人的家庭生活现状,可抽象为家庭生活类;

④含有文化水平、精神生活状况、精神生活质量这些词汇及近似词的用例,均反映了老年人的精神状况,可抽象为精神生活类;

⑤含有居住环境、空气质量、环保、保障制度、医疗、安定程度、社会收养能力等词汇的用例,从居住环境、自然环境和社会环境三方面反映了老年人的生活环境,可抽象为生活环境类。

没有被提取的名词用例暂时保留。

第二,构造包及初始构架模型

确定系统的边界。按上述分组,用包图来表示出各子系统(类)的边界,如图4—5至图4—9所示:

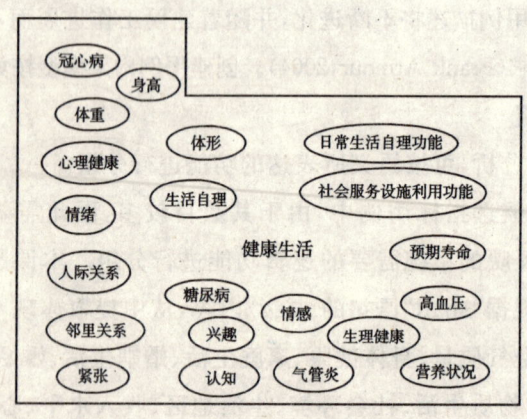

图 4—5 健康生活包图

第四章 基于 UML 的老年人口生活质量指标体系的构建　87

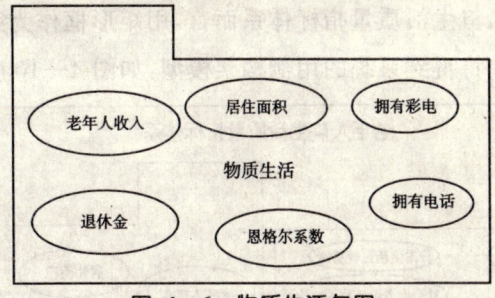

图 4—6　物质生活包图

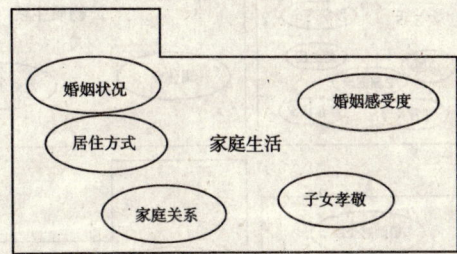

图 4—7　家庭生活包图

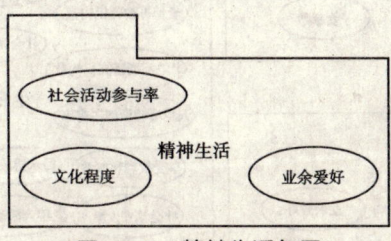

图 4—8　精神生活包图

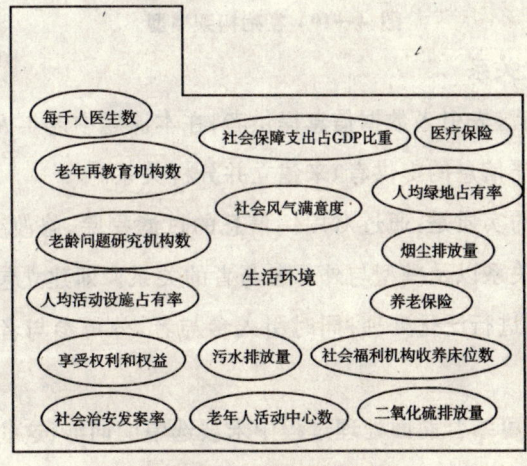

图 4—9　生活环境包图

对于老年人口生活质量指标体系而言,用矩形框作为系统边界,将五个包图进行合并将得到系统的用例构架模型,如图 4—10 所示:

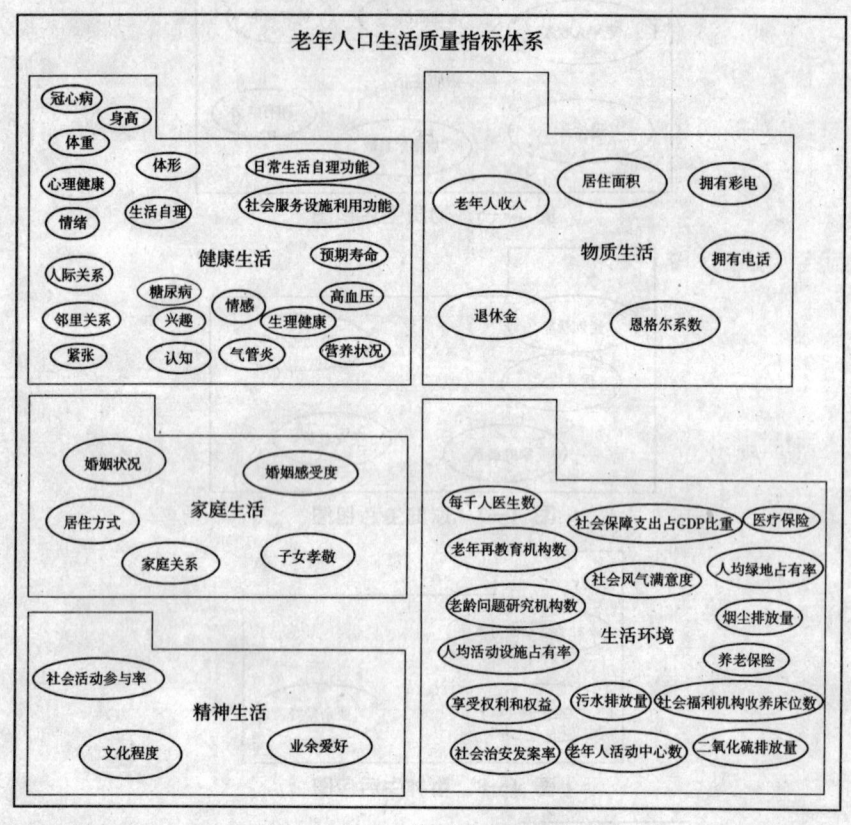

图 4—10 初始构架模型

第三,建立关系

引入参与者(先引入数据信息提供者,在本课题中老年人、统计部门、社会机构是数据信息的提供者)来建立并分析关系。

建立关系的实质是:通过对用例信息的过滤剔除、修改变形,分析模型内部的元素关系以及模型与外部参与者的关系。即建立包中用例之间的关系;对用例进行泛化处理;同时引入参与者,分析参与者与用例之间的关系。

在分析中,可结合前面处理过程中未被选中的词汇(这些词汇在筛选中可能含有相对笼统、概括性强的词汇),这类词汇可能满足泛化处理的要求,把实体归纳为抽象;同时,当分析处理过程中出现词汇不足的情况时,也可使用相关领域的专业词汇进行补充完善。

下面依次对图 4—5 至图 4—9 进行分析处理并建立关系,得到图 4—11 至图 4—15。

①对健康生活包图进行分析处理后,得到新的健康生活包图,如图 4—11 所示:

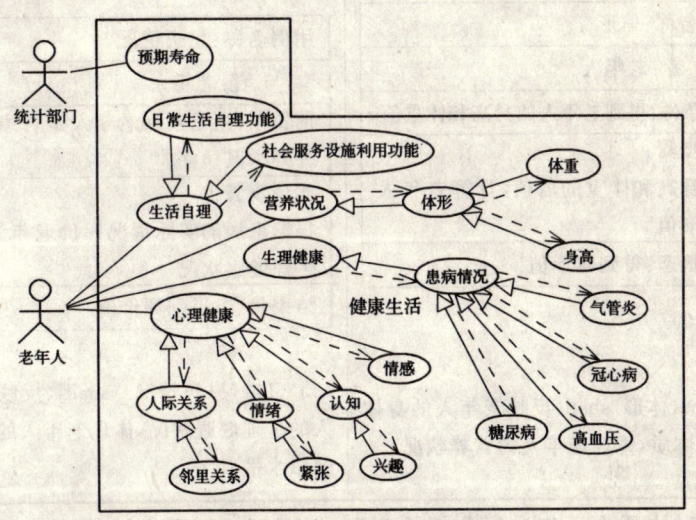

图 4—11 健康生活包图

图 4—11 中存在参与者,即老年人、统计部门与用例的关联关系和用例之间的泛化、依赖关系。位于泛化最上层的就是实际功能的抽象与包含,上层用例抽取了下层用例的共同性质。即上层的抽象是对下层的概括,下层的存在是对上层的支持。

如人际关系用例、情绪用例、认知用例、情感用例被泛化为心理健康用例。其中,人际关系既被泛化为心理健康用例,又依赖于邻里关系用例,而邻里关系用例又被泛化为人际关系用例。同时也可以用同事关系、朋友关系等来扩展人际关系用例的下层。

同理,可用理性、自知之明、经验总结等来扩展认知用例的下层;用对老年人影响较大的关节炎、前列腺炎(男)、白内障等慢性疾病来扩展患病情况用例的下层。

由于数据信息是由老年人提供的,因此参与者老年人与心理健康、生理健康、生活自理、营养状况等用例建立了关联关系。

对照图4—5,在图4—11中,增加了两个新的词汇:体形、患病情况。其用例修饰如表4—10所示:

表4—10 用例修饰

用例名称:体形	用例名称:患病情况
参 与 者:老年人	参 与 者:老年人
前置条件:得到老年人的身高和体重值	前置条件:已判断老年人是否患病,并列举其病症
实现步骤: 依据身高和体重的取值,计算老年人的体形值	实现步骤: 根据患病的实际情况评价老年人的生理健康状况
结束状态:得到体形值	结束状态:得到评价值
〈54〉The〈体形〉shall〈反映老年人的身体外观及体质,体现老年人的营养状况〉	〈55〉The〈患病情况〉shall〈反映老年人的生理健康状况,体现老年人的身体健康水平〉

②对物质生活包进行分析处理后,得到新的物质生活包图,如图4—12所示:

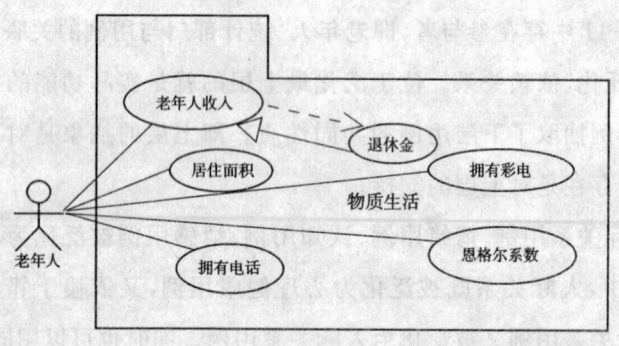

图4—12 物质生活包图

在图4—12中,既存在从老年人获取数据信息的关联关系,也存在退休金用例与老年人收入用例之间互为泛化和依赖的关系,同时也可以用子女供养、政府、自己劳动所得等收入来扩展老年人收入用例的下层。

③对家庭生活包图进行分析处理后,得到新的家庭生活包图,如图4—13所示:

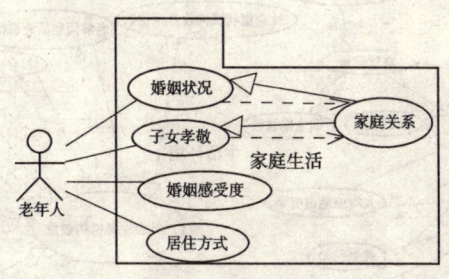

图 4—13 家庭生活包图

在图 4—13 中,既存在从老年人获取数据信息的关联关系,也存在婚姻状况用例、家庭关系用例、子女孝敬用例之间的泛化和依赖关系。其中家庭关系用例是婚姻状况用例和子女孝敬用例的共有用例。

④对精神生活包图进行分析处理后,得到新的精神生活包图,如图4—14所示:

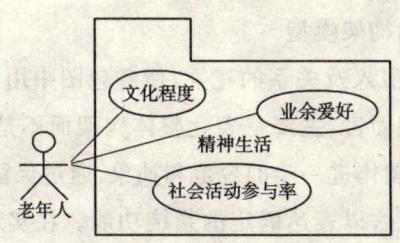

图 4—14 精神生活包图

图 4—14 中存在从老年人获取数据信息的关联关系,由于三个用例之间没有直接的依赖关系,所以没有用例相关的关系存在。

⑤对生活环境包图进行分析处理后,得到新的生活环境包图,如图4—15所示:

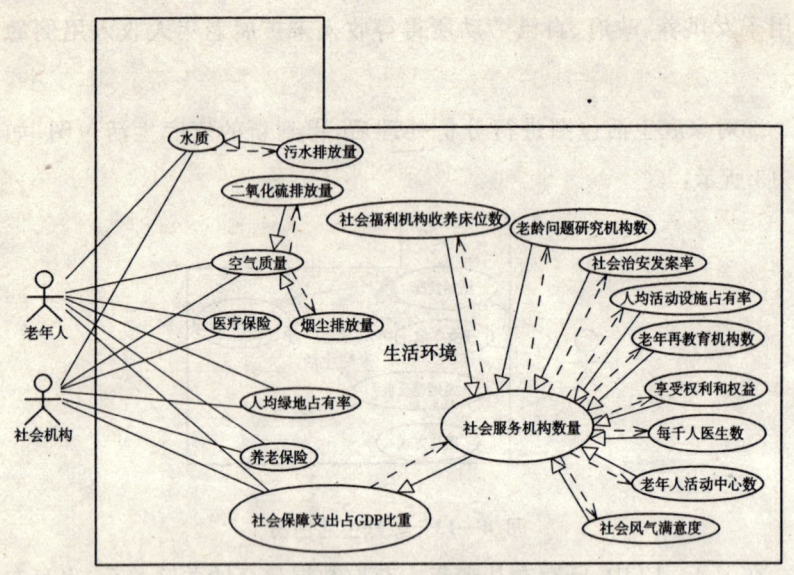

图 4—15 生活环境包图

在图 4—15 中,除用例之间存在泛化和依赖关系外,参与者老年人和社会机构与用例间建立了关联关系。其中的参与者社会机构是社会服务机构、治安部门、环保部门、统计部门、民政部门、医保部门、社保部门、老龄委的泛化抽象。

第四,完善初始构架模型

由于参与者的引入及关系的建立,使各包图中用例间的关系得到确定,但对于构架模型而言,主要是表达整体构架而不是其内部结构,因此必须对得到的用例图作进一步的规范和抽象,通过保留抽象层用例,体现出下层用例的共同性,以表达确定的系统功能。在实现这一目标的过程中,将不断分析用例的作用和用例之间的关系,将用例通过迭代和增量的过程实现其目标,最终得到完善的构架模型。

具体实施方法有:规范、抽象和代替。

◆规范,用例的规范,以体现该用例的本质特征;

◆抽象,用例的抽象,以准确体现该用例的功能;

◆代替,用例的代替,以突出指标特性、便于比较,实现指标量化评价。

规范健康生活包图:

由于生理健康用例的实质是评价身体状况,无法用具体的数值来评价,因此可用身体健康余量这个无量纲化用例来代替,能较为准确地体现出老年人的身体健康情况;生活自理用例实质是评价老年人自己照料生活的能力,因此用生活自理能力用例来代替;同理,用营养水平用例来代替营养状况用例;用预期寿命水平用例来代替预期寿命用例;用心理健康水平用例来代替心理健康用例。通过规范、代替或抽象得到了新的健康生活包图,如图4—16所示:

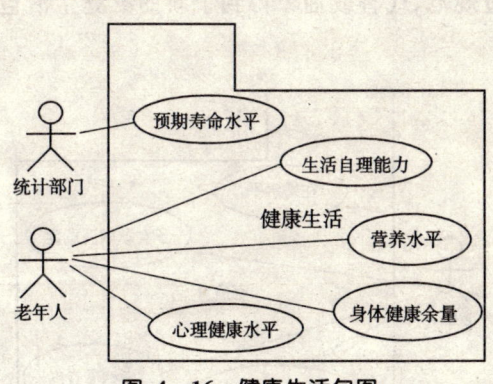

图 4—16 健康生活包图

规范物质生活包图:

由于拥有电视用例的实质只是一个客观情况的说明,无法用具体的数值来评价,因此用电视普及水平用例来代替,可较为准确地体现出老年人群体拥有电视的情况;同理,用电话普及水平用例来代替拥有电话用例;用收入水平用例来代替老年人收入用例;用居住水平用例来代替居住面积用例;用生活消费水平用例来代替恩格尔系数用例。通过规范、代替或抽象得到了新的物质生活包图,如图4—17所示:

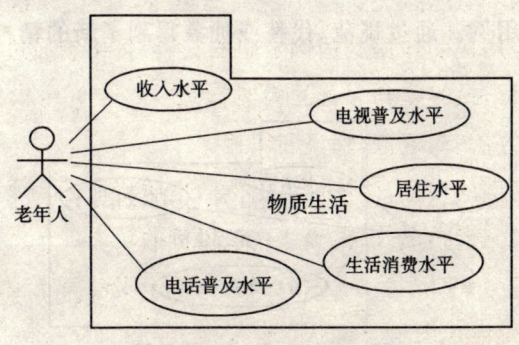

图 4—17 物质生活包图

规范家庭生活包图：

由于婚姻状况用例实质也是一个客观情况的说明，无法用具体的数值来评价，因此用在婚水平用例来代替，可较为准确地体现出老年人群体婚姻的现状；同理，用居住方式满意度用例来代替居住方式用例；用子女孝敬满意度用例来代替子女孝敬用例；用婚姻满意度用例来代替婚姻感受度用例。通过规范、代替或抽象得到了新的家庭生活包图，如图 4—18 所示：

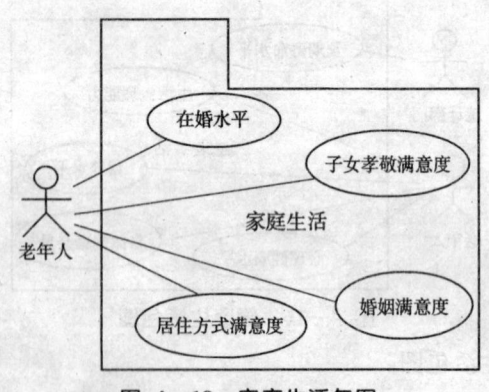

图 4—18　家庭生活包图

规范精神生活包图：

由于文化程度决定了老年人接受新观念、与时俱进的精神状态，但无法用具体的数值来评价，因此用文化水平用例来代替，可较为准确地体现出老年人群体文化程度的现状；同理，用业余爱好广泛度用例来代替业余爱好用例，更为准确地评价精神生活的丰富程度；用社会交往水平用例来代替社会交往用例。通过规范、代替或抽象得到了新的精神生活包图，如图 4—19 所示：

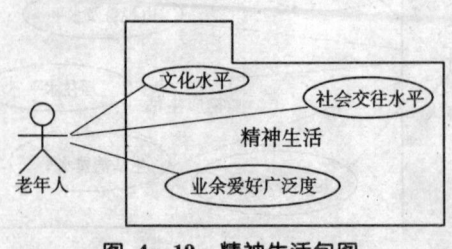

图 4—19　精神生活包图

规范生活环境包图：

由于空气质量用例实质是一个客观情况的反映,没有可比性,无法用具体的数值来评价,因此用空气质量水平用例来代替,可较为准确地体现出老年人群体生活环境的情况;同理,用水质达标率用例来代替水质用例;用绿化水平用例来代替人均绿地占有率用例;用老年人事业投入水平用例来代替社会保障支出占 GDP 的比重用例;用医疗保险覆盖水平用例来代替医疗保险用例;用养老保障覆盖水平用例来代替养老保险用例。通过规范、代替或抽象得到了新的生活环境包图,如图 4—20 所示：

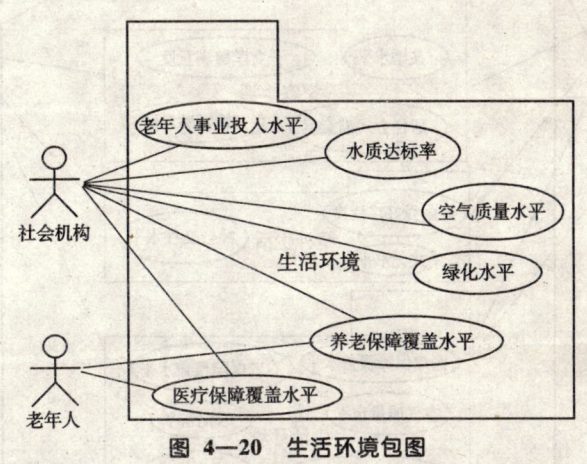

图 4—20　生活环境包图

在上述处理中,每个包图内没有出现超越包图界定范围的用例,因此我们还将引入新的参与者,即研究人员（系统信息使用者）,同时将五个包图合并为完整的用例图,从而得到了系统完善的构架模型,如图 4—21 所示：

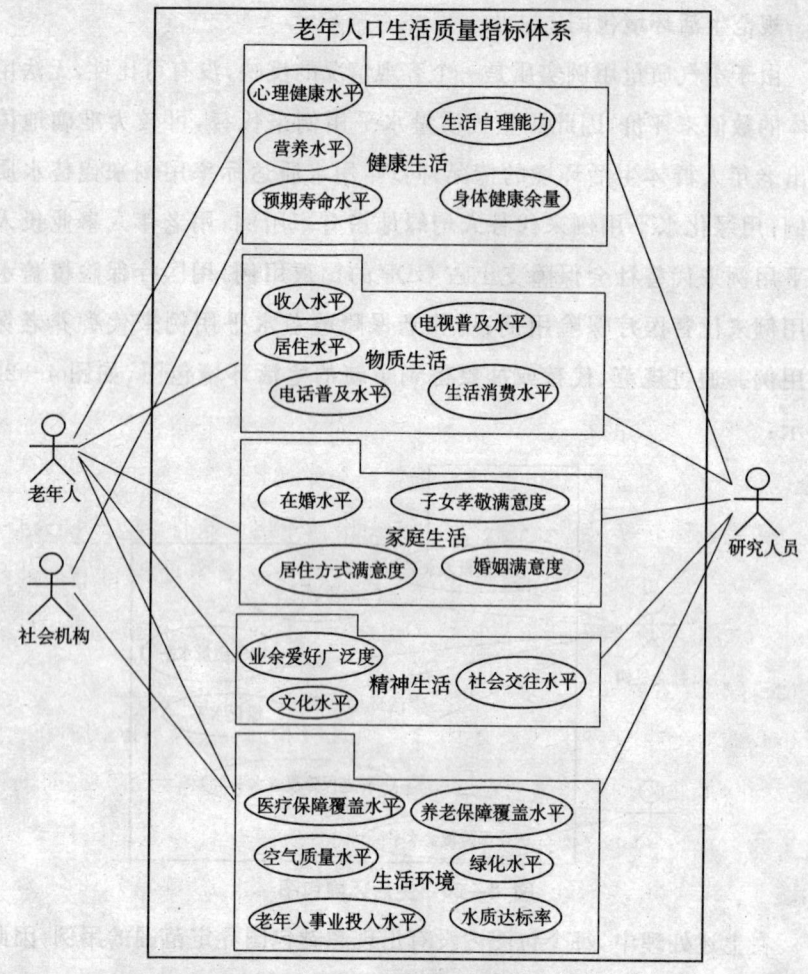

图 4—21 完善的构架模型

图 4—21 说明了系统由五个不同特性的包图组成,它们分别代表着系统的五个不同功能。在系统外有三种参与者分别参与了其中的不同功能:老年人、社会机构是提供系统数据信息的参与者;研究人员是需要从系统总体的角度去分析研究系统的各个部分,找出问题所在,并提出政策参考的参与者。

从图 4—21 中可以看出:健康生活、物质生活、家庭生活、精神生活、生活环境是老年人口生活质量指标体系这个抽象父用例的具体表现,在这几个用例(包图)之下是各个具体的二级指标用例,不同的二级指标用例通过泛化就可以得到上层的五个父用例指标。

4.4 建立系统结构类图

由于包图是从研究人员(模型的使用者)的观察角度收集系统的需求,而类图能为分析人员(模型的构建者)提供模仿现实世界的表达方式。类图可以让分析人员使用研究人员所采用的术语与研究人员交流,这样可以促使研究人员说出所要解决问题的重要细节(Joseph Schmuller, 2004)。同时类图的建立过程是一个自顶向下、逐步求精的过程,因此可将包图转换为类图,为进一步建立框架模型作准备。

在将包图转换为类图的过程中将突出抽象层的特性描述,并且进一步地分析类之间的关系。由于 UML 建模过程是一个迭代和增量的过程,只有在这些步骤不断重复执行多次之后,通过分组过程中各个指标动态地被剔除、变形、泛化,我们才能得到一个合理的模型。

我们对老年人口生活质量评价各项二级指标,经过不断的剔除、变形、泛化,最后得到了较为合理的指标体系模型,同时利用 UML 辅助设计工具 PowerDesigner 完成了老年人口生活质量指标体系的结构类图,如图 4—22 所示。

在图 4—22 中,通过自上而下使类逐步实例化。即从最为抽象的"根类"向下扩展,在最底层是实现各个指标的具体操作过程。如在计算生活自理能力类中,通过属性 IADL 或 ADL 得分取值和年龄取值,可实现二个操作:判断年龄()和计算生活自理能力()。这是因为按照用例修饰的语义背板中第 25 和 32 的描述,老年人的生活自理能力是按照年龄阶段分别进行打分的,所以该实现类中包含了两个必要的操作过程。

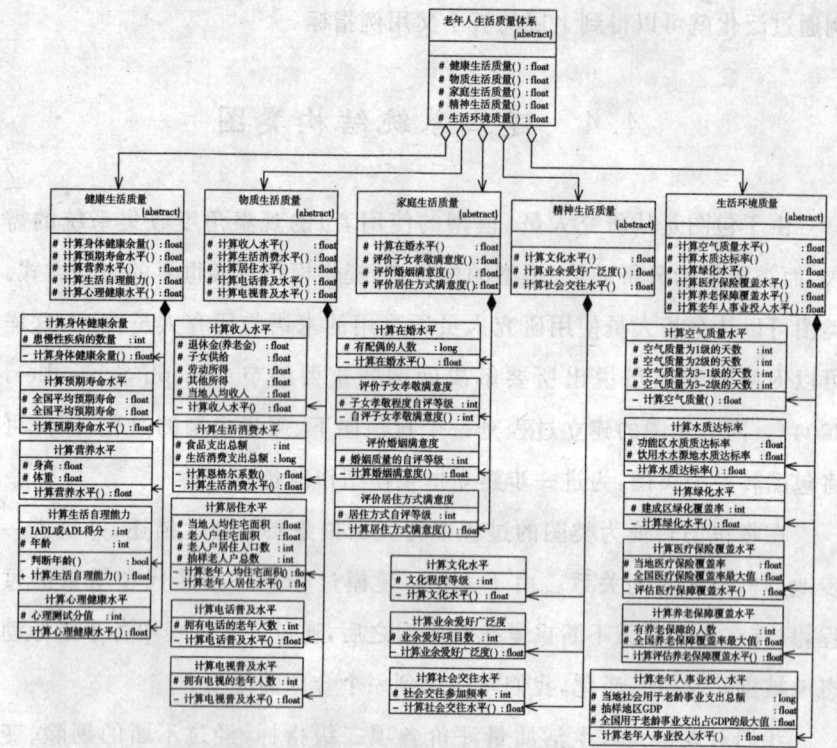

图 4—22 老年人口生活质量指标体系结构类图

从结构类图 4—22 中，可以看到构成老年人口生活质量指标体系的类有层次之分，整个体系结构中分为根、大类、实现类三个层次。最顶层的类是所有类的根源，为"根"类；在"根"类的下层子类是大类，各个大类同时具有"根"类的特点；在上、下不同的两层类之间的关系也是不相同的："根"类是大类的聚集，即老年人口生活质量指标体系包含五个方面；大类由各自的实现类组成。

由于各个类通过属性的详细描述，可以看出具有完整、充分和贴近原始材料的特征，因此满足了其低耦合（高内聚）的类之间关系；同时，泛化关系产生的子类具有了相对应父类的基本特征，而依赖关系也表明在不同层次之间类的依存关系。

老年人口生活质量体系最终是由较低层次的对象构建并支撑起来的。自下而上由各个不同的特性类构成并且泛化为一个统一的"根"类。

所以五个大类的根源归于老年人口生活质量体系,并服务于"根"类,这就表明了系统适用的对象范围是老年人口生活。

通过对用例构架模型和结构类图的描述,我们可以清楚地确定老年人口生活质量评价体系应该具有的指标项。

4.5 我国老年人口生活质量指标体系的构建

4.5.1 老年人口生活质量指标体系的设计原则

在构建我国老年人口生活质量指标体系的时候,应该遵循一定的原则,否则所设计出来的系统不能达到本课题研究的初级、中级以及终极目标。下面分两个层次来考虑构建的原则:

第一,一般性原则

一般而言,构建一个统计指标体系必须遵循一些基本原则。主要包括以下的几个方面:

①功能性原则。根据研究的目的,指标的功能大体上可以归纳为:描述功能、解释功能、评价功能、监测功能和预测功能。如果反映社会经济现象,则选择描述性指标;如果说明社会经济现象发生的原因,则可以选择与该现象高度相关的解释性指标;如果进行国家间、地区间比较,则选择评价性指标;如果是为了揭示社会经济运行中出现的矛盾和问题,则选择监测性指标;如果是要对社会经济发展趋势进行研究,则选择预测性指标。

②可行性原则。构建一个统计指标体系,首先就是要了解现行统计制度中有哪些指标,尽量利用统计部门现有的公开资料。然而有些指标虽然很重要,但无法从统计资料中获取的,则可考虑运用实地抽样调查等方法获取或尽可能用类似的指标加以替代。如果上述方法都不可行的话,则可以考虑根据实际情况对原有的指标体系的设计方案作适当的调整。

③可观测性原则。构建一个统计指标体系的可观测性主要包括两个方面的含义：一是指标具有可测量性，比如说客观指标；二是指标应该具有可估计性，比如主观指标。对于那些不具备可观测性的指标或者理论上可测但事实上实际中又无法做到的指标，则不应该纳入指标体系中。

④可比性原则。对于一个指标体系中的每个指标，必须明确其指标的口径和范围。动态性的指标要保证时间序列上的可比性。如人均收入、平均工资等类似的指标，必须扣除价格变动因素的影响。有时候为了增加可比性，在指标体系中应尽量采用相对指标，而少采用绝对量的指标。

⑤完备性原则。所谓完备性，是指一个统计指标体系的信息量既必要又充分，指标的个数少一个就不充分，多一个就有信息重叠和浪费。从理论上来讲，最好一个指标反映社会经济现象的某一个层面，n 个指标之间是相互独立的，构成一个 n 维的指标空间，这个 n 维的指标空间中的每个点值所对应的就是社会经济现象中的一个唯一独立的状态。然而在指标体系的实际设置过程中，未必能够将这个完备性原则做到尽善尽美，但通过适当的方法还是可以在一定程度上达到相当的满意度，以尽量趋向于完备。

⑥有效性原则。有效性是指在建立一个统计指标体系的时候必须与所要反映的对象相符。运用指标体系进行横向比较或纵向比较的时候，就必须要符合具体的实际情况，指标的变换要能够说明所研究的对象的真实变化。

⑦结构层次性原则。主要是要求所设置的统计指标体系要在结构上具有可观察到的层次感。最为简单的指标体系的结构一般包含三个层次，即最底层是具体指标层，中间层是大类指标层，最上层则为综合指标层。

第二，特殊性原则

老年人口生活质量指标体系不是一些指标的简单堆积和随意组合，

而是根据某些原则建立起来并能反映一个国家老年人口生活质量状况的指标集合。

在本课题中,设置我国老年人口生活质量指标体系,除了上面所论述的七个方面的一般性原则之外,还包括强调突出本课题所研究的具体指标体系的特殊性原则,综合考虑指标体系设置的背景和具体情况,主要包括以下几个方面的特殊性原则:

①简易性原则。老年人群是一个特殊的人群,反映老年人口的生活质量的指标,在一般常规的统计年鉴或统计资料中都不是很全面,往往需要做一些专门的抽样调查。因此,为了保持指标长期的稳定性,在设置我国老年人口生活质量指标体系的时候应尽量使所选的指标不要太复杂。老年人口生活质量指标体系中的指标数量不宜过大,在相对比较完备的情况下,指标的数目应尽可能地压缩,以易于操作,指标数目过大将会使人们难以把握和采用。

②可比性、动态性和实用性原则。老年人口生活质量指标体系中的指标应具有可预测性和可比性,定性指标也应有一定的量化手段与之相对应。另外,这些指标的计算方法应当明确,不能过于复杂,计算所需数据也应比较容易获得和比较可靠。另外,提高老年人口的生活质量,建立老年人口生活质量的评价体系是一个不断完善的动态过程,是一个长期的工作目标。当务之急是解决老年人"老有所养、老有所医"的问题,特别是贫困老年人口的养老保障问题。老年人口生活质量指标体系中的指标内容在一定的时期内应保持相对稳定,这样可以比较和分析老年人生活质量的发展过程并预测其发展趋势。当然,绝对不变的指标体系是不可能的,指标体系将随着时间的推移和情况的变化而有所改变。

③整体性原则。整体性原则对于一个指标体系而言是显而易见的要求。本课题所要设置的老年人口生活质量指标体系,要将前面所定义的老年人口生活质量包括的健康生活、物质生活、家庭生活、精神生活和生活环境五个方面的内容包含在指标体系之中。

④敏感性原则。老年群体是一个特殊的群体,也是一个在主观感受和客观评价方面都比较敏感的一个群体,因而在设置老年人口生活质量指标体系时也必须考虑到这一点,尽量将能够反映老年人口敏感性的指标列入指标体系之中。

4.5.2 构建我国老年人口生活质量指标体系的设计思路

在基本遵循前面论述的我国老年人口生活质量指标体系构建的一般原则和特殊原则的前提下,指标体系构建的思路如下:

第一,以老年群体为研究对象

本课题所研究的是我国老年人口生活质量的指标体系的设置与评价,因此必须排除老年群体中某一个体的特殊性生活质量,而将研究对象回归到年龄在60岁(或65岁)及其以上的老年群体,我们将站在一个较为宏观的角度来考虑这个指标体系。

第二,坚持以老年人为本的原则

以老年人为出发点和落脚点,努力满足老年人物质文化生活的需求。在健康生活、物质生活、家庭生活、精神生活、环境生活等方面都应该得到体现,而且应得到同样的重视,否则就不能成为真正的老年人口生活质量指标体系。

第三,客观指标与主观指标相结合

根据前面对老年人口生活质量含义的界定,我国老年人口生活质量的内涵主要包括健康生活、物质生活、家庭生活、精神生活、环境生活这五个方面。然而在设置指标体系时候,先将老年人口生活质量分为老年人口的客观生活质量以及老年人口的主观生活质量两个大的方向,然后再将这五个方面的内容分别包含其中。

4.5.3 建立老年人口生活质量指标体系的框架模型

根据本课题指标体系设置的原则、思路及本章通过 UML 模型推导出的图 4—22 的结构类图,可绘制系统的组成结构图,即老年人口生活质

量指标体系的框架模型,如图 4—23 所示:

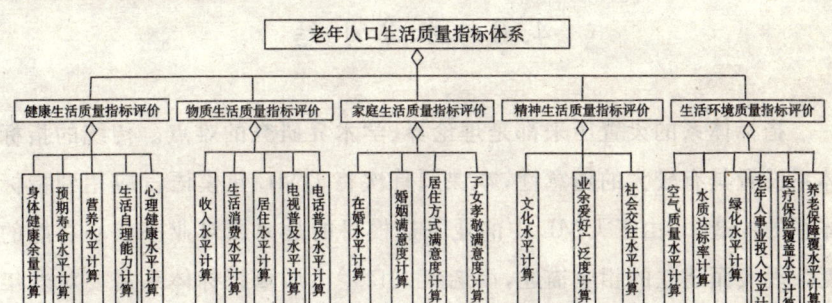

图 4—23 老年人口生活质量指标体系的框架模型

图 4—23 将老年人口生活质量指标体系分成三个层次,处于最上面的层次叫目标层,只有一个元素,它是分析问题的预定目标或理想结果,从总体上反映了我国老年人口的生活质量情况;中间层次是功能层,表示系统的评价方面;最下一层是实现层,是系统的评价指标,包括各功能层的具体内容,它是由各单项指标来体现的。

在功能层中:

健康生活质量评价,是通过身体健康余量、预期寿命水平、营养水平、生活自理能力和心理健康水平这五项下属指标的计算完成评价的。

物质生活质量评价,是通过收入水平、生活消费水平、居住水平、电视普及水平和电话普及水平这五项下属指标的计算完成评价的。

家庭生活质量评价,是通过在婚水平、婚姻满意度、居住方式满意度和子女孝敬满意度这四项下属指标的计算完成评价的。

精神生活质量评价,是通过文化水平、业余爱好广泛度和社会交往水平这三项下属指标的计算完成评价的。

生活环境质量评价,是通过空气质量水平、水质达标率、绿化水平、老年人事业投入水平、医疗保险覆盖水平和养老保障覆盖水平这六项下属指标的计算完成评价的。

在老年人口生活质量指标体系模型中,尽管每一层次的作用不相同,但每下一层次总是围绕老年人口生活质量指标评价这个总体目标,通过不断细分而得到的。

4.6 本章小结

指标体系的设置历来都是理论界、学术界研究的难点。传统的指标体系设置具有较大的随意性,本课题首次将 UML 建模语言应用到指标体系的构造中,由于 UML 中的业务建模目的是完成对业务核心功能的复杂现实而建立的相应描述,而老年人口生活质量指标体系需要对老年人口生活中复杂、抽象的核心问题进行描述,这正符合业务建模的目的,同时也能对老年人口生活质量指标体系的框架是否满足需求进行描述。因此,采用并借鉴 UML 来建立老年人口生活质量指标体系的框架不仅具有在指标体系选择理论上的突破,而且具有可操作性与科学性。

结合本课题指标体系设置的原则及思路,根据人口生活质量的一般性原则与老年人口生活质量的特殊性原则,所构建的指标体系既借鉴了目前对该领域研究的相关成果,又克服了指标体系构建中的随意性,通过使用 UML 的建模方法,并通过连续的迭代改进,最终获得了满足系统要求的老年人口生活质量指标体系框架模型,为评价老年人口生活质量的指标体系框架的建立提供了理论依据与可行性保障。

第五章 我国老年人口生活质量指标指数的构造

老年人口生活质量指标指数的构造与指标体系的建立本身是相互影响与互为因果的。指标体系构建的结果不仅为综合指数的构造奠定了基础,同时也为指标体系的评价提供了理论依据。本研究在指标体系构建的基础上,利用层次分析方法确定了老年人口生活质量各指标的权重,在此基础上,构造老年人口生活质量指标的综合指数,这是评价老年人口生活质量高低的主要指标,也是本课题的主要研究内容。

5.1 指标权重方法的确定

层次分析法(Analytic Hierarchy Process,简称 AHP 法)是系统工程中将非定量事件作定量分析的一种简便而有效的方法。AHP 法把复杂的问题分解成若干组成因素,把这些因素按属性不同分成若干组,形成不同层次。上一层次的元素作为准则对下一层的某些元素起支配作用,同时它又受到更上一层元素的支配,这种从上至下的支配关系形成了一个递阶层次。处于最上面的层次叫目标层,一般只有一个元素,它是分析问题的预定目标或理想结果。中间层次叫准则层或子准则层,最低一层是要素层,它们是评价系统的指标(诸克军,1997)。因此,采用 AHP 法,将老年人口生活质量评价指标体系分成三个层次,即目标层、准则层和要素层。评价时,对一级指标(准则层指标)的权重进行集中控制,就是说一级指标及其权重应相对稳定不变。对二级指标(要素层指标)的权重可进行灵活的控制,由各地区根据具体情况来确定。

评价老年人口生活质量需要考虑的因素很多,综合考虑各项因素是比较复杂的。因此,采用层次分析方法来解决指标权重值的问题,可以使多指标的操作简便易行。

5.1.1 系统层与指标层之间隶属度的确定

关于系统层与指标层之间权重的确定,一般可以采用主观构权法,在主观构权法中最为常用的是专家评定法,然而在运用这种方法的过程中,如何控制专家们主观经验判断中的随意性,如何消除不同指标判断之间的逻辑矛盾来保证权重评定中的内部一致性等问题一直是个难点。为了较好地解决上述难题,美国学者萨蒂提出依据"相对重要等级表"来建立的"两两比较矩阵"构造权重的方法,并利用矩阵的相容性来检验其内部的一致性问题。对此,课题在萨蒂设计的"相对重要等级表"思想基础上,采用"五等级排序法"确定其相应的权重。具体做法如下:

第一步,排序。所谓排序指的是按重要程度对指标排列顺序。首先让专家选出最重要的指标,排在"1"号上,再选出次重要的指标,排在"2"号上,直到将 n 个指标排完为止。如果是同等重要程度的指标就排在同一序号上。

第二步,定级。首先把一个或几个指标定为"1"级;再参照萨蒂的"相对重要等级表"即表 5—1,把"2"号位置的指标与"1"号位置的指标进行比较,认为后者较前者"略为重要"的,则把"2"号指标定为"3"级,认为"明显重要"的,则排为"5"级,依次类推;把"3"号指标又与"2"号指标进行比较,认为后者较前者"略为重要"的,则将"3"号指标定在"2"号指标后紧邻

表 5—1 相对重要等级表

相对重要程度	定义	说明
1	同等重要	两者对目标的贡献相等
3	略为重要	一个比另一个对评价稍微有利
5	明显重要	一个比另一个对评价更为有利
7	高度重要	一个比另一个对评价有明显的优势
9	绝对重要	一个比另一个的优势可以断言为最高
2,4,6,8	两相邻程度的中间值	需要折中时采用

的奇数等级上,如果认为后者较前者"明显重要"的话,则就把"3"号指标排在"2"号指标后第二个奇数等级上(如,"2"号为"3"级,则"3"号定为"7"级);依次类推,直到最后一个序号位置上的指标定完为止。

第三步,调整。将序号不相邻的指标进行两两之间的比较,检查其等级差与萨蒂表中的含义是否相符合。如果不相符合要予以及时调整,直到整体协调为止。

第四步,根据所得到的等级组合,查找"等级组合与权系数对照表",得出 n 个指标的权系数,也就是权重。

5.1.2 建立模糊评价矩阵

如果用 $r_{ijm}=V_{ijm}/n$ 表示二级指标 U_{ij} 中评价其隶属于第 m 个评价 V_m 的隶属度,其中 V_{ijm} 为评估主题中认为 U_{ij} 属于 V_m 的人数,n 为评估主体的总人数,从而得到 U_{ij} 对评价集 V 的隶属度向量 $R_{ij}=(r_{ij1},r_{ij2},r_{ij3},r_{ij4},r_{ij5},r_{ij6},r_{ij7})$,那么也就可以得到 U_i 的模糊评价矩阵 R_i,则其评判矩阵为:

$$R_i = \begin{bmatrix} r_{i11} & r_{i12} & \cdots & r_{i17} \\ r_{i21} & r_{i22} & \cdots & r_{i27} \\ \cdots & \cdots & \cdots & \cdots \\ \cdots & \cdots & \cdots & \cdots \\ r_{mi1} & r_{mi2} & \cdots & r_{mi7} \end{bmatrix}$$

5.1.3 多级模糊综合评价

第一,一级模糊综合评价

利用模糊矩阵的合成运算,求一级评价向量 $B_i=W_iR_i=(B_{i1},B_{i2},B_{i3},\cdots,B_{i7})$,其中 $B_{im}=\bigvee_{j=1}^{k}(W_{ij}\wedge r_{ijm})$, $m=1,2,3,\cdots,7$;$\wedge$ 表示 W_{ij} 与 r_{ijm} 比较取最小值;而 $\bigvee_{j=1}^{k}$ 表示要在 $(W_{ij}\wedge r_{ijm})$ 的 k 个最小值中取最大值。如果向量 B_i 中 $\sum_{m=1}^{7}B_{im}\neq 1$,则要对所得的 B_i 先进行归一化处理,$B_{im}'=$

$B_{im} / \sum_{m=1}^{7} B_{im}$,得到新的向量

$$B_i' = (B_{i1}', B_{i2}', B_{i3}', \cdots, B_{i7}')$$

第二,二级模糊综合评价

二级模糊综合评价是建立在一级模糊综合评价的基础上,将上面得到的 B_i 组合为新的二级评价矩阵 B,则 $B=(B_1, B_2, B_3, \cdots, B_7)^T$,利用模糊评价模型同样的运算方法就可得到 $U=(A_1, A_2, A_3, \cdots, A_7)$,其中 A_m 表示评价专家对属于评价集 V_m 的评价结果。如果 $\sum_{m=1}^{7} A_m \neq 1$,则也要对此作归一化处理 $A_m' = A_m / \sum_{m=1}^{7} A_m$,得到新结果为 $U' = (A_1', A_2', A_3', \cdots, A_7')$(ZAHIRS,1999)。

第三,计算评价结果

假设 $C=(C_1, C_2, C_3, \cdots, C_7)^T$ 是一个分数集。其中 $C_m(m=1,2,3,\cdots,7)$ 表示第 m 级评价 V_m 的分数,这里可以采用百分制等差打分法。计算评价总结果 F。F 是一得分值,即 $F=CU'$,根据最后得分值可以客观地评价我国老年人口客观生活质量状况的好坏。

5.2 老年人口生活质量指标体系权重值的确定

根据第四章获知,我国老年人口生活质量综合指数由健康生活质量、物质生活质量、家庭生活质量、精神生活质量、生活环境质量等五个一级指标加权平均合成,每个一级指标又分别由若干个二级指标加权平均合成,如图 5—1 所示:

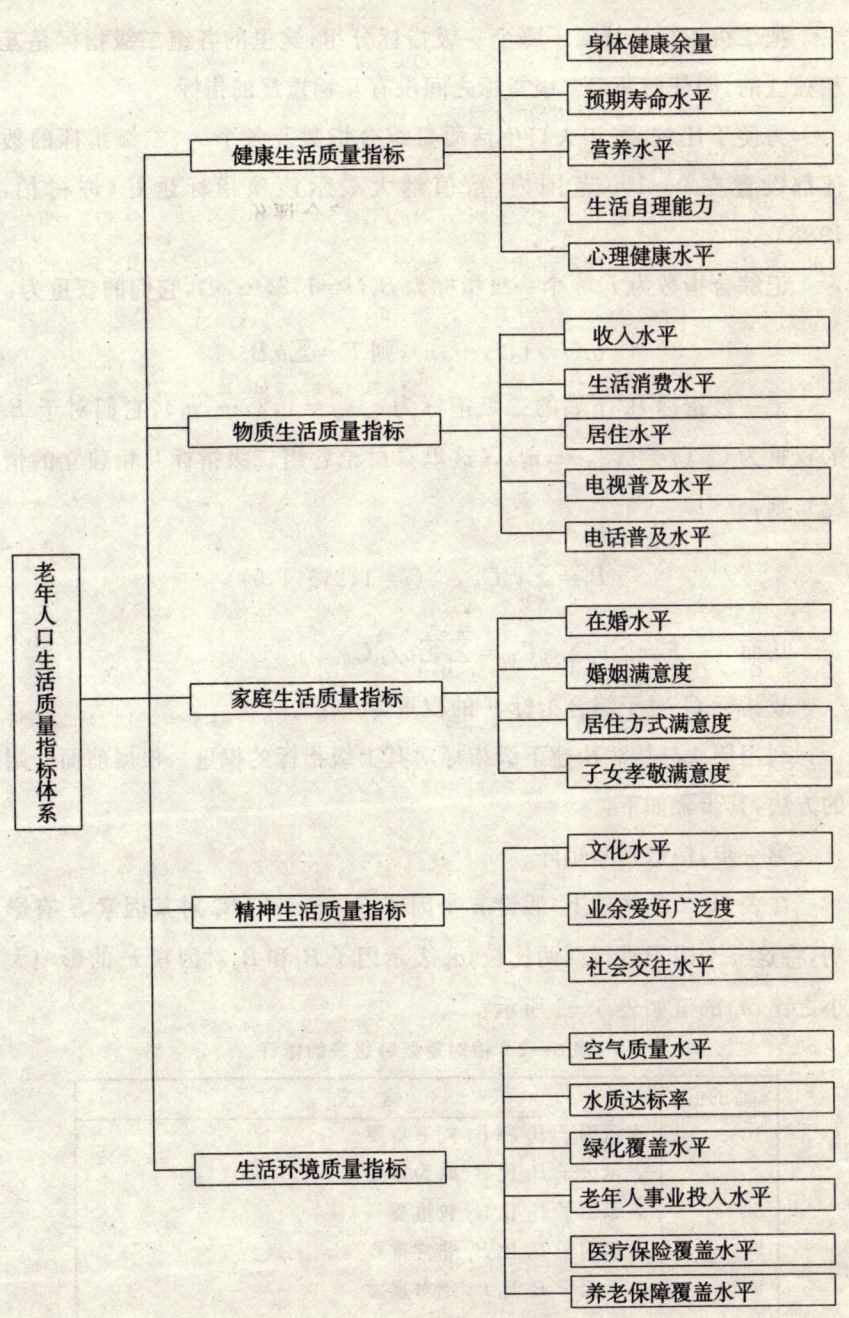

图 5—1 老年人口生活质量指标体系

把二级指标按从属于哪个一级指标分组,这里的各组二级指标是互相独立的,即任何两组二级指标之间没有互相重复的指标。

为便于比较,老年人口生活质量综合指数及各个一、二级指标的数值都设置在 0—100 范围内,数值越大表示该项指标越好(许树柏,1988)。

记综合指数为 F,n 个一级指标为 $B_i(i=1,2,\cdots,n)$,它们的权重为:$b_i(i=1,2,\cdots,n)$,则 $F=\sum_{i=1}^{n}b_i B_i$

记一级指标 B_i 下属的二级指标为 $c_{ij}(j=1,2,\cdots,n_i)$,它们对于 B_i 的权重为 $C_{ij}(j=1,2,\cdots,n_i)$,(这里只讨论各组二级指标互相独立的情况),则:

$$B_i=\sum_{j=1}^{n_i}c_{ij}C_{ij}, \quad (i=1,2,3,4,5)$$

从而 $F=\sum_{i=1}^{n}b_i\sum_{j=1}^{n_i}c_{ij}C_{ij}=\sum_{i=1}^{n}\sum_{j=1}^{n_i}b_i c_{ij}C_{ij}$

故指标 C_{ij} 对于综合指标 F 的权重为 $b_i c_{ij}$。

利用层次分析法构建下级指标对其上级指标的权重。根据前面介绍的方法,其步骤如下:

第一步,构造判断矩阵

在表 5—1 的基础上,假设 n 个因子 $B_1,B_2,\cdots,B_n$ 对某因素 F 有影响,将这 n 个因子进行两两比较,a_{ij} 表示因子 B_i 和 B_j 对因素 F 的影响大小之比,a_{ij} 的值如表 5—2 所示:

表 5—2 相对重要等级表的修订

a_{ij} 的值	含 义
1	表示因子 B_i 和 B_j 同等重要
3	表示因子 B_i 比 B_j 略为重要
5	表示因子 B_i 比 B_j 较重要
7	表示因子 B_i 比 B_j 非常重要
9	表示因子 B_i 比 B_j 绝对重要
2,4,6,8	表示以上两个相邻判断的中间状态
倒数	如果因子 B_i 与 B_j 相比重要性为 a_{ij},那么 B_j 与 B_i 相比重要性为 $a_{ji}=1/a_{ij}$

以 a_{ij} 为元素的矩阵 $A=(a_{ij})_{n\times n}$ 称为判断矩阵或成对比较矩阵。矩阵 A 有下面性质：

① $a_{ij}>0$

② $a_{ji}=\dfrac{1}{a_{ij}}(i,j=1,2,\cdots,n)$

满足这两个性质的矩阵称为正互反矩阵。

根据健康生活质量、物质生活质量、家庭生活质量、精神生活质量、生活环境质量对老年人生活质量重要性的分析（王以彭，1999），得到判断矩阵如下：

$$A=\begin{bmatrix} 1 & 3/2 & 3/2 & 5/2 & 5/2 \\ 2/3 & 1 & 1 & 3/2 & 3/2 \\ 2/3 & 1 & 1 & 3/2 & 3/2 \\ 2/5 & 2/3 & 2/3 & 1 & 1 \\ 2/5 & 2/3 & 2/3 & 1 & 1 \end{bmatrix}$$

第二步，解特征方程 $|\lambda I-A|=0$，求出判断矩阵 A 的最大特征根 $\lambda_{\max}$，并求出 $\lambda_{\max}$ 所对应的一个特征向量：$W=(W_1,W_2,\cdots,W_n)^T$，把 W 归一化为：$\overline{W}=W/\sum\limits_{i=1}^{n}W_i$。

$\overline{W}$ 的各分量就是所求的权重。在实际应用中，可用幂乘法计算 $\lambda_{\max}$ 和 $\overline{W}$，步骤如下：

① 取定一个归一化的初始向量 $\overline{W}_{(0)}$，例如，可取 $\overline{W}_{(0)}=(1/n,1/n,\cdots,1/n)^T$

② 使用递归法依次算出

$$W_{(1)}=A\overline{W}_{(0)}, \overline{W}_{(1)}=W_{(1)}/\sum_{i=1}^{n}W_{(1)i}$$

$$W_{(2)}=A\overline{W}_{(1)}, \overline{W}_{(2)}=W_{(2)}/\sum_{i=1}^{n}W_{(2)i}$$

……

$$W_{(k)}=A\overline{W}_{(k-1)}, \overline{W}_{(k)}=W_{(k)}/\sum_{i=1}^{n}W_{(0)i}$$

直到满足条件： $\max|\overline{W}_{(k)i} - \overline{W}_{(k-1)i}| < \varepsilon$，

这里 ε 是事先给定的计算精度控制值，一般取 $\varepsilon = 0.00009$ 即可。

这时 $\overline{W} = \overline{W}_{(k)}, \lambda_{\max} = \dfrac{1}{n}\sum\limits_{i=1}^{n} W_{(k)i}/\overline{W}_{(k-1)i}$

对于上述的判断矩阵 A，解得

$\lambda_{\max} = 5.0018, \overline{W} = (0.3214, 0.2053, 0.2053, 0.1340, 0.1340)^T$

第三步，检验判断矩阵的一致性

如果甲物体的重量是乙物体的 2 倍，乙物体的重量又是丙物体的 3 倍，则甲物体的重量就是丙物体的 $2 \times 3 = 6$ 倍。根据这个原理，判断矩阵还应满足：$a_{ij} = a_{ik} a_{kj}, i, j, k \in \{1, 2, \cdots, n\}$

满足这个条件的判断矩阵称为一致矩阵。在构造判断矩阵时，要做 $C_n^2 = n(n-1)/2$ 次成对比较，通过各种不同角度反复比较，可以减少个别失误的影响，较为客观地反映各个因子的影响力。但综合全部比较结果时，很难做到完全一致。课题应该容许判断矩阵在一定程度上非一致。但是，如果判断矩阵严重地非一致，得到的权向量就不能客观地反映各因子的影响力。所以必须检验判断矩阵的一致性。

可以证明，当判断矩阵 A 是一致矩阵时，A 的最大特征值 $\lambda_{\max} = n$，否则，$\lambda_{\max} > n$。$\lambda_{\max} - n$ 越大，判断矩阵 A 的非一致程度越严重。所以可利用平均值 $CI = \dfrac{\lambda_{\max} - n}{n - 1}$ 判断 A 的一致性，称 CI 为一致性指标。当 $CI = 0$ 时，A 为一致矩阵；当 CI 稍大于 0 时，A 有较满意的一致性；CI 的值越大，A 的非一致性越严重。

为了判断 A 的非一致性是否可以接受，还需要引入随机一致性指标 RI。RI 是这样得到的：用从 1—9 的整数中随机抽取的数字构造 n 阶正互反矩阵，算出相应的 CI，取充分大的样本，CI 的样本均值就是 RI。表 5—3 给出了萨蒂（Saaty）用 500 个随机判断矩阵和许树柏用 1 000 个随机判断矩阵计算出来的随机一致性指标：

表 5—3 一致性指标

判断矩阵阶数 n	萨蒂 RI	许树柏 RI
1	0	0
2	0	0
3	0.58	0.514 9
4	0.90	0.893 1
5	1.12	1.118 5
6	1.24	1.249 423 450
7	1.32	1.420 0
8	1.41	1.461 6
9	1.45	1.487 4
10	1.49	1.515 6
11	1.51	1.540 515 583
12	1.54	1.577 9
13	1.56	1.589 4
14	...	
15	...	

当 $n \geqslant 3$ 时,定义一致性比率为

$$CR = \frac{CI}{RI}$$

由于一、二阶正互反矩阵总是一致矩阵,故 $n=1,2$ 时,$RI=0$,此时我们定义 $CR=0$。

当 $CR < 0.10$ 时,认为判断矩阵 A 的一致性是可以接受的,否则应对判断矩阵 A 作适当修正。

下面检验上述老年人生活质量一级指标的判断矩阵的一致性。

$$CI = \frac{\lambda_{\max} - n}{n-1} = \frac{5.001\ 777 - 5}{4} = 0.000\ 444$$

$$CR = \frac{CI}{RI} = \frac{0.000\ 444}{1.118\ 5} = 0.000\ 397$$

当 $CR \ll 0.10$ 时,判断矩阵有较好的一致性。这样,本课题得到老年人口生活质量的一级指标的权重如下(取两位小数):

健康生活质量　0.32

物质生活质量　0.21

家庭生活质量　0.21
精神生活质量　0.13
生活环境质量　0.13

以上求最大特征根、相应的归一化特征向量以及检验判断矩阵的一致性等过程可以用一个简单的MATLAB程序一次完成(张智星,2002)。程序如下所示：

```
n=5;e=0.000 09;
RI=[0;0;0.514 9;0.893 1;1.118 5;1.249 4;1.345 0;1.420 0;1.461 6;1.487 4;1.515 6;1.540 5;1.558 3;1.577 9;1.589 4];
A=[1   3/2 3/2 5/2 5/2
   2/3 1   1   3/2 3/2
   2/3 1   1   3/2 3/2
   2/5 2/3 2/3 1   1
   2/5 2/3 2/3 1   1];
w0=[1/2;1/5;1/5;1/5;1/5];
for k=1:100
          W1=A*w0;w1=W1/sum(W1);
          W2=A*w1;w2=W2/sum(W2);
          M=max(abs(w2−w1));
          if M<e
            break
          else w0=w2;
          end
end
s=0;
for j=1:n
    s=s+W2(j)/w1(j);
end
lamda=s/n,W=w2
```

$CI=(lamda-n)/(n-1), CR=CI/RI(n)$

根据五组二级指标对健康生活质量、物质生活质量、家庭生活质量、精神生活质量、生活环境质量的影响,依次得到如下判断矩阵:

$$A_1=\begin{bmatrix} 1 & 3 & 4 & 3/2 & 1 \\ 1/3 & 1 & 1 & 2/3 & 1/2 \\ 1/4 & 1 & 1 & 2/3 & 1/2 \\ 2/3 & 3/2 & 3/2 & 1 & 1 \\ 1 & 2 & 2 & 1 & 1 \end{bmatrix}, A_2=\begin{bmatrix} 1 & 2 & 2 & 3 & 6 \\ 1/2 & 1 & 1 & 2 & 3 \\ 1/2 & 1 & 1 & 2 & 3 \\ 1/3 & 1/2 & 1/2 & 1 & 3/2 \\ 1/6 & 1/3 & 1/3 & 2/3 & 1 \end{bmatrix}$$

$$A_3=\begin{bmatrix} 1 & 3/2 & 1 & 3/2 \\ 2/3 & 1 & 2/3 & 1 \\ 1 & 3/2 & 1 & 3/2 \\ 2/3 & 1 & 2/3 & 1 \end{bmatrix}, A_4=\begin{bmatrix} 1 & 4/3 & 4/3 \\ 3/4 & 1 & 1 \\ 3/4 & 1 & 1 \end{bmatrix}$$

$$A_5=\begin{bmatrix} 1 & 1 & 1 & 1/3 & 1/2 & 1/2 \\ 1 & 1 & 1 & 1/3 & 1/2 & 1/2 \\ 1 & 1 & 1 & 1/3 & 1/2 & 1/2 \\ 3 & 3 & 3 & 1 & 2 & 2 \\ 2 & 2 & 2 & 1/2 & 1 & 1 \\ 2 & 2 & 2 & 1/2 & 1 & 1 \end{bmatrix}$$

利用 MATLAB 程序求出它们的最大特征根相应的归一化特征向量及一致性指标、一致性比率:

$\overline{W}_1=(0.33,0.12,0.11,0.20,0.24)^T, CI_1=0.0148, CR_1=0.0133$;

$\overline{W}_2=(0.39,0.21,0.21,0.11,0.07)^T, CI_2=0.0025, CR_2=0.0022$;

$\overline{W}_3=(0.30,0.20,0.30,0.20)^T, CI_3=0.0000, CR_3=0.0000$;

$\overline{W}_4=(0.40,0.30,0.30)^T, CI_4=0.0000, CR_4=0.0000$;

$\overline{W}_5=(0.10,0.10,0.10,0.32,0.19,0.19)^T, CI_5=0.0028, CR_5=0.0022$;

所有 CR 的值都远远小于 0.1,五个判断矩阵有较满意的一致性。

为了防止微小的非一致性累积产生严重的非一致性,还需要作组合一致性检验和总体一致性检验。设第一层的判断矩阵一致性比率为 $CR_{(1)}$,一级指标的权向量为 $(b_1,b_2,\cdots,b_n)$,第二层判断矩阵的一致性指标分别为 $CI_1,CI_2,\cdots,CI_n$,第二层判断矩阵的阶数分别为 $t_1,t_2,\cdots,t_n$,则组合一致性比率为:

$$CR_{(2)}=\frac{\sum_{i=1}^{n}b_iCI_i}{\sum_{i=1}^{n}b_iRI(t_i)}$$

上式中 $RI(t_i)$ 为 t_i 阶正互反矩阵的随机一致性指标,可查表得到。

表5—4 老年人口生活质量指标体系

指 标	权 重
一、健康生活质量	0.32
1. 身体健康余量	0.33
2. 预期寿命水平	0.12
3. 营养水平	0.11
4. 生活自理能力	0.20
5. 心理健康水平	0.24
二、物质生活质量	0.21
6. 收入水平	0.39
7. 生活消费水平	0.21
8. 居住水平	0.21
9. 电视普及水平	0.11
10. 电话普及水平	0.07
三、家庭生活质量	0.21
11. 在婚水平	0.20
12. 婚姻满意度	0.30
13. 居住方式满意度	0.20
14. 子女孝敬满意度	0.30
四、精神生活质量	0.13
15. 文化水平	0.40
16. 业余爱好广泛度	0.30
17. 社会交往水平	0.30
五、生活环境质量	0.13
18. 空气质量水平	0.10
19. 水质达标率	0.10
20. 绿化水平	0.10
21. 老年人事业投入水平	0.32
22. 医疗保险覆盖水平	0.19
23. 养老保障覆盖水平	0.19

总体一致性比率为：

$$CR^* = CR_{(1)} + CR_{(2)}$$

当 $CR^* < 0.10$ 时，可以认为总体一致性较好。

下面计算老年人口生活质量指标体系的组合一致性比率和总体一致性比率。

$$CR_{(2)} = \frac{0.32 \times 0.014\ 8 + 0.21 \times 0.002\ 5 + 0.21 \times 0 + 0.13 \times 0 + 0.13 \times 0.002\ 8}{0.32 \times 1.118\ 5 + 0.21 \times 1.118\ 5 + 0.21 \times 0.893\ 1 + 0.13 \times 0.514\ 9 + 0.13 \times 1.249\ 4}$$

$$= 0.005\ 6$$

$$CR^* = 0.000\ 397 + 0.005\ 6 = 0.006\ 0$$

可见总体一致性较为满意。

通过 AHP 法，本课题得到老年人口生活质量指标权重的分布如表 5—4 所示。

5.3 老年人口生活质量综合指数的计量

本课题研究的对象是我国老年人口的生活质量问题，这里首先遇到并且应当解决的问题是用哪些变量或指标来反映我国老年人口生活质量的问题（在第四章已解决），以及如何设计和计量一个无量纲的反映老年人口生活质量的综合指数 QOLI(the Quality of the Old Life Index)。由于影响老年人口生活质量的因素很多，研究综合指数的目的是为了反映各因素对生活指数影响及各因素权重的综合表现，以评价我国老年人口生活质量的高低程度，在此基础上分析影响老年人口生活质量水平的原因。

对我国现阶段老年人口的生活质量进行评价时，通常是从主观和客观两方面进行，其内容至少应该包括以下五个方面：一是健康状况，包括身体状况、营养状况、心理卫生等；二是物质条件，包括经济收入、生活开支等；三是家庭生活，包括婚姻、居住等；四是精神文化生活，包括文化教育、情趣爱好、感情需求等；五是生活环境，包括自然环境、社会环境等。这几个方面统筹协调、平衡发展、整体推进，才会真正有利于老年人口生活质量的提高(李永胜,2003)。如果强调一点,不顾其他,不但无助于老年人口生活质量的提高,有时还会导致老年人口生活质量的下降。

身体健康是老年人口生活质量的保证。对老年人不但要延长他们的寿命,让他们健康地生活,更重要的是提高老年人口的生活质量。

物质条件是老年人口生活质量的基础。假如人们仍然在贫困线上挣扎,为吃饱穿暖奔波,全面提高生活质量自然无从谈起。

家庭生活是老年人口生活质量的体现。老年人需要更多的家庭照顾和慰藉,婚姻对于提高老年人的生活质量有重要的意义,子女孝敬是老年人享受天伦之乐的基础与核心。不愉快的家庭生活会成为生活中抹不掉的阴影,势必影响老年人口的生活质量。

精神生活是老年人口生活质量的需要。仅有物质方面的满足,是远远不够的。如果没有丰富的精神生活,物质生活水平再高也会感到无聊、孤独;相反,假如精神上富有,即使物质生活穷困一点,照样会感到生活充实。

生活环境是老年人口生活质量的保障。在一个社会安定、治安状况良好、自然环境幽雅、各种服务配套、养老保障和医疗保险的普及、人人都能尊老敬老的社会中,老人们才能享受到更高质量的生活。

根据表5—4,在指标权重确定的基础上,通过加权平均即可获得我国老年人口生活质量的综合指数。老年人口生活质量综合指数的计算公式为:

$$QOLI=0.32HLQ+0.21MLQ+0.21FLQ+0.13JSQ+0.13ESQ$$

(5.1)

其中,HLQ、MLQ、FLQ、JSQ、ESQ分别代表健康生活质量水平、物质生活质量水平、家庭生活质量水平、精神生活质量水平和生活环境质量水平。

5.4 指标解释与构造

5.4.1 健康生活质量

提高老年人的生活质量必须与不断提高老年人的健康生活水平为基

础,高质量的生活需要以健康的身体作为保障。随着生理衰退,老年人越来越关心自己的健康,他们把健康当做自己晚年生活中头等重要的大事。对于老年人来说,长寿并不是最终目标,仅仅延长生命而不增加生活质量是没有意义的,健康长寿才是人类追求的目标。

世界卫生组织(WHO)官员弗兰鲍恩指出,人是复杂的综合性整体,不能认为一个人没有病,就是健康状态,而应当进行"多维评价",这对老年人更有意义。

随着时代的发展,医学模式的改变,对健康的认识也在不断深化和扩展。世界卫生组织对身体健康的定义是:

a. 有充沛的精力,能从容不迫地担负日常生活和繁重工作,而且不感到过分紧张与疲劳。

b. 处事乐观,态度积极,乐于承担责任,事无大小,不挑剔。

c. 善于休息,睡眠好。

d. 应变能力强,能适应外界环境的各种变化。

e. 能够抵抗一般性感冒和传染病。

f. 体重适当,身体匀称,站立时,头、肩、臂位置协调。

g. 眼睛明亮,反应敏捷,眼睑不易发炎。

h. 牙齿清洁,无龋齿,不疼痛;牙龈颜色正常,无出血现象。

i. 头发有光泽,无头屑。

j. 肌肉丰满,皮肤有弹性。

健康生活质量是指标体系的重点。依据上述10条标准并且结合我国老年人自身的身心特点,本课题老年人的健康生活质量主要从身体健康、预期寿命、营养状况、独立生活能力、心理健康方面来评价。

根据表5—4,在各单项指标权重确定的基础上,通过加权平均即可获得我国老年人口健康生活质量指数。

健康生活质量水平的计算公式:

$$HLQ=0.32PH+0.12EY+0.11PI+0.2DSC+0.25PSYH \quad (5.2)$$

其中:PH、EY、PI、DSC、PSYH分别代表身体健康余量、预期寿命水平、营养水平、生活自理能力和心理健康水平。

下面分别对影响健康生活质量的各单项指标进行构造及解释。

第一,身体健康余量

①指标解释

身体健康余量是用来反映目前老年人总体的身体健康状况的。

②计算公式

$$PH = 100 \times 0.75^{\overline{MS}}$$

公式中:PH 是身体健康余量,$\overline{MS}$ 是老年人平均患慢性疾病的数量,常量 100 是假设老年人在不患慢性疾病时的身体健康存量;底数 0.75 是通过大量调查后,发现患有慢性疾病的数量与老年人健康之间的关系而推导得出。

③评价

身体健康与健康生活质量存在着正相的关系。身体健康,多指躯体健康。躯体健康不佳,可表现为多种器质性疾病和症状,如高血压、冠心病、气管炎、糖尿病及肿瘤等。身体健康余量决定着老年人健康生活质量的水平。每个人通过遗传都获得一笔初始的身体健康存量,这种原始积累的存量将会随着年龄增长而折旧,但也能由于对身体的预防、医疗、康复、锻炼等经济与时间的投入而增加(詹天痒,1997)。身体健康余量是通过身体健康存量与得慢性疾病数量的折旧关系,来反映慢性疾病对老年人身体健康质量的影响。通过分析老年人身体健康的相关资料(中华医学会老年医学分会),评价老年人口的身体健康可从以下 6 个方面考虑:1)躯干无明显畸形,无明显驼背等不良体型,骨关节活动基本正常;2)神经系统无病变,如偏瘫、老年痴呆及其他神经系统疾病,系统检查基本正常;3)心脏基本正常,无高血压、冠心病(心绞痛、冠状动脉供血不足、陈旧性心肌梗死等)及其他器质性心脏病;4)无明显肺部疾病,无明显肺功能不全;5)无肝、肾疾病,无内分泌代谢疾病、恶性肿瘤及影响生活功能的严重器质性疾病;6)有一定的视听功能。

依据以上 6 个方面的考虑和相关社会调查后发现:高血压、心脏病、慢性胃炎、慢性支气管炎、关节炎、糖尿病、前列腺炎(男)、白内障等慢性疾病,是对老年人生理的各方面影响较大的慢性疾病种类。但是慢性疾病的发病率和地区地理环境及社会环境有很大的相关性,所以选取慢性疾病种类时应该根据当地的实际情况,选取得病率高且对老年人身体影响最大的慢性疾病作为统计因素(一般可选取当地 10 种对老年人生理影响较大的常见慢性病)。

身体健康余量 PH 标志目前暂不考虑患病的严重程度,仅从客观上说明老年人的身体状况。PH 值越大就说明该地区的老年人的身体状况越佳。

④数据来源

$\overline{MS}$ 取值来源于当地卫生局。

第二,预期寿命水平

①指标解释

人均预期寿命是用来反映当地生活水平、医疗水平和健康水平的高低,实质上是健康生活质量的综合反映,健康生活质量越高,寿命越长。

②计算公式:

$$EY = \begin{cases} 75e^{0.04 \times (E_1 - E_2)} & E_1 < E_2 + 7.2 \\ 100 & E_1 \geqslant E_2 + 7.2 \end{cases}$$

公式中:EY 是预期寿命水平,E_1、E_2 分别表示当地现阶段平均预期寿命和全国平均预期寿命(假设我国当前人口平均预期寿命是 71.4,则 $E_2 = 71.4$);系数 75 表示当某地平均预期寿命和全国平均预期寿命相等时,该指标的分值;系数 0.04 的取值是根据测算得到;常量 7.2 是为了使函数连续,只有当 $E_1 - E_2 = 7.2$ 时,才能使 $75e^{0.04 \times (E_1 - E_2)} = 100$。

③评价

预期寿命与健康生活质量存在着正相的关系。由于平均预期寿命是指在一定的年龄死亡率水平下,活到确切年龄 x 岁后平均还能继续生存的年数。平均寿命指标既能综合反映全体人口的死亡水平,又摆脱了实际人口年龄构成的影响,从正面反映人的寿命长短,富有积极的含义,是目前健康状况最好的综合指标,同时也能用来全面反映社会发展水平。随着社会政治、经济等各个方面的发展,平均预期寿命也在不断地提高。虽然平均预期寿命不能完全衡量老年人的健康生活质量,但是从某种意义上,预期寿命指数能够说明老年人口这一特殊人口群体的宏观特征。EY 值越大说明老年人的整体寿命越长。

④数据来源

E_1 取值来源于当地统计年鉴;E_2 取值来源于中国统计年鉴。

第三,营养水平

①指标解释

营养水平是通过体形的匀称程度来反映的。

②计算公式

$$\overline{\text{BMI}} = \frac{\sum_{i=1}^{n} \sqrt{\left(\frac{w_i}{h_i^2} - 22\right)^2}}{n}$$

$$\text{PI} = 0.93^{\overline{\text{BMI}}} \times 100$$

公式中:n 为样本数,$\overline{\text{BMI}}$ 是老年人总体体形变量,w_i 是老年人的体重(kg),h_i 是老年人的身高(m)。PI 是老年人总体营养水平指数;常量 22 是标准体形;0.93 是参考世界卫生组织标准换算得到的(WHO,1995)。

③评价

营养水平与健康生活质量存在着正相的关系。营养是老年人摄取食物满足自身生理需要的必要生物学过程。平衡膳食、合理营养是维持老年人健康与生存的重要条件。老年人为了维持生命与健康,保证正常的生活与劳动,每日必须摄取一定数量的食物,以获取各种营养素。老年人的身高、体重与老年人自身摄入的营养有着密切关系,营养决定了老年人的体质。据调查,老年人体重过高或过低均可引起死亡率增加。老年人群较一般人群更加脆弱,更易受到营养缺乏或营养过剩和不平衡的影响,世界卫生组织建议 BMI<18.5 为慢性能量缺乏(营养不良),18.5—25 为正常,BMI>25 为超重或肥胖。老年人由于生理机能的变化,新陈代谢逐渐下降,体力活动的减少,能量的消耗也减少了,多余的热量逐渐以脂肪形式蓄积在腹部、皮下及身体其他各个部位,体重开始增加,且身高有所下降,结合这些特点,可用营养水平指数 PI 来进行评价,PI 值越大说明老年人的总体营养状况越好。

④数据来源:变量 w_i、h_i 来源于入户抽样调查,其样本数不得低于当地老年人口数的1%。

第四,生活自理能力

①指标解释

生活自理能力是通过老年人的日常生活能力,来反映老年人独立生活的能力。

②计算公式

$$\text{DSC} = \frac{100}{6} \times \frac{\sum_{i=1}^{m} \text{ADL}_i + \sum_{j=1}^{n} \text{IADL}_j}{m+n}$$

公式中:ADL 是每一位 80 岁及以上老年人日常自理能力的得分;IADL 是每一位 60—79 岁老年人日常社会服务设施利用能力得分;m、n 分别是两个年龄阶段的老年人口样本总数。

③评价

生活自理能力与健康生活质量存在着正相的关系。生活自理能力是了解老年人在不同年龄阶段下适应社会的能力的综合指标。日常生活能力强,可以自理,不需要别人帮助,当然也包括老年人维持家务能力,如打电话、购物、自理经济、做一点家务等等。研究表明,老年人丧失操持家务能力比丧失自理能力要早。国际通用的日常生活活动能力量表(WHO—ADL 量表)对老年人的生活自理能力进行测定。其测定分为两个方面,即日常生活自理功能(ADL)和社会服务设施利用功能(IADL)。通过 ADL 和 IADL 各 6 个子项的评分反映出老人生活自理能力的强或弱(何燕玲,1990)。

IADL 包括:剪脚趾甲、做饭、理财、乘车外出、购物、步行及上下楼 6 项内容。

ADL 包括:洗澡、穿衣、上厕所、室内活动、吃饭、控制大小便 6 项内容。

IADL 是针对 60 岁至 79 岁老年人设计的选项;ADL 是针对 80 岁以上,含 80 岁老年人设计的选项。按照老人生活自理能力状况对每项活动进行评分,若能独立完成则得 1 分,否则不得分,然后根据每位老人在各项的得分相加,得出总分,满分为 6 分。DSC 值越大说明老年人的总体生活自理能力越强。

将 ADL 和 IADL 与老年人的年龄结合研究,可以较好地分析老年人的生活质量。人们期望这两方面功能的评价能反映出老年人基本生活的家庭功能和老年人充当社会和家庭角色的社会功能。老年人的自理能力与家庭和社会所能提供的方便设施有很强的相关性。如果社会支持能力和水平不同,评价内容要有相应能够反映日常自理能力和社会设施利用能力的调整思路。

④数据来源

入户抽样调查,其样本数不得低于当地老年人口数的 1%。

第五,心理健康水平

①指标解释

心理健康指数是通过符合老年人心理因素、且对老年人心理健康有影响的心理测试多选项的分值,来衡量老年人的心理健康水平。

②计算公式

$$PSYH = 10 \times \frac{\sum_{i=1}^{n} p_i}{n}$$

公式中:PSYH 是心理测试多选项的总分值;p_i 是一个老年人心理测试多选项的分数;n 是参加心理健康测试的老年人总数。

③评价

心理健康与健康生活质量存在着正相的关系。心理因素是影响老年人身体健康的主要因素,这表明身体和心理的健康是相互联系而且不可分割的,良好的心理素质有益于增强体质,提高抗病能力,身体健康会促进精神健康,当然精神健康也会抵御疾病的侵袭。老年人的心理健康状态是通过性格变化和精神状态反映出来的。一个不正常心理状态的老年人将产生紧张焦虑的情绪,频频导致生理上的各种疾病发生。如果具有良好的心理状态,老年人就有很大的抗病能力。提高老年人生活质量,老年人个人的作用是任何人无法替代的,老年人的幸福感很大程度上取决于老年人自己。老年人要不断调适自己的心理,更多地以宽容和体谅的心态看待社会、看待家庭、看待人生。要活到老,学到老,不断学习新的知识,不断提高和丰富自己,"与时俱进",跟上时代前进的步伐。要积极参与社区文化体育活动和社会公益事业,过上科学、健康、文明、积极、尊严的老年生活。但是由于老年人的神经系统发生了生物学改变,信息加工速度减慢,认知功能会出现不同程度的衰退,认知功能下降,就常会有焦虑、抑郁、固执、疑心、自私和偏执等心理障碍。因此衡量老年人心理是否健康,可从性格、情绪、适应、人际、认知五个方面来衡量(邵明磊,2004)。每一个方面可分别对应下面两条标准来进行测试(健康时报,2004)。

  a. 保持自己性格开朗,不孤僻。
  b. 随和,不固执己见。
  c. 很少感到紧张、害怕。
  d. 遇事会想得开,善于自我调控。
  e. 与周围环境保持接触,并经常保持兴趣。
  f. 能在集体允许范围内发挥个性,认为自己仍能发挥作用。
  g. 愿意与他人交谈,保持适当的、良好的社会交往。
  h. 能接受别人的建议,对人宽容。
  i. 生活目标切合实际,处理问题较现实,有自知之明。
  j. 具有从经验中总结学习的能力。

老年人在上述测试中,每条作肯定回答得1分,否定回答得0分,各项之和为总分,满分10分,分数越高表示心理状况越好。

注意,心理测试的指标必须结合社会、文化、经济、环境等具体情况,综合设定具有可操作性的评价指标;否则,尽管是描述同一个PSYH指标,其结果和内容却代表着不同的意义。因为完成指标内容的心理功能和范围会受到人们生活条件的影响,即使是同一个指标,在不同的背景下,其健康的内涵和表达的意义也会具有较大的差异性。所以,在老年人的心理健康评价中,应该对PSYH的每个指标进行功能细分,在细分的基础上,找到对应的指标。或许这个指标的名称不同,但包含的评价内容应是一致的。PSYH值越大,说明老年人的整体心理健康越好。

④数据来源

入户抽样调查,其样本数不得低于当地老年人口数的1%。

5.4.2 物质生活质量

物质生活主要包括老年人的衣、食、住、行,概括来说就是"老有所养",这是老年人晚年生活的最基本需求。物质保障是提高老年人健康水平的前提条件,它包括了经济收入的来源及水平、消费结构层次与消费水平。因此,物质生活质量是老年人生活质量指标体系的基础。它从收入水平、生活消费指数、居住水平指数、彩电普及率和电话普及率等这几个方面来评价物质生活质量。首先要摸清老年人的收入水平、住房条件;另外再以彩电普及率和电话普及率等反映信息化程度。

根据表 5—4,在各单项指标权重确定的基础上,通过加权平均即可获得我国老年人口物质生活质量指数。物质生活质量水平的计算公式:

$$MLQ = 0.4L + 0.2NEGR + 0.2AREA + 0.12STV + 0.08STEL \quad (5.3)$$

其中:L、$NEGR$、$AREA$、STV、$STEL$ 分别代表收入水平、生活消费水平、居住水平、电视普及水平和电话普及水平。

下面分别对影响物质生活质量的各单项指标进行构造及解释。

第一,收入水平

① 指标解释

收入水平是老年人物质生活质量的关键因素,它反映了老年人相对于其他人群收入水平的高低程度。

② 计算公式

$$L = \begin{cases} \dfrac{\overline{S}}{\overline{A}} \times 100 & \overline{S} < \overline{A} \\ 100 & \overline{S} \geq \overline{A} \end{cases}$$

公式中:L 是老年人收入水平;$\overline{S}$ 是老年人人均收入;$\overline{A}$ 是当地人均收入。

其中:$\overline{S} = \dfrac{S}{N}$ $S = \sum\limits_{i=1}^{N} \sum\limits_{j=1}^{4} x_j$

S 是总收入;N 是抽样老年人口总数;x_1 是退休金(离休金、养老金);x_2 是子女供给;x_3 是自己劳动或工作的收入;x_4 是老年人的其他收入。

③评价

收入是生存的基础,是影响消费结构最重要、最基本的因素。它从客观上反映了老年人晚年物质生活质量的高低。从微观上,老年人收入水平的高低,意味着老年人物质生活质量的高低。一般说来,随着收入水平的提高,购买力也会相应提高。从宏观上,国民总收入的多少,特别是人均国民总收入的变化状况,不仅影响消费水平,也影响消费结构。在国民总收入的分配中,投资和消费的比例、消费总额的增长速度以及消费总额中居民消费总额的增长速度,都直接影响老年人口的消费结构。当然,对于有稳定收入来源的老年人,不必过多地担心温饱问题。

收入水平与物质生活质量之间呈正相关关系。收入水平提高后,在吃的方面可由吃饱向吃好转化,讲究营养、味美和方便;在穿的方面,可由穿暖向穿好转化,讲究花色、品种和时尚;在用的方面,可由一般日用品向高档耐用消费品转化,讲究多功能、方便和精美;在住的方面,可由满足基本居住需要向提高居住质量方面转化,讲究宽敞、舒适和环境优美等等。这些都说明收入水平提高后消费结构的层次性变化,收入水平对物质生活质量有最直接的影响。由于老年人已从社会生产创造者变为纯消费者,收入的稳定来源主要是退休金或子女供给,收入水平相对较低,对老年人的收入水平评价,在公式中只要老年人口的平均收入能达到或超过当地的平均水平就可得 100 分。平均收入水平是老年人人均收入与当地人均收入的比值,收入水平越高,物质生活质量也相对越高。

④数据来源

$\overline{A}$ 来源于当地统计年鉴,$\overline{S}$ 来源于入户抽样调查,其样本数不得低于当地老年人口数的 1%。

第二,生活消费水平

①指标解释

生活消费水平指数是恩格尔系数的逆指标,用来表示老年人的生活消费结构。实质上是对老年人贫困、温饱、富裕生活的评价。

②计算公式

$$NEGR = (1 - \frac{\sum_{i=1}^{n} \frac{Food_i}{Live_i}}{N}) \times 100$$

公式中：NEGR 是老年人生活消费水平指数；$Food$、$Live$ 分别是一位老人的食品支出总额和是生活消费支出总额；N 是老年人口总数。

③评价

生活消费即消费需求。生活消费从一个侧面反映了老年人物质生活质量的好坏。著名的恩格尔定律主要表述的是食品支出占总消费支出随收入变化而变化的一定趋势，揭示了收入和食品支出之间的数量相关关系，用食品支出占消费总支出的比例来说明生产发展、收入增加对生活消费的影响程度。由于吃是人类生存的第一需要，在收入水平较低时，其在消费支出中必然占有重要地位。随着收入的增加，在食物需求基本满足的情况下，消费的重心才会开始向穿、用等方面转移。消费水平的高低，还可以从消费结构的变化趋势中反映出来，如在消费总支出中，食品消费支出所占比重下降；在衣着消费中，高档衣物的比重上升；在用的消费支出中，耐用消费品的支出比重上升；在消费支出总额中，物质产品消费比重下降，服务消费比重上升等等，都反映出消费水平的提高。

生活消费与物质生活质量有着正相关关系。老年人生活越贫困，恩格尔系数就越大；反之，生活越富裕，恩格尔系数就越小。生活消费指数与恩格尔系数恰好相反，生活消费指数越大，表示老年人的收入用于食品支出的越小，而更多的收入可用于享受需要，故生活越富裕。

④数据来源

入户抽样调查，其样本数不得低于当地老年人口数的1%。

第三，居住水平

①指标解释

居住水平是通过老年人住宅面积的大小从侧面反映了老年人的物质生活质量。

②计算公式

$$\overline{LS} = \frac{\sum_{i=1}^{N} \frac{old_i}{r_i}}{N}$$

$$AREA = \begin{cases} \dfrac{\overline{LS}}{\overline{B}} \times 100 & \overline{LS} < \overline{B} \\ 100 & \overline{LS} \geq \overline{B} \end{cases}$$

公式中：AREA 是老年人居住水平指数；$\overline{LS}$ 是老年人均住宅面积（平方米/人）；$\overline{B}$ 是当地人均住宅面积；old 是老人户住宅面积；r 是老人户居住人口数；N 是老人户总数。

③评价

居住水平是反映老年人生活水平是否提高的标志性指标之一。随着我国社会经济的持续快速发展，人民物质生活水平不断提高，居住条件逐步改善。老人们希望拥有温馨舒适、自然和谐、宁静优美、适宜休闲健身的生活居住环境，但物质因素是老年人对住宅消费关注的敏感问题，由于收入的原因，有的老人还与晚辈同居一室，其住宅面积很小。没有一定大小的居住面积就谈不上居住质量，针对我国目前的经济状况，可用居住面积的大小从侧面来客观地评价老人的物质生活质量。居住水平指数越高，表明老年人物质生活质量越高。当老年人居住水平指数 AREA 评价为 100 分时，说明老年人的住宅条件已达到当地的水平。住宅消费能力提高，同时也反映出老年人的物质生活水平有了进步。因此，居住水平与物质生活质量有着正相关关系。

2004 年 12 月建设部政策研究中心发布了《2020 年中国居民居住目标预测研究报告》（以下简称《报告》），第一次对我国居民中长期居住目标作出定性定量的分析预测。预计到 2020 年，我国城镇人均居住进住面积将达到 35 平方米，每套住宅平均面积在 100—120 平方米左右。该《报告》将"户均一套、人均一间"的总体目标细分为 5 大类 16 项指标，包括城镇人均住房建筑面积、城镇住宅居住品质（定性）、城市人均公共绿地面积、人均年住房消费支出占消费支出比例等细节指标。该《报告》提出 2020 年我国城镇小康之家的房子标准是人均住房建筑面积预计达 35 平方米，每套住宅平均面积达到 120 平方米。相应地，厨房面积不低于 6 平方米，卫生间不低于 4 平方米，主卧室面积不低于 12 平方米。

本课题认为未来老年人的居住面积也应该和国家公布的未来小康标准保持在接近的水平上,才能反映老年人口在居住水平上的生活质量的提升。

④数据来源

$\overline{B}$来源于当地统计年鉴,$\overline{LS}$来源于入户抽样调查,其样本数不得低于当地老年人口数的1%。

第四,电视普及水平

①指标解释

电视普及水平是老年人文化娱乐程度的重要指标,也是信息化的具体实现。它从侧面反映了老年人的物质生活质量。

②计算公式

$$TVL = \frac{TVN}{N} \times 100\%$$

$$STV = TVL \times 100$$

其中:TVL为电视普及率,表示每100户老年人家中拥有电视机的台数;TVN是拥有电视的老年人口总数;N是老年人口总数;STV为电视普及水平得分。注意,只要含有老年人的家庭中有电视机,就认为老年人拥有电视机。

③评价

电视是当今社会应用广泛的一种娱乐工具,是一种特殊的生活消费品,电视节目已经成为老年人生活的一个重要组成部分。电视给老年人提供了较为便宜、实惠的消费方式,极大地丰富了老年人的精神生活。由于电视是一种媒体,媒体是一种沟通,沟通是一种传播,传播是一种交流,是信息时代老人们获取外界信息的主要渠道。从电视单向信息传播到上网双向信息交流是一个大的进步,因特网的普及,从根本上影响了获取信息的方式,也进一步影响了人们的工作、学习、消费、休闲、交往等生活方式。但针对中国的国情,尽管城镇老人拥有的电视率趋于100%,但在老年人中上网的比例却很小,且有的农村老年人至今没有见过电视机,因此目前暂不将上网(拥有电脑)作为文化娱乐的考虑因素。

电视普及水平与物质生活质量有着正相关关系。电视普及水平越高,说明文化娱乐程度越高。

④数据来源

入户抽样调查,其样本数不得低于当地老年人口数的1%。

第五,电话普及水平

①指标解释

电话普及水平是老年人与外界交流的重要指标,也从侧面反映了老年人的物质生活质量。

②计算公式

$$TEL = \frac{TEN}{N} \times 100\%$$

$$STEL = TE \times 100$$

公式中:TEL 为电话普及率,表示每100户老年人家中拥有电话的台数;TEN 是拥有电话的老年人口总数;N 是老年人口总数;STEL 为电话普及率得分。注意,只要含有老年人的家庭中有固定电话或老人自己拥有移动电话,就认为老年人拥有电话。

③评价

电话给老年人带来了生活的快捷与方便,也是一种特殊的生活消费品。有了电话能缩短老人与异地亲朋之间的距离,特别是亲属间一个问候的电话会带给老人别样的温馨。电话的普及率,直接关系到人与人之间的信息沟通,而信息交流是老年人精神生活的一种慰藉。因此电话普及率越高,说明信息化物质生活水平越高。

④数据来源

入户抽样调查,其样本数不得低于当地老年人口数的1%。

5.4.3 家庭生活质量

家庭是老年人长期生活的载体,是支持老年人生活的最直接的环境。家人的关爱对老人是重要的,是提高老人生活质量的保证。可以说,老年人生活质量的好坏,很大程度上取决于家庭。家庭成员要在物质供养、精神慰藉、生活照料等方面尽力满足老年人的需求,让老年人随时得到家庭的温暖。家庭是社会的细胞,也是老年人最重要的社会关系。

家庭生活质量是指标体系的又一重点。一个人能否健康长寿,与他的家庭有着密切的关系。由于老年人大多数时间都待在家里,家庭作为老年人最重要的生活环境,家庭的稳定、夫妻之间密切和谐的沟通,子女的孝敬成为老年人情绪稳定、精神健康的重要因素。家庭生活质量对老年人健康的影响更是举足轻重,它直接影响到老年人的整体生活质量。

由于老年人是一个特殊的社会群体,他们对自己的家庭生活有着与其他群体不同的看法,同时对家庭生活质量也有特殊的要求与标准。为了体现出老年人生活的特点,家庭生活质量的评价可从有配偶率、夫妻关系、居住方式、子女孝敬四个方面进行。

根据表5—4,在各单项指标权重确定的基础上,通过加权平均即可获得我国老年人口家庭生活质量指数。

家庭生活质量水平的计算公式:

$$FLQ=0.2MQ+0.3MMYD+0.2LMYD+0.3IMYD \quad (5.4)$$

其中:MQ、MMYD、LMYD、IMYD分别代表在婚水平、婚姻满意度、居住方式满意度和子女孝敬满意度。

下面分别对影响家庭生活质量的各单项指标进行构造及解释。

第一,在婚水平

①指标解释

在婚水平表示平均每百名老人中有配偶老年人的人数,从客观上反映了老年人的婚姻状况,实质上反映了老年人家庭生活的稳定性。

②计算公式

$$R=\frac{MN}{N}$$

$$MQ=R\times 100$$

公式中:R 表示有配偶率,MN 表示有配偶的老年人数,N 是抽样老年人口总数,MQ 表示在婚水平。

③评价

在老年人的家庭生活中,在婚水平是一个较为重要的指标。婚姻更多的是含着理性,是受法律规范的老年人之间稳定的、彼此具有了权利与责任制约关系的情感。夫妻恩爱、家庭和睦是老年人健康长寿的重要因素。在老龄化社会中老年人的婚姻是个无法回避的问题,社会的关爱以及世俗的看法和老年人自身观念的转变,是决定他们能否享受晚年幸福生活的最主要因素。我国老年人口的婚姻特点是:初婚有配偶的比例高,再婚有配偶的比例低,未婚、离婚率低,随着年龄的增加丧偶率也增加。通过老年人在婚水平可从一个侧面反映老年人家庭的稳定与和睦。

④数据来源

入户抽样调查,其样本数不得低于当地老年人口数的1%。

第二,婚姻满意度

①指标解释

婚姻满意度是老年人对自身夫妻关系的一种自我主观感受评价。实质上是用来表示老年人的婚姻质量。

②计算公式

$$MMYD = 20a_1 + 40a_2 + 60a_3 + 80a_4 + 100a_5$$

公式中:a_1、a_2、a_3、a_4、a_5 分别是老年人对自身婚姻质量评价:很不满意、不满意、一般、满意、非常满意的人数与收回的有效问卷数的比值,20、40、60、80、100 依次为上述人群对应的分值。左端的 MMYD 就是被调查老年人群对该项目的满意程度。

③评价

老年人夫妻关系融洽是其家庭生活温馨的基础,婚姻的质量直接影响到老年人的家庭生活质量。由于婚姻对老年人的心理健康影响不在于婚姻关系本身的有无,重要的在于婚姻质量的如何,如果老年人对自身的婚姻状况非常满意,就能达到家庭生活的一种和谐、美满的境界。而评价婚姻质量的一个重要指标是婚姻满意率。

④数据来源

入户抽样调查,其样本数不得低于当地老年人口数的1%。

第三,居住方式满意度

①指标解释

居住方式满意度是指老年人在家庭生活中对居住方式主观感受的评价。

②计算公式

$$LMYD = 20a_1 + 40a_2 + 60a_3 + 80a_4 + 100a_5$$

公式中：a_1、a_2、a_3、a_4、a_5 分别是老年人对目前居住方式的评价：很不满意、不满意、一般、满意、非常满意的人数与收回的有效问卷数的比值，20、40、60、80、100 依次为上述人群对应的分值。左端的 LMYD 就是被调查老年人群对该项目的满意程度。

③评价

养老方式最直接的表现是在居住方式上，老年人由于年事已高，体质衰弱，对自然环境的适应能力下降了，因此在居住方式上，应力求选择适合老年人的生理和心理特点的居住条件和居住环境。良好的居住条件和环境，不仅可以减少不良因素对老年人的刺激和侵害，而且对调节老年人的精神情绪、改善老年人的家庭关系、提高老年人的健康水平、增强老年人的生活信心都具有十分重要的影响和意义。一般来说，在老年人的居住方式中，既要考虑到老年人居住得舒适、安全、方便，又要考虑到对老年人的照料和护理方便，同时还要考虑到为老年人的活动和交流创造条件。但是由于我国属于发展中国家，经济底子薄，人口增长快，老年人的居住条件方面还存在着不少问题，老年人居住方式常有以下三种：

合居方式——老人与子女同住。合居家庭方式的存在有诸多因素：如子女住房困难、父母年迈有病、第三代需要老人看护、传统家庭观念的影响等。这种居住方式对社会、家庭和老人都有很多优越性，并仍将延续。但是，现代社会生活的多样性、代与代之间的不同生活习惯以及家庭人际关系的错综复杂，都是影响老人家庭生活质量的主要因素。

独居方式——老人独立居住。受现代生活方式的影响，越来越多的老年夫妇开始选择和已婚子女分居的方式，纯老人家庭不断增加。这种家庭模式更适应现代生活方式，相互间干扰少，使家庭关系简单化，对有生活自理能力的老年夫妇比较理想。但是，当老人年龄增大、自理能力减弱、子女忙碌少于探望时，老人的寂寞孤独和生活的不便就突出反映出来。

养老院方式——老人选择老年性服务设施集中居住安度晚年。因传统的观念,很多老年人宁愿自己生活不便也不愿住进养老院,进养老院的大多是孤老户或生活不能自理而子女又无力照顾的老人。但随着传统的养老责任向社会转化,为减轻子女和家庭的负担,越来越多的老人将选择养老院。

老人对居住方式的满意度直接揭示了中国传统文化背景下家庭的变化。无论老人选择什么样的居住方式,对于居住方式的评价,都要以老人自己感到愉快、满意为准。

④数据来源

入户抽样调查,其样本数不得低于当地老年人口数的1%。

第四,子女孝敬满意度

①指标解释

子女孝敬是指老年人对子女从物质上和精神上对自己关心、照顾程度的一种自我主观感受评价。

②计算公式

$$IMYD = 20a_1 + 40a_2 + 60a_3 + 80a_4 + 100a_5$$

公式中:a_1、a_2、a_3、a_4、a_5 分别是老年人对晚辈孝敬的满意程度:很不满意、不满意、一般、满意、非常满意的人数与收回的有效问卷数的比值,20、40、60、80、100 依次为上述人群对应的分值。左端的 IMYD 就是被调查老年人群对该项目的满意程度。

③评价

子女孝敬程度与家庭生活质量有着正相关关系。随着日趋小型化、核心化家庭的发展趋势,子女对老人关心不够,交流少了,势必造成老年人的孤独感。由于父母与子女的关系是家庭中的主要关系。与子女相处得是否融洽、子女是否孝敬对老年人的家庭生活有直接影响。老年人除需要生活上的关心和照顾之外,他们最需要的是子女的抚慰。子女的孝敬可使老人感到物质上有依靠、生活上有关照、精神上有寄托,由亲情关系促成老人心理、生理、精神上的愉悦、幸福和满足,是老人健康生活的重要因素。同时子女的孝敬,也会带给老人一种内在、持久的情感慰藉,使老人能够在温馨的家庭生活中与子女及孙辈和睦相处,心情愉快,安度晚年。

④数据来源

入户抽样调查,其样本数不得低于当地老年人口数的1%。

5.4.4 精神生活质量

尽管老年人离开了工作或劳动,但并没有离开社会,种种变化使他们变得与社会产生距离,与社会不融洽,于是他们就会产生种种心理上的不平衡。如今的老年人正生活在一个物质生活空前丰富的时代,与过去相比,他们中的大多数最惧怕的不再是贫穷,而是精神上的孤独与寂寞。

老年人除了满足物质生活的需求以外,还有满足精神生活的需求。老年人的精神需求主要通过三种方式实现:一是自我实现,在空闲时间里注意培养自己的新兴趣、爱好,如自学书法、养鸟养花等;二是社会实现,经常参加各种机构、部门、团体以及老年人自发组织的活动,到图书馆阅览,到老年活动室下棋、打牌、打麻将等,可促进老人之间的交流,同时他们还可发挥余热,为社区服务;三是家庭实现,由于老人与子女交往最密切,他们希望子女在工作之余能多和自己聊聊家事、国事、孩子教育等。许多老人都希望自己的精神生活质量高些,愿意改变过去的生活习惯,参与到各项有益于精神健康、提高自身素质、丰富文化生活的活动中去。

老年人的精神生活质量是衡量老年人生活质量的一个重要方面。对老年人的精神生活质量的评价从文化程度、业余爱好、参加社会活动这三个方面来进行。

根据表5—4,在各单项指标权重确定的基础上,通过加权平均即可获得我国老年人口精神生活质量指数。

精神生活质量水平的计算公式:

$$JSQ = 0.3WH + 0.3AH + 0.4HD \qquad (5.5)$$

其中:WH、AH、HD分别代表文化水平、业余爱好广泛度和社会交往水平。

下面分别对影响精神生活质量的各单项指标进行构造及解释。

第一,文化水平

①指标解释

文化水平是老年人文化程度总体水平的度量。

②计算公式

$$WH = 20a_1 + 40a_2 + 60a_3 + 80a_4 + 100a_5$$

公式中：WH 表示老年人文化程度的总体水平，a_1、a_2、a_3、a_4、a_5 依次表示收回的有效问卷数中文盲、文化程度达到小学(含能顺利地阅读)、初中、高中、大学(含大学以上)的老年人占老年人总数的百分比，20、40、60、80、100 依次为上述人群对应的分值。文化程度越高则 WH 得分越高。

③评价

文化水平与精神生活质量有着正相关关系。一个不能读书看报的人，了解、接受人类文化成果的深度和广度必然大打折扣。随着文化水平的提高，了解、接受、欣赏人类文化成果范围扩大，程度更深，精神生活就会更丰富，精神生活的质量也会更高。老年人对精神生活的需求与文化程度有密切关系。

④数据来源

从人口普查统计资料中整理或通过入户抽样调查，其样本数不得低于当地老年人口数的 1%。

第二，业余爱好广泛度

①指标解释

业余爱好广泛度指标反映的是一定范围内老年人总体业余爱好的广泛程度。

②计算方法

$$AH = 20a_1 + 40a_2 + 60a_3 + 80a_4 + 100a_5$$

公式中：AH 为业余爱好指标值，a_1、a_2、a_3、a_4、a_5 依次表示收回的有效问卷数中有 0 项、1 项、2 项、3 项、4 项(或 4 项以上)业余爱好的老年人占老年人总数的百分比，20、40、60、80、100 依次为上述人群对应的分值，业余爱好越广泛则得分越高。

③评价

业余爱好的广泛度与精神生活质量有着正相关关系。业余爱好是指人们乐于从事的，不以获取经济利益为目的(或主要目的)，而是以调剂生活、愉悦身心为主要目的的活动。例如，读书看报、书法绘画、唱歌跳舞、体育健身、旅游、饲养宠物、园艺、手工、棋牌等。健康、高雅、广泛的业余爱好能提高老年人的生活情趣，丰富老年人的精神生活。这里侧重的是业余爱好的广泛程度。

④数据来源

入户抽样调查，其样本数不得低于当地老年人口数的1%。

第三，社会交往水平

①指标解释

社会交往水平反映的是老年人参加社会交往的频繁程度。

②计算公式

$$HD = 20a_1 + 40a_2 + 60a_3 + 80a_4 + 100a_5$$

公式中：HD 为社会交往参与指数，a_1、a_2、a_3、a_4、a_5 依次表示收回的有效问卷数中每月参加 0 次、1 次、2 次、3 次、4 次（或 4 次以上）社会交往的老年人占老年人总数的百分比，20、40、60、80、100 依次为上述人群对应的分值，参加社会活动的频率越高则得分越高。

③评价

社会交往包含参加各种机构、部门、团体以及老年人自发组织的政治、学术、公益、健身、娱乐、旅游、休闲等各类活动。老年人参加社会交往，可以学习知识，获取信息，交流感情，排遣孤寂情绪，融入社会生活，对提高老年人精神生活质量很有益。老年人所面对的精神生活危机，在某种程度上与老年人自己所持的人生态度有关。面对社会的变革、时代的进步和新观念的更替，老年人有时也需要"换换脑子"，在精神生活问题上"主动出击"。有道是：快乐由心而生，靠人不如靠己。社会交往水平这一指标从参加社会交往的频率角度反映老年人精神生活质量。

④数据来源

入户抽样调查，其样本数不得低于当地老年人口数的1%。

5.4.5 生活环境质量

生活环境良好，生活方便、舒适、安全，有利于老年人的身心健康。然而人们在享受现代生活的同时,也或多或少"享受"着污浊空气、肮脏水体、嘈杂声音以及各种有害物质的污染。优美的自然环境、和谐稳定的社会环境有利于老年人的身心健康。在这里生活环境是指仅凭老年人自己的能力较难改变的环境,主要有自然环境和社会环境两方面。自然环境可用空气质量、水质、绿化覆盖率三个较有代表性的因素来衡量。为了体现全社会对老年人生活质量的重视,使老年人老有所养、老有所医,社会环境可用社会对老年事业的投入、医疗保险覆盖水平和养老保障覆盖水平来评价。

根据表5—4,在各单项指标权重确定的基础上,通过加权平均即可获得我国老年人口生活环境质量指数。

生活环境质量水平的计算公式:

$$SH = 0.1KQ + 0.1SZ + 0.1LH + 0.3SP + 0.2YBS + 0.2LBS \quad (5.6)$$

其中:KQ、SZ、LH、SP、YBS、LBS分别代表空气质量水平、水质达标率、绿化水平、老年人事业投入水平、医疗保险覆盖水平和养老保障覆盖水平。

下面分别对影响生活环境质量的各单项指标进行构造及解释。

第一,空气质量水平

①指标解释

空气质量水平是反映空气质量好坏的一个指标。

②计算公式

$$KQ = \frac{100N_1 + 80N_2 + 60N_3 + 40N_4}{N}$$

公式中:KQ为空气质量水平;N_1、N_2、N_3、N_4分别为一年中空气质量Ⅰ级、Ⅱ级、Ⅲ$_1$级、Ⅲ$_2$级的天数;N为当年的天数,这里$N \geq N_1 + N_2 + N_3 + N_4$,空气质量达不到Ⅲ$_2$级时不再给分。(注:国家环境保护模范城市的标准是全年API指数<100的天数>全年天数的80%。)见表5—5。

表 5—5　空气质量等级表

空气污染指数（API）	空气质量等级	空气质量状况
1—50	Ⅰ级	优秀
51—100	Ⅱ级	良好
101—150	Ⅲ$_1$级	轻微污染
151—200	Ⅲ$_2$级	轻度污染
201—300	Ⅳ级	中度污染
大于 300	Ⅴ级	重度污染

包含若干城镇的某个区域的空气质量水平,可对这些城镇的空气质量水平 KQ_j 按它们所辖的人口 n_j 加权平均得到：

$$KQ = \frac{\sum KQ_j n_j}{\sum n_l}$$

③评价

空气质量与人的健康息息相关。空气质量为Ⅰ、Ⅱ级时,适宜人们居住,空气质量为Ⅲ级时一些病人和敏感的人就会出现一些不良反应,空气质量为Ⅵ、Ⅴ级时多数人会出现不良反应,不宜开窗或外出。空气质量水平是评判自然环境好坏的一个重要因素。

④数据来源

环境保护监测部门监测结果。

第二,水质达标率

①指标解释

水质达标率是饮用水水源地水质达标率与水域功能区水质达标率的综合反映。

②计算公式

$$YS = \frac{各饮用水水源地取水水质达标量之和（万吨）}{各饮用水水源地取水量之和（万吨）} \times 100\%$$

$$SZ = 80(YS)^2 + 20(GN)^2$$

公式中：YS 表示饮用水水源地水质达标率,是指从饮用水水源地中取得的水中,其地表水水源水质达到《地表水环境质量标准 GB3838—2002》Ⅲ类标准和地下水水源水质达到《地下水质量标准 GB/T14848—1993》Ⅲ类标准的水量占取水总量的百分比。GN 表示水域功能区水质达标率,是指地表水认证断面和近岸海域认证点位监测结果按相应水体功能标准衡量,不同功能区水域水质达标率的平均值。公式中的 YS 和 GN 都取了平方是为了提高两个达标率的敏感度。例如,当达标率为 50% 时相应的得分率就只有 25%。

③评价

水质,特别是饮用水的水质与人们的健康有密切的联系。水污染会使癌症等严重危害人们健康的多种疾病的患病率明显提高。防治水污染、改善水质是环境保护的一个重要环节。水质达标率也是自然环境的一个重要指标。

④数据来源

城市建设、卫生防疫和环保监测等部门的监测统计资料。

注:国家环境保护模范城市的标准是集中式饮用水水源地水质达标率 ≥96%,城市水域功能区水质达标率为 100%,且市内无劣 V 类水体。

第三,绿化水平

①指标解释

绿化水平是绿化覆盖率的一个转换指标。

②计算公式

$$LH = \begin{cases} 250K & K < 0.4 \\ 100 & K \geq 0.4 \end{cases}$$

公式中:LH 表示绿化水平;K 表示建成区绿化覆盖率,是指在城市建成区的绿化覆盖面积占建成区面积的百分比。而绿化覆盖面积是指乔木、灌木、草坪等所有植被的垂直投影面积,乔木树冠下重叠的灌木和草本植物不能重复计算。LH 的最小值为 0,当绿化覆盖率 $K \geq 40\%$ 时,LH 达到最大值 100。(注:国家环境保护模范城市的标准是建成区绿化覆盖率 $K > 35\%$。)

③评价

绿化面积大,环境优美,可以给老年人提供良好的生活、休闲、娱乐、健身的场所。绿化水平的高低也是衡量自然环境好坏的一个有代表性的指标,在一定范围内绿化覆盖率越高则绿化水平越高。

④数据来源

城市建设、园林等部门。

第四,老年人事业投入水平

①指标解释

老年人事业投入水平用全社会用于老年人事业支出占 GDP 的比重来描述。

②计算公式

$$SP = \frac{SY}{SY_{max}} \times 100$$

$$SY = \frac{ZC}{GDP}$$

公式中:SP 为老年人事业投入水平;SY 为当地用于老年人事业支出占 GDP 的比重;SY_{max} 表示全国各省、自治区、直辖市的 SY 的最大值;ZC 为全年全社会用于老年人事业支出总额,应包括政府、老龄委、民政、卫生、街道及其他部门用于老年人事业(包含教育、卫生、事业机构、设施建设等各方面)的支出。

③评价

全社会用于老年人事业支出总额占 GDP 的比例就能反映政府和社会对老年人事业的重视程度,如果有历年的数字作比较,就能反映老年人事业的发展是否与社会经济的发展相协调。老年人事业投入水平是社会环境中很有意义的一个指标。

④数据来源

向各主管部门收集。

第五,医疗保险覆盖水平

①指标解释

医疗保险覆盖水平反映的是一个地区的医疗保险覆盖率在全国所处的地位。

②计算公式

$$YBS = \frac{YBL}{YBL_{max}} \times 100$$

$$YBL = \frac{参加医疗保险的老年人总数}{老年人总数}$$

公式中：YBS 表示医疗保险覆盖水平；YBL 表示当地医疗保险覆盖率；YBL_{max} 表示全国各省、自治区、直辖市的 YBL 的最大值。

③评价

老年人的总体健康水平明显低于其他年龄段的人群，老年人的医疗费明显高于其他人群。改善老年人的就医条件，提高医疗水平，提高医疗保障覆盖率，是改进老年人的生活环境条件的一个重要方面。

④数据来源

向当地医保中心、统计年鉴收集。

第六，养老保障覆盖水平

①指标解释

养老保障覆盖水平表明了一个地区的养老保障覆盖率在全国所处的地位。

②计算公式

$$LBS = \frac{LBL}{LBL_{max}} \times 100$$

$$LBL = \frac{领取固定退休金的老年人数 + 参加养老保险的老年人数}{老年人总数}$$

公式中：LBS 为养老保障覆盖水平，注意对于同时领取固定退休金的老年人和参加养老保险的老年人在人数统计中只取其一；LBL 表示当地养老保障覆盖率；LBL_{max} 表示全国各省、自治区、直辖市的 LBL 的最大值。

③评价

老年人的从业收入随着年龄增大逐渐减少，特别是高龄老年人几乎没有从业收入。靠子女、亲属或他人供养很不稳定。因此，社会养老保障机制的完善是老年人安度晚年、老有所养的重要条件。

④数据来源

向当地社保中心、统计年鉴收集。

5.5 本章小结

指标体系评价中的一个重要而又困难的问题是各指标权重的设置。在我国研究人口生活质量指标体系的研究中,一般采用的方法是等权重法与不等权重法。结合传统的理论分析方法,本课题认为在影响老年人口生活质量内容的五个方面中,各方面对老年人口生活质量的影响程度是不一样的,而且每个方面的指标对老年人口生活质量的影响程度也是不一样的。因此,课题组在进行了选点实际调研与问卷调查的基础上,结合相关专家的意见及建议,利用层次分析方法确定了各指标权重。在第四章指标体系框架构建的基础上,建立并构造了较为科学合理的综合指标指数,为指标体系的评价提供了前提与理论基础。

第六章 老年人口生活质量指标体系的实证检验

依据新制度经济学的分析框架,影响老年人口生活质量的因素变迁及生活质量的不断提升,必然表现为反映老年人口现实生活质量的数量特征。对这种数量关系加以实证,判断其状况,既是对中国老年人口生活质量发展变化与制度变迁及其相互关系绩效的检验,更是提升中国老年人口生活质量的重要依据。一方面可通过实证检验来评价体系的可行性和科学性,另一方面可通过数据分析来揭示我国老年人口的基本特征,判断其生活质量的层次、问题,并为政策建议的提出提供参考和依据。

按照本研究的定义,老年人口生活质量与各影响因素(五个方面)的协调发展,必须满足下列不同层次的要求。首先,各影响方面与老年人口生活质量之间必须存在相关关系;其次,它们之间的关系必须存在互动性;再次,它们之间的互动关系具有显著性,即在一定的"协调度"范围内,达到理性状态。根据这些标准,本章将运用现代计量经济学、统计学研究方法和分析软件,对目前及将来的老年人口生活质量与保障制度的关系进行实证研究。

6.1 调查对象及方法确定

本研究旨在反映我国老年人口生活质量的真实情况。相应的,所涉及的变量也应当包含第五章中所选择与界定的 23 个指标。

6.1.1 调查对象确定

为了验证指标体系的合理性,本课题采用问卷的方式,于 2005 年 1—3 月份对老年人口进行抽样调查。在昆明地区抽取了 3 个调查小区

(城市、城郊、农村)进行调查。

在城市,选取了老年人较为集中的三个地方:干休所、休闲公园、养老院。

在城郊,选取了位于城东和城西的两个城郊结合部村子(大部分村民已不种地,土地大都用于房地产或高新区开发,村民按人头以社办企业年终分红和做生意为生)。

在农村,选取了距离城市一百多公里的 3 个村庄,那里的村民主要以种植烤烟作为经济收入,低龄老人大都还在田地里劳动。

在调查对象确定的基础上,本课题所调查的内容以第五章中的 23 个指标为依据,包括 6 项一般人口学特征(年龄、性别、居住地、文化程度、身高、体重)和 5 类与老年人口生活质量相关的内容:健康状况、物质条件、家庭生活、精神文化生活和生活环境,各类生活质量内容又由若干相关指标构成。基于调查的便利性,对所设计的指标进行调整变形,大部分指标直接通过一个问题反应,小部分指标由相关两个或几个指标综合处理而得。

6.1.2 调查方法确定

由于入户访问是目前运用最为广泛的调查方法。它依赖于抽样技术,一般通过对每个样本区 400—800 个样本的访问,来推断某区域范围内整体的情况。要保证入户访问数据质量的关键在于以下几个方面:

第一,规范的抽样控制。如果要求根据调查数据对总体作推论,则抽取完全代表总体的样本是非常重要的。

第二,标准的问卷设计。入户访问时一般是由访问员独立外出访问,访问员对于问卷的理解不可能达到研究人员的水平,因此设计出一份好的问卷,能够帮助访问员尽可能收集到足够的有效数据。

第三,严格的实地访问控制与质量监控制度。包括陪访率、回访率、抽检率、复核率等。

第四,完善的访问员培训制度。随机入户访问是最困难的访问方式,对访问的各个方面都是一个严格的考验,包括敲门入户、回应拒访等。因此,入户访问员的基础培训、访问技巧培训、项目培训等都要求是最好的。

第五,经验丰富的督导团队。按上述五个方面的要求,本课题组以"老年人口生活质量问卷调查表"作为调查工具,采取分层、多阶段、整群抽样的方法,由统一培训的调查员以统一的调查表、统一的调查方式对所有调查对象进行入户问卷调查和体检。在调查过程中,尽量与老年人单独面谈,以获得真实可靠的信息,并提高某些敏感问题的应答率。

6.2 调查资料整理和有效性判断

6.2.1 有效问卷的选择和数据整理

由调查员进行入户访问,共调查了1580人,根据问卷的访问观察记录的填写信息,进行首次问卷有效性验证,对老年人精神状态不良又无他人代答的问卷进行剔除,然后根据问卷所有信息的填写完善度进行第二次筛选,最终获得有效问卷1468份,有效率为92.9%。其中有效问卷中城镇(含城市、城郊)798份,农村670份。

问卷所收集的数据输入微机后,以EXCEL表格形式进行存储。由于问卷所涉及指标的多样性和统计口径的差异性,直接使用原始数据进行分析势必影响分析结果的科学性和准确性,因此,首先对原始数据进行了无量纲处理,从而解决了各指标单位和衡量尺度不一致的症结。

由于用来拟合老年人口生活质量指数的各个单项指标的量纲不同,不具有横向的可比性,因此采用模糊隶属函数来构造每个指标对应的指数值,把各个指标转换成(0,1)区间上的无量纲实数,其中"1"表示该指标的最高值,"0"表示该指标的最低值。此外,通过无量纲换算将正负指标统一为一个方向变化。

为了对问卷调查表设计的科学性、合理性进行检验,本课题组以可行性、信度和效度作为评价标准。用"老年人口生活质量问卷调查表"的接受率、完成率和平均完成时间来评价调查表在我国老年人中应用的可行性;用分半信度和内部一致性来评价调查表的信度;用结构效度来评价调查表的效度。

6.2.2 可行性评价

可行性主要说明调查表在研究对象中的接受程度和调查表的质量。可行性一般用接受率、完成率和完成时间来评价。接受率是指被调查者对调查表的感兴趣程度；完成率是指调查表完成的比例，反映调查表是否易于理解及被调查者是否愿意、有无能力完成调查表。接受率和完成率原则上越高越好，实际操作中常要求在85%以上。完成时间不宜太长，一般要求控制在30分钟以内，否则被调查者将产生厌倦情绪而影响真实性。

"老年人口生活质量问卷调查表"的接受率为91.2%，有效率为92.9%，表明绝大多数老年人有兴趣接受调查，并且能圆满地完成调查，调查表的完成时间平均为(25 ± 4.7)分钟。

6.2.3 信度评价

信度是指调查表的稳定性和可靠性，它代表了反复测量结果的接近程度。信度分为四种：重复信度（test-rest reliability）、分半信度（split-half reliability）、内部信度（internal reliability）和观察者之间的信度（inter-rater reliability）。本课题组以分半信度和内部信度对调查表进行信度评价。

第一，分半信度

分半信度是指将调查表平均分为两半，分别测量结果的相关性。为了保证结果的真实性，要求应用适宜的分拆方法。由于题目被分为两半，常会造成信度偏低的现象。如果此类问题出现，需要再加以校正，较常用的校正方法有斯布（Spearman-Brown）、福乐兰根（Flanagan）、卢隆（Rulon）等校正公式。

用SPSS统计软件提供的信度分析功能，采用Pearson系数测量问卷的内在信度。将23个生活质量指标按奇偶数法分为两部分，奇数部分包括身体健康余量、营养水平、心理健康水平、生活消费水平、电视普及水平、在婚水平、居住方式满意度、文化水平、社会交往水平、水质达标率、老年人事业投入水平、养老保障覆盖水平；偶数部分包括期预寿命水平、生活自理能力、收入水平、居住水平、电话普及水平、婚姻满意度、子女孝敬满意度、业余爱好广泛度、空气质量水平、绿化水平、医疗保险覆盖水平。两个部分分别汇总得分,将两个得分进行双变量相关分析,计算 Pearson 相关系数。Pearson 相关系数＝0.781,P＜0.001,表明调查表具有较好的分半信度。由此可以认为,该调查表具有较好的可信度,依此调查得到的数据是可信的,对调查表进行的数据分析也是比较可靠的。

第二,内部一致性

表 6—1 23 项生活质量指标的 Cronbach'a 系数

统计量	Mean	Std. Deviation	N	Cronbach'a 系数
身体健康余量	0.541	0.256	1 468	0.772
预期寿命水平	0.544	0.255	1 468	0.774
营养水平	0.550	0.251	1 468	0.775
生活自理能力	0.555	0.252	1 468	0.772
心理健康水平	0.591	0.190	1 468	0.787
收入水平	0.569	0.193	1 468	0.786
生活消费水平	0.556	0.189	1 468	0.789
居住水平	0.562	0.198	1 468	0.786
电视普及水平	0.546	0.261	1 468	0.780
电话普及水平	0.504	0.243	1 468	0.780
在婚水平	0.542	0.258	1 468	0.779
婚姻满意度	0.534	0.249	1 468	0.779
居住方式满意度	0.626	0.248	1 468	0.796
子女孝敬满意度	0.664	0.207	1 468	0.790
文化水平	0.604	0.238	1 468	0.795
业余爱好广泛度	0.695	0.198	1 468	0.789
社会交往水平	0.608	0.236	1 468	0.784
空气质量水平	0.632	0.239	1 468	0.785
水质达标率	0.544	0.234	1 468	0.793
绿化水平	0.593	0.236	1 468	0.788
老年人事业投入水平	0.532	0.196	1 468	0.775
医疗保险覆盖水平	0.505	0.287	1 468	0.763
养老保障覆盖水平	0.603	0.201	1 468	0.771

内部信度也叫内部一致性(internal consistency),用于评价调查表内所有条目之间的相关程度。内部一致性通常用Cronbach'a系数表示,一般要求调查表的内部一致性大于0.6。

用Cronbach'a系数来表示调查表的内部一致性,整个调查表和23项生活质量指标各自的a系数均>0.75,见表6—1,说明调查表的内部一致性较好。

6.2.4 效度评价

效度评价是衡量综合评价体系是否能够准确反映评价目的和要求的一种分析方法。进行效度分析是对问卷的准确性,即有效性进行研究,检验问卷是否能够既简洁又准确地描述抽样数据的属性和特征以及它们之间的复杂关系。

效度分为四类:表面效度(face validity)、内容效度(content validity)、结构效度(construct validity)和实证效度(criterion-related validity)。

表面效度也叫含义效度,是指条目表达的意思是否为真正要测定的内容,是一个专家评阅的主观指标。有时直接提问不能获得真实的回答,故要牺牲表面效度以换取其他效度。

内容效度是指组成调查表的条目是否包括了所要测量的内容的各个方面、各个领域。与表面效度一样,内容效度也是一个主观指标。

结构效度是指根据理论推测的"结构"与具体行为和现象间的关系,判断测量该"结构"的问卷能否反映此种联系,常用因子分析评价调查表的结构效度。一般而言,如调查表的公因子能解释50%以上的变量,而且每个条目在相应的因子上有足够强度的负荷($\geqslant 0.4$),则认为该调查表具有良好的结构效度。

实证效度也叫准则效度、效标效度或标准效度,是指调查表的测量结果与标准测量(即"金标准"或"效标")间的一致程度。实证效度又分为3类:预测效度(predictive validity)、平行效度(concurrent validity)和回测效度(postdictive validity)。预测效度也叫区分效度或判别效度,是指调查表的测量结果与未来结局比较的相关程度;平行效度,也叫现时效度,是指同时在研究人群中用调查表和"金标准"进行测量所获得的结果的相关程度;分析实证效度常用相关分析,如果是连续性变量,计算 Pearson 相关系数,如果是分类变量则计算 Kendall 相关系数。相关系数越大表示调查表的准则效度越好,一般认为相关系数在 0.4—0.8 之间比较理想。

本课题组以结构效度对调查表进行效度评价。通过应用因子分析方法对问卷的结构进行拟合检验,并根据结果对问卷的有效性程度作出了具体评价。

对 23 项生活质量指标的评分进行因子分析,产生 5 个公共因子,它

表 6—2　23 项生活质量指标的因子载荷

统计量	公因子				
	1	2	3	4	5
身体健康余量	0.756	0.393	0.148	−0.377	−0.212
预期寿命水平	0.748	0.391	0.173	−0.378	−0.227
营养水平	0.744	0.379	0.134	−0.397	−0.223
生活自理能力	0.711	0.407	0.151	−0.363	−0.217
心理健康水平	0.732	0.398	0.227	0.092	0.113
收入水平	0.569	−0.728	0.226	0.079	0.069
生活消费水平	0.567	−0.722	0.212	0.111	0.071
居住水平	0.558	−0.672	0.192	0.069	0.139
电视普及水平	0.410	−0.755	0.232	0.195	0.138
电话普及水平	0.432	−0.732	0.196	0.167	0.105
在婚水平	0.417	0.042	−0.768	0.110	0.110
婚姻满意度	0.344	0.022	−0.763	0.137	0.173
居住方式满意度	0.213	0.286	−0.794	0.137	−0.174
子女孝敬满意度	0.283	0.291	−0.792	0.091	−0.138
文化水平	0.291	0.315	−0.782	0.146	−0.126
业余爱好广泛度	0.158	0.262	0.211	0.666	−0.180
社会交往水平	0.136	0.310	0.221	0.791	−0.117
空气质量水平	0.161	0.344	0.219	0.724	−0.106
水质达标率	0.100	0.231	0.186	0.683	−0.173
绿化水平	0.104	0.198	0.207	−0.001	0.633
老年人事业投入水平	0.147	0.252	0.201	−0.027	0.795
医疗保险覆盖水平	0.156	0.312	0.191	−0.001	0.764
养老保障覆盖水平	0.178	0.332	0.212	−0.006	0.648

们共能解释总体方差的 80.184%,而且各项目在相应因子上的因子载荷均≥0.6,说明问卷的结构设计是合理有效的,此次调查数据能够较好地反映其调查目的和要求,基于问卷的统计分析也是准确的、可靠的,见表 6—2。

根据以上分析,可以认为"老年人口生活质量问卷调查表"具有较好的信度和效度,根据该问卷所作的数据处理和数据分析具有科学性和可信性,其评价结果是可信的、有效的。

6.3 回归方程检验

统计指标的检验有很多方法,可以使用回归和相关性分析这两种方法来检验。一般在描述变量之间的关系时,通常有两种:确定性关系与相关关系。

变量间的相关关系是非确定性的,但是也有它自己的规律。一次观测是无法确定的,但是通过大量的实验和观测就可以发现其中的规律,即统计相关性。这就决定了在研究这种规律的时候必须使用统计方法。

回归分析(Regression Analysis)和相关分析(Correlation Analysis)就是研究变量间相关关系的重要统计方法。它们都是从可观测的大量实验数据出发并且通过不断地按照其规则进行推导,最终获得变量间的关系。回归分析主要是研究随机变量和确定性变量间的统计关系。相关性分析则是研究随机变量和随机变量之间的相关关系。

在本次统计指标设计检验过程中主要使用多元回归分析法。

一般多元回归的模型为:

$$y_i = a + b_1 x_{1i} + b_2 x_{2i} + \cdots + b_n x_{ni} + \varepsilon_i$$

其中 y_i 是回归方程中的因变量;x_{ni} 是自变量;a 和 b_n 是回归系数;ε_i 是随机误差。

应用多元回归模型必须满足以下假设:

①X_i 可以是任意确定的变量,也可以是有意选择的变量。它作为自变量来解释因变量 Y 的变动原因,因此也称做解释变量。

②对于每一个 i，ε_i 都是独立的正态分布，其期望值为 0，方差为 σ^2。

③每个因素之间是相互独立的。

④因变量和自变量之间的关系是线性关系。

检验回归方程是否成功可以从以下五个方面检验：

第一，相关程度（系数）检验。通过计算出来的复相关系数 R 的值与相关系数检验表中给定的 R_a（当 $\alpha=0.01$ 或 $\alpha=0.05$ 时）临界值相比较，如果 $|R| \geqslant R_a$ 则 X 与 Y 之间是线性关系，有实用价值。同时还可以判断所有自变量的整体与因变量的密切程度如何，即 R 的取值范围：$0 \leqslant R \leqslant 1$。$R$ 越趋近 1 则说明 Y 与 X 的线性相关性就越密切。反之，则不密切。R^2 是判定系数，是指因变量的总变差中可以被自变量解释部分的比例，即可解释因素的影响程度，它也用来说明因变量的变化有多少可通过自变量得到解释。它是衡量拟合模型优劣的重要分析指标，R^2 值越大，说明回归模型拟合得愈优。

第二，F 检验是相关性检验的重要方法，如果 F 检验是显著的，则回归方程是不充分的；反之，如果 F 检验是不显著的，则没有足够的证明表明线性回归模型是不适当的。

第三，偏回归系数的显著性检验可以作为是否每一个自变量对因变量都是重要的标准参考，它常常使用 t 统计量。

第四，共线性诊断：方差膨胀因子（VIF）和指标容许度（TOLERANCE）。

第五，做残差散点图可以从图形上判断建立的模型是否违背了线性假设。

为了验证指标体系的合理性，本课题采取了设计问卷的方式，对昆明市城乡老年人的生活状况进行了入户抽样调查。下面将对样本数据进行回归分析及检验，顺序安排是：首先对五个一级指标进行分析，然后分析综合指数。在回归分析中我们所运用的计量软件是 EVIEWS。

6.3.1 一级指标回归分析

第一，健康生活质量

在本课题所建立的指标体系中，根据公式（5.2），健康生活质量模

型为:

$$B_1 = \mathrm{HLQ} = \sum_{j=1}^{5} c_{1j}C_{1j} = c_{11}\mathrm{PH} + c_{12}\mathrm{EY} + c_{13}\mathrm{PI} + c_{14}\mathrm{DSC} + c_{15}\mathrm{PSYH}$$

其中,HLQ——健康生活质量;PH——身体健康余量;BY——预期寿命水平;PI——营养水平;DSC——生活自理水平;PSYH——心理健康水平。

运用计量软件对城市和农村的样本分别进行回归得到结果,见表6—3、表6—4。

表6—3 昆明市城市老年人健康生活质量回归及结果检验

Dependent Variable: HLQ
Method: Least Squares
Date: 08/04/05 Time: 11:58
Sample: 1 129
Included observations: 129

Variable	Coefficient	Std.Error	t-Statistic	Prob.
DSC	0.225263	0.019757	11.40168	0.0000
EY	0.096512	0.018544	5.204462	0.0000
PH	0.279005	0.021182	13.17203	0.0000
PI	0.154346	0.025699	6.005938	0.0000
PSYH	0.214015	0.019839	10.78762	0.0000
R-squared	0.824706	Mean dependent var		68.52713
Adjusted R-squared	0.819052	S.D.dependent var		10.61402
S.E. of regression	4.514997	Akaike info criterion		5.890675
Sum squared resid	2527.764	Schwarz criterion		6.001520
Log likelihood	-374.9485	Durbin-Watson stat		2.227380

表6—4 昆明市农村老年人口健康生活质量回归及检验

Dependent Variable: HLQ
Method: Least Squares
Date: 08/04/05 Time: 12:35
Sample: 1 31
Included observations: 31

Variable	Coefficient	Std.Error	t-Statistic	Prob.
DSC	0.145420	0.039674	3.665345	0.0011
EY	0.082375	0.042340	1.945557	0.0626
PH	0.329455	0.049410	6.667840	0.0000
PI	0.253924	0.066781	3.802354	0.0008
PSYH	0.156511	0.044689	3.502266	0.0017
R-squared	0.749840	Mean dependent var		69.67742
Adjusted R-squared	0.711354	S.D. dependent var		10.16001
S.E. of regression	5.458543	Akaike info criterion		6.378931
Sum squared resid	774.6879	Schwarz criterion		6.610219
Log likelihood	-93.87483	Durbin-Watson stat		1.995263

根据表6—3结果,可以得到昆明市城市老年人口健康生活质量的回归方程为:

$$HLQ_{city}=0.28PH+0.10EY+0.15PI+0.23DSC+0.21PSYH \quad (6.1)$$

根据表6—4结果,可以得到该地区农村老年人口健康生活质量的回归方程为:

$$HLQ_{country}=0.33PH+0.08EY+0.25PI+0.15DSC+0.16PSYH \quad (6.2)$$

从回归结果来看,在t检验中,城市方程①(6.1)中的各类相关二级指标的t值都大于$t_{0.05(129)}\approx1.66$;农村方程(6.2)中的各类相关二级指标的t值都大于$t_{0.05(31)}\approx1.69$,这都表示通过t检验。在拟合程度上,城市方程的R值达到82.47%,拟合程度较好;农村方程的R值为74.98%,相比城市方程拟合程度稍次,这与样本数量②有关,但总的来说,还是能达到基本拟合。就各指标的影响力来说,在城市方程中,身体健康余量水平、生活自理水平和心理健康水平的权重相对较高,而营养水平和预期寿命水平的权重相对较低;在农村方程中,身体健康余量水平和营养水平的权重相对较高,生活自理水平和心理健康水平的权重次高,预期寿命水平的权重最低。

将以上二者进行比较,可以发现:提高城市老年人口的身体健康水平和心理健康水平,增强其生活自理能力对提高其健康生活质量尤为重要,而提高农村老年人口健康水平的工作重点应偏重于提高其身体健康和营养水平。寿命的长短具有不可预期和不可控制性。在调查中课题组发现,无论是城市还是农村的老年人对预期寿命的关注程度都不是很大,所以预期寿命水平在两个回归方程中所占权重均很小;相对于预期寿命,身体健康余量则是城乡老年人口共同关心的重要问题,他们普遍认为身体健康应该是长寿的前提,没有身体健康的长寿不是他

---

① 这里所指的"城市方程"是昆明市城市老年人口生活质量一级指标回归方程的简称,与"农村方程"相对应。以下均沿用该简称。

② 一方面,采集农村数据相对比较困难,另一方面,由于客观条件限制,农村调查对象的文化水平普遍不及城市,因此可用样本的比例也低于城市。这是造成回归拟合度不高的直接原因。

们追求的目标;为了更好地体现这一变量的作用,课题组认为医疗保险制度在其间的作用是十分明显的,因为它不仅对老年人口的身体维护,而且对身体的预防与保健都起到了十分重要的作用。由于城市经济的发展和物质生活水平的提高,城市老年人的营养需求已经基本得到满足,营养问题已不是这类人群最关心的问题,所以营养水平退至次等重要的位置;然而因经济条件等因素的限制,我国许多地区至今还未能完全满足农村老年人口的营养需求,所以农村老年人口对营养的要求还很强烈,营养水平对其健康生活的影响还很大。城市老年人口在生理健康方面的需求得到满足后,对心理健康的关注明显提高,回归结果表明,在提高城市老年人的健康生活质量的过程中,要特别重视其心理健康水平的提高,这是与农村老年人的一个显著差异;同样,生活自理能力对城乡老年人的影响都较为明显,尤其是对城市老年人口;其原因有两点:一方面是目前我国城市老年人的养老方式与农村老年人有较大差异,不再是单一的靠子女抚养的传统方式,相应的,他们会希望自己能有较强的自理能力,另一方面是因为城市老年人的观念发生了巨大改变,随着他们对心理健康关注的增加,能否实现生理上的自理,直接关系到其自尊、自信、自强的心理需求,所以比起农村老年人,他们对生活自理的需要更为强烈。

第二,物质生活质量

根据第五章中的公式(5.3),物质生活质量模型为:

$$B_2 = MLQ = \sum_{j=1}^{5} c_{2j} C_{2j} = c_{21} \text{AREA} + c_{22} L + c_{23} \text{NEGR} + c_{24} \text{TV} + c_{25} \text{TEL}$$

其中,MLQ——物质生活质量;AREA——居住水平;L——收入水平;NEGR——生活消费水平;TV——电视普及水平;TEL——电话普及水平。

运用 EVIEWS 计量软件对城市和农村的样本分别进行回归得到以下结果,见表 6—5、表 6—6。

表 6—5　昆明市城市老年人物质生活质量回归及结果检验

Dependent Variable: MLQ
Method: Least Squares
Date: 08/04/05　Time: 12:03
Sample: 1 129
Included observations: 129

Variable	Coefficient	Std.Error	t-Statistic	Prob.
AREA	0.223853	0.031596	7.084890	0.0000
L	0.481051	0.021551	22.32187	0.0000
NEGR	0.337789	0.026599	12.69946	0.0000

R-squared	0.848422	Mean dependent var	67.75194
Adjusted R-squared	0.846016	S.D. dependent var	10.98581
S.E. of regression	4.310924	Akaike info criterion	5.783163
Sum squared resid	2341.592	Schwarz criterion	5.849670
Log likelihood	−370.0140	Durbin-Watson stat	0.958762

在最初回归样本数据的过程中我们发现,由于城市老年人普遍拥有电视机和电话,对一级指标的影响不显著,t 值小于 $t_{0.05(31)} \approx 1.69$,不能通过 t 检验,所以我们将这两个因素剔除后再进行回归,表 6—5 即回归的结果。

表 6—6　昆明市农村老年人物质生活质量回归及结果检验

Dependent Variable: MLQ
Method: Least Squares
Date: 08/04/05　Time: 12:29
Sample: 1 31
Included observations: 31

Variable	Coefficient	Std. Error	t-Statistic	Prob.
AREA	0.146443	0.012706	11.52527	0.0000
L	0.273689	0.045195	6.055736	0.0000
NEGR	0.120829	0.049733	2.429538	0.0220
C	21.32658	3.672560	5.807007	0.0000

R-squared	0.853950	Mean dependent var	62.58065
Adjusted R-squared	0.837723	S.D. dependent var	12.10172
S.E. of regression	4.875017	Akaike info criterion	6.126038
Sum squared resid	641.6763	Schwarz criterion	6.311069
Log likelihood	−90.95360	F-statistic	52.62287
Durbin-Watson stat	2.468846	Prob(F-statistic)	0.000000

首先,由于被调查地区农村电视和电话普及率普遍很低,与城市部分的回归情况类似,这两个指标同样不能通过 t 检验,所以我们剔除;另一方面,对剩下的指标再次回归的过程中我们发现,基于数据采集中的各方面客观因素,R 值低于 70%,拟合程度较低,需对模型进行修正,引入了一个常量 α_0,表示现有的二级指标不能解释部分的得分。新的模型方程为:

$$JSQ_{country} = \alpha_0 + c_{41}AH + c_{42}HD + c_{43}WH$$

根据表 6—5 结果,可以得到昆明市城市老年人口物质生活质量的回归方程为:

$$MLQ_{city} = 0.22AREA + 0.48L + 0.34NEGR \qquad (6.3)$$

根据表 6—6 结果,可以得到该地区农村老年人口物质生活质量的回归方程为:

$$MLQ_{country} = 21.33 + 0.15AREA + 0.27L + 0.12NEGR \quad (6.4)$$

从回归结果来看,在 t 检验中,城市方程中的各类相关二级指标的 t 值都大于 $t_{0.05(129)} \approx 1.66$;农村方程中的各类相关二级指标的 t 值都大于 $t_{0.05(31)} \approx 1.69$,均能通过 t 检验。在拟合程度上,修正后的城市方程和农村方程的 R 值均达到 80% 以上,拟合程度较好。就各指标的影响力来说,在城市方程中,收入的权重最高,生活消费水平的权重次之,居住水平的权重最低;在农村方程中,收入水平的权重也最高,生活消费水平和居住水平的权重相当,都次于收入水平。

对城市和农村老年人口物质生活质量回归方程进行比较发现:无论是城市还是农村,收入对老年人口的物质生活影响都是最大的。要改善老年人口的物质生活质量首先就要提高他们的收入水平。无论城市与农村,由于老年人口退休后的收入偏低,养老保险基金作为老年人口的主要收入来源,在以后的经济生活中将会发挥越来越重要的作用。通过调查可以看出,收入对老年人的影响程度,其城市较之于农村要大得多,这与城市老年人口的养老保障制度是有相关性的。另外,城市生活消费水平较高,对老年人口物质生活质量影响较大,而农村生活消费水平的偏低使其对老年人口的影响明显不如城市,这与我国农民半自给自足的生活方式有关;而居住水平在农村和城市老年人的物质生活中的影响力都不是很显著,这与指标设置有关,为简化起见,我们用居住面积来衡量居住水平,但这两者之间没有必然的正相关性,居住面积大不一定就能代表居住水平高,因此居住水平在回归中表现出影响力不显著的特征,这是指标体系需要进一步完善的地方。

第三,家庭生活质量

根据第五章中的公式(5.4),家庭生活质量模型为:

$$B_3 = \text{FLQ} = \sum_{j=1}^{5} c_{3j} C_{3j} = c_{31}\text{IMYD} + c_{32}\text{LMYD} + c_{33}\text{MMYD} + c_{34}\text{MQ}$$

其中,IMYD——子女孝敬满意度;LMYD——居住方式满意度;MMYD——婚姻满意度;MQ——在婚水平。

运用计量软件对城市和农村的样本分别进行回归得到以下结果,见表6—7、表6—8。

表6—7 昆明市城市老年人家庭生活质量回归及结果检验

Dependent Variable: FLQ
Method: Least Squares
Date: 08/04/05   Time: 11:51
Sample: 1 129
Included observations: 129

Variable	Coefficient	Std.Error	t-Statistic	Prob.
IMYD	0.238990	0.035122	6.804641	0.0000
LMYD	0.170376	0.024401	6.982356	0.0000
MMYD	0.320515	0.023848	13.43971	0.0000
MQ	0.222282	0.015461	14.37721	0.0000
R-squared	0.866566	Mean dependent var		70.46512
Adjusted R-squared	0.863364	S.D. dependent var		13.04203
S.E. of regression	4.820899	Akaike info criterion		6.014315
Sum squared resid	2905.134	Schwarz criterion		6.102991
Log likelihood	-383.9233	Durbin-Watson stat		2.227033

表6—8 昆明市农村老年人家庭生活质量回归及结果检验

Dependent Variable: FLQ
Method: Least Squares
Date: 08/04/05   Time: 12:24
Sample:1 31
Included observations: 31

Variable	Coefficient	Std.Error	t-Statistic	Prob.
IMYD	0.291278	0.090356	3.223686	0.0033
LMYD	0.384823	0.126331	3.046143	0.0051
MMYD	0.192427	0.087805	2.191511	0.0372
MQ	0.105675	0.031028	3.405819	0.0021
R-squared	0.823947	Mean dependent var		72.25806
Adjusted R-squared	0.804385	S.D. dependent var		8.835413
S.E. of regression	3.907758	Akaike info criterion		5.683719
Sum squared resid	412.3055	Schwarz criterion		5.868750
Log likelihood	-84.09764	Durbin-Watson stat		2.416267

根据表 6—7 结果,可以得到昆明市城市老年人口家庭生活质量的回归方程为:

$$FLQ_{city} = 0.24IMYD + 0.17LMYD + 0.32MMYD + 0.22MQ \quad (6.5)$$

根据表 6—8 结果,可以得到该地区农村老年人口家庭生活质量的回归方程为:

$$FLQ_{country} = 0.29IMYD + 0.38LMYD + 0.19MMYD + 0.11MQ \quad (6.6)$$

从回归结果来看,在 t 检验中,城市方程中的各类相关二级指标的 t 值都大于 $t_{0.05(129)} \approx 1.66$;农村方程中的各类相关二级指标的 t 值都大于 $t_{0.05(31)} \approx 1.69$,均能通过 t 检验。在拟合程度上,城市方程和农村方程的 R 值均达到 80% 以上,拟合程度较好。就各项指标的影响力来说,在城市方程中,婚姻满意度的权重最高,在婚水平和子女孝敬满意度的权重次之,居住方式满意度的权重最低;在农村方程中,居住方式满意度的权重最高,子女孝敬满意度的权重次之,婚姻满意度和在婚水平权重最低。

对城市和农村老年人口家庭生活质量回归方程进行比较发现:由于养老方式和思想观念的差异,城市老年人更加注重婚姻和配偶对老年生活的影响,而子女的孝敬对老年人口家庭生活质量的作用退居其次,他们普遍倾向于夫妻模式的养老方式,因此婚姻满意度和在婚水平两个指标对城市老年人口的家庭生活质量的影响力比较大;而农村依靠子女的传统养老方式依旧占主流地位,所以子女孝敬对农村老年人的家庭生活质量的影响力大于城市;居住方式满意度在农村老年人家庭生活质量中影响力较大的一个直接原因是目前我国农村老年人的居住条件还比较差,所以农村老年人对改善居住条件的需求比较迫切,另外,受中国传统小农经济思想的影响,中国农民对居住地和土地的依赖性比较强,也是居住方式在其家庭生活质量中占重要地位的一个重要因素。

第四,精神生活质量

根据第五章的公式(5.5),精神生活质量模型为:

$$B_4 = \mathrm{JSQ} = \sum_{j=1}^{5} c_{4j} C_{4j} = c_{41} \mathrm{AH} + c_{42} \mathrm{HD} + c_{43} \mathrm{WH}$$

其中，AH——业余爱好广泛度；HD——社会交往水平；WH——文化水平。

运用 EVIEWS 统计软件对城市和农村的样本分别进行回归得到以下结果，见表6—9、表6—10。

表6—9　昆明市城市老年人精神生活质量回归及结果检验

Dependent Variable: JSQ
Method: Least Squares
Date: 08/04/05　Time: 11:35
Sample: 1 129
Included observations: 129

Variable	Coefficient	Std.Error	t-Statistic	Prob.
AH	0.310205	0.016006	19.38018	0.0000
HD	0.386791	0.019386	19.95237	0.0000
WH	0.329164	0.014141	23.27663	0.0000
R-squared	0.832979	Mean dependent var		67.90698
Adjusted R-squared	0.830328	S.D. dependent var		12.29039
S.E. of regression	5.062566	Akaike info criterion		6.104605
Sum squared resid	3229.326	Schwarz criterion		6.171112
Log likelihood	−390.7470	Durbin-Watson stat		1.965894

表6—10　昆明市农村老年人精神生活质量回归及结果检验

Dependent Variable: JSQ
Method: Least Squares
Date: 08/04/05　Time: 12:17
Sample: 1 31
Included observations: 31

Variable	Coefficient	Std.Error	t-Statistic	Prob.
AH	0.194308	0.075929	2.559061	0.0164
HD	0.314486	0.056217	5.594151	0.0000
WH	0.272847	0.052848	5.162903	0.0000
C	32.58261	2.679687	12.15911	0.0000
R-squared	0.864613	Mean dependent var		62.58065
Adjusted R-squared	0.849570	S.D. dependent var		12.10172
S.E. of regression	4.693696	Akaike info criterion		6.050232
Sum squared resid	594.8312	Schwarz criterion		6.235263
Log likelihood	−89.77860	F-statistic		57.47589
Durbin-Watson stat	1.656646	Prob(F-statistic)		0.000000

基于数据采集中的各方面客观因素，按照原模型对农村老年人精神生活质量样本数据进行回归，R 值低于70%，拟合程度较低，我们对模型进行了修正，引入了一个常量 β_0，表示三个二级指标不能解释部分的得分。新的模型方程为：

$$\text{JSQ}_{country} = \beta_0 + c_{41}\text{AH} + c_{42}\text{HD} + c_{43}\text{WH}$$

根据表 6—9 结果,可以得到昆明市城市老年人口精神生活质量的回归方程为:

$$\text{JSQ}_{city} = 0.31\text{AH} + 0.39\text{HD} + 0.33\text{WH} \qquad (6.7)$$

根据表 6—10 结果,可以得到该地区农村老年人口精神生活质量的回归方程为:

$$\text{JSQ}_{country} = 32.58 + 0.19\text{AH} + 0.31\text{HD} + 0.27\text{WH} \qquad (6.8)$$

从回归结果来看,在 t 检验中,城市方程中的各类相关二级指标的 t 值都大于 $t_{0.05(129)} \approx 1.66$;经过修正以后的农村方程中的各类相关二级指标的 t 值都大于 $t_{0.05(31)} \approx 1.69$,均能通过 t 检验。在拟合程度上,城市方程和修正后的农村方程的 R 值均达到 80% 以上,拟合程度较好。就各指标的影响力来说,在城市方程中,业余爱好广泛度、社会交往水平和文化水平这三个指标的权重比较均衡,社会交往水平的权重比其他两项稍高一些;在农村方程中,我们将这三个指标不能解释的部分设为一个常量,在此基础上,社会交往水平的权重最高,文化水平次之,爱好广泛度的权重最低。

通过城市和农村老年人口精神生活质量回归方程的比较,得出以下结论:城市老年人对关系精神生活的各个层面有较为均衡的重视程度,要提高其精神生活质量,必须从全面提高其精神生活的各个方面着手,其中社会交往能力相对爱好和文化在其精神生活中占有更重要的地位;与城市老年人相同,社会交往能力对农村老年人精神生活的影响最为显著,随着社会的进步和科学文化的发展,农村老年人越来越崇尚文化,提高其文化水平也是改善其精神生活质量的一个重要手段,但是,由于我国农村还普遍比较落后,基础设施匮乏等客观条件的限制使农村老年人的业余爱好十分有限[1],他们无法接触更多的新事物并培养其爱好,所以爱好在其精神生活中的影响力最小。

第五,生活环境质量

---

[1] 在调查中,我们发现农村老人的爱好比较单一,仅局限于看电视和打麻将。

第六章 老年人口生活质量指标体系的实证检验

在实证分析中,由于生活环境质量各个二级指标较为客观,如果用抽样调查的方式来提取数据,可能会产生较大的偏误,所以我们借鉴了国家环保总局等部门对各项指标的分类和界定,见表6—11来评价所调查地区的生活环境质量。

根据第五章(5.6)公式,生活环境质量水平计算公式为:

$$SH = 0.1KQ + 0.1SZ + 0.1LH + 0.3SY + 0.2YBS + 0.2LBS \quad (6.9)$$

其中,KQ——空气质量水平;SZ——水质达标率;LH——绿化水平;SY——老年人事业投入水平;YBS——医疗保险覆盖水平;LBS——养老保险覆盖水平。

表6—11 老年人生活环境质量评价参考

等级 项目	优	良	中	合格	差
空气质量	1	2	3	4	5
绿化水平	LH>40%	40%>LH>30%	30%>LH>20%	20%>LH>10%	LH<10%
水质达标率	一类	二类	三类	四类	五类
老年事业投入	8%	7%	6%	5%	4%
养老保障覆盖率	80%	70%	60%	50%	<50%
医疗保险覆盖率	80%	70%	60%	50%	<50%
评分	90	80	70	60	50

数据来源:国家环境保护监测部门监测结果、国家城市建设、园林等部门公开发布数据、当地医疗保障中心、统计年鉴收集数据。

根据表6—11和抽样地区的实际情况,课题对昆明市城市和农村老年人的生活环境质量的评分结果如下:

昆明城市:空气质量——2,绿化水平——31.8%,水质达标率——三类,老年事业投入——6%,养老保障覆盖率——80%,医疗保险覆盖率——80%,环境质量总评——75.5。

昆明农村:空气质量——1,绿化水平——>40%,水质达标率——二类,老年事业投入——<4%,养老保障覆盖率——70%,医疗保险覆盖率——60%,环境质量总评——67。

通过以上分析发现,无论是城市或农村,空气质量的好坏、绿化水平的高低、水质达标率的多少等自然环境指标都是具有公共产品的性质,而作为社会环境的具有准公共产品性质的养老保险制度、医疗保险制度、公共环境管理制度等,它们的数量与质量的好坏无不与国家的政策制度有关。

6.3.2 综合指标回归分析

根据第五章公式(5.1),老年人口生活质量综合指数模型为:

$$QOL = b_1 HLQ + b_2 MLQ + b_3 FLQ + b_4 JSQ + b_5 ESQ$$

首先,运用 EVIEWS 对各一级指标和综合指标之间的关系绘制散点图,然后,对样本进行回归,结果如表 6—12 所示:

表 6—12 昆明市老年人生活质量综合指数回归及结果检验

Dependent Variable: QOL
Method: Least Squares
Date: 08/04/05   Time: 13:20
Sample: 1 160
Included observations: 160

Variable	Coefficient	Std.Error	t-Statistic	Prob.
ESQ	0.142506	0.026887	5.300150	0.0000
FLQ	0.199503	0.017613	11.32684	0.0000
HLQ	0.293541	0.020343	14.42941	0.0000
JSQ	0.128291	0.012995	9.872634	0.0000
MLQ	0.213676	0.025160	8.492522	0.0000

R-squared	0.864144	Mean dependent var	65.87500
Adjusted R-squared	0.860638	S.D. dependent var	7.038752
S.E. of regression	2.627650	Akaike info criterion	4.800808
Sum squared resid	1070.204	Schwarz criterion	4.896907
Log likelihood	−379.0646	Durbin-Watson stat	1.923040

这里我们没有对农村和城市老年人生活质量综合指数进行分别回归,是因为生活环境质量部分不是通过抽样调查得到的数据,而是根据国家权威部门公布的数据,分别对农村和城市统一打分。由于农村和城市在环境质量部分的得分相同,如果进行分别回归,数据无变化将无法生成回归矩阵。所以我们只能退而求其次,用农村和城市的合并数据进行回归。

根据表 6—12 结果,可以得到昆明市老年人口生活质量综合指标的回归方程为:

$$QOL = 0.29HLQ + 0.21MLQ + 0.20FLQ + 0.12JSQ + 0.14ESQ \quad (6.10)$$

从表 6—12 回归结果来看,在 t 检验中,城市方程中的各类相关二级指标的 t 值都大于 $t_{0.05(160)} \approx 1.65$。在拟合程度上,综合指标方程的 R 值均达到 86.4%,拟合程度较好。就各指标的影响力来说,各一级指标按权重由大到小排列的顺序为:健康生活质量、物质生活质量、家庭生活质量、生活环境质量、精神生活质量。除了在生活环境质量和精神生活质量的顺序上有细微的差异——在主层次分析中二者并列,而在回归分析中生活环境质量的权重比精神生活质量稍大,两种分析框架下所得出的结果是基本一致的,这就从现实方面论证了我们所设置的指标体系的合理性。

从(6.10)的回归方程看出,无论是城市或农村,在评判生活质量的五个方面的内容中,健康、物质、环境与国家的保障制度有直接联系,从长远来看,为了使老年人口生活质量得到真正意义上的提升,完善的制度保障及政策实施显得尤为重要。

以上从五个方面对老年人口生活质量的回归检验结果也可以通过图 6—1 至图 6—5 直观地表现出来:

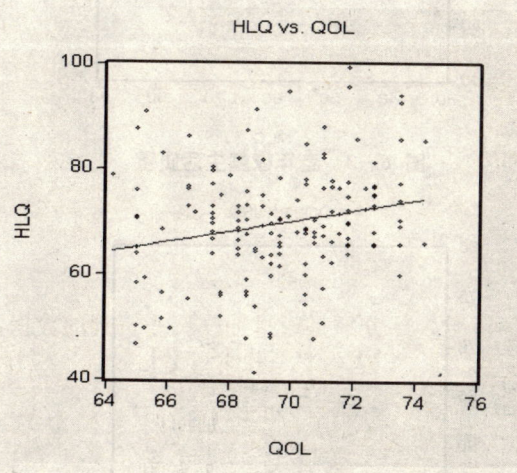

图 6—1 老年健康生活质量

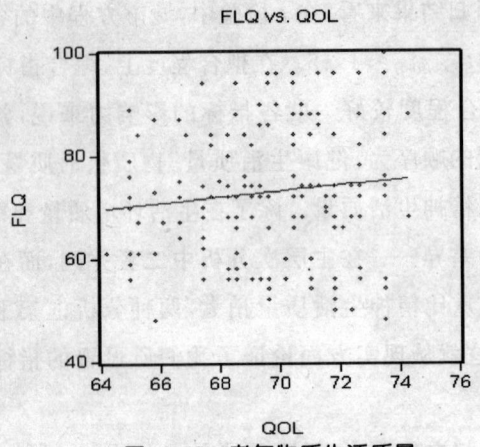

图 6—2 老年物质生活质量

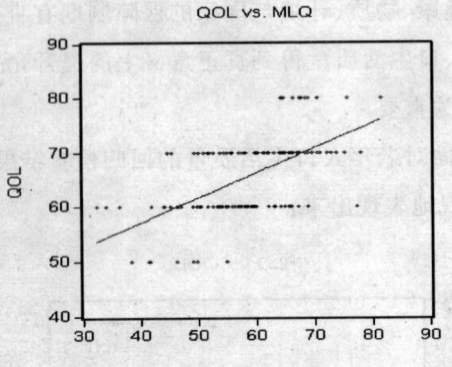

图 6—3 老年家庭生活质量

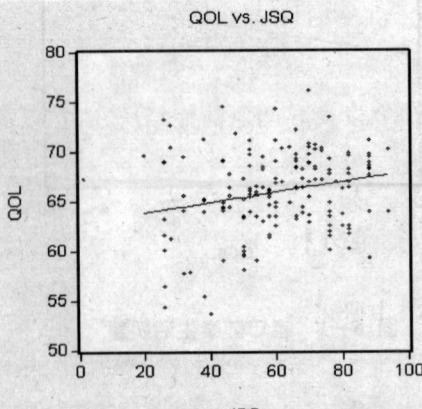

图 6—4 老年精神生活质量

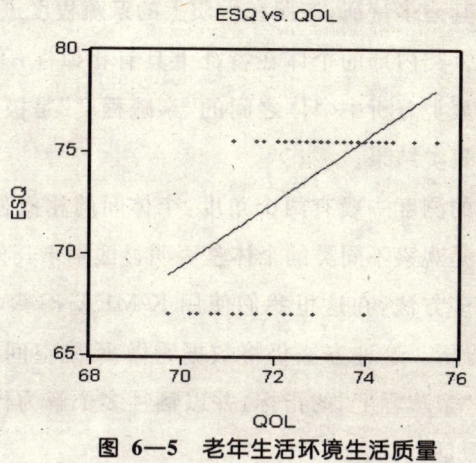

图 6—5 老年生活环境生活质量

6.4 聚类分析

根据本课题所研究的老年人口生活质量评价指标体系所界定的范围,其评价内容划分为健康生活、物质生活、家庭生活、精神生活、生活环境等五个方面。这五个方面对老年人口生活质量的影响各不相同,现实中影响我国老年人口生活质量的主要因素是什么?存在的主要问题是什么?随着数理统计多元分析的发展,产生了一种新的数值分类方法——聚类分析。同时,为了快速、高效地分析实际数据的内在信息含量,使用统计学中多元统计分析方法中的 K-MEANS 聚类分析对老年人生活数据进行处理,从中快速分析出数据中含有的特征信息。本书试图通过聚类分析方法进行实证研究以找寻问题的症结所在,在以简明的方法获取特性信息方面作一次大胆的尝试。

6.4.1 K-MEANS 聚类分析方法应用的步骤

聚类分析是统计学中研究"物以类聚"问题的多元统计分析方法。聚类分析在统计分析应用领域已经得到了极为广泛的应用。聚类分析将分类对象置于一个多维空间中,按照它们空间关系的相似性(亲疏程度)进行分类,即聚类分析是一种建立分类的多元统计方法,它能够将一批样本

（或变量）数据根据其诸多特征，按照在性质上的亲疏程度进行自动分类，产生多个分类结果。类内部的个体在特征上具有相似性，不同类之间个体的差异性较大。聚类分析中个体之间的"亲疏程度"是极为重要的，它将直接影响最终的聚类结果。

对"亲疏程度"的测度一般有两个角度：个体间的相似程度和个体间的差异程度。通常是观察不同类的个体是否明显区别于其他的类个体。

聚类分析有许多方法，在这里我们使用 K-MEANS 聚类方法（快速聚类法）进行聚类分析。这种方法仍将数据看做 K 维空间上的点，仍以距离作为测度个体"亲疏程度"的指标，并以牺牲多个解为代价换取高执行效率，其核心步骤是：

第一，指定聚类数目 K。要求用户给定聚类成多少类，最终也只能给出关于它的唯一解。

第二，确定 K 个初始类中心。在指定了 K 个聚类数目后，还需要指定这 K 个类的初始中心点。

第三，根据距离最近原则进行分类。依次计算每个样本数据点到 K 个类中心点的欧氏距离，并按照距 K 个类中心点距离最短的原则将所有样本分类，形成 K 个类别。

第四，重新确定 K 个类中心。中心点的确定原则是：依次计算各类中 K 个变量的均值，并以均值点作为 K 个类的中心点。

第五，判断是否已满足终止聚类分析的条件。

终止聚类分析的条件有两个：

①迭代次数。目前的迭代次数等于指定的迭代次数时终止聚类。

②类中心点偏移程度。新确定的类中心点距上类中心点的最大偏移量小于指定的量时终止聚类。通过增加适当的迭代次数或合理调整中心点偏移量的判定标准，能够有效克服指定初始类中心点时有可能存在的偏差，提高聚类分析的准确性。上述两个条件中任意一个满足则结束聚类，如果均不满足则回到第三步。

可见，K-MEANS 聚类方法是一个反复迭代的分类过程。在聚类过程中，样本所属的类会不断调整，直到最终达到稳定为止。

在抽样调查中,聚类分析可以作为确定分层时所采用的一种方法,同时聚类分析也具有简化数据的功能,本课题通过 SPSS 软件,采用聚类分析进行实证分析有助于对理论分析进行检验。

6.4.2 实证分析

根据课题组 2005 年 1—3 月对老年人口进行的抽样调查。共调查了 1 580 人,获得有效问卷 1 468 份,其中城镇 798 份,农村 670 份,对样本数据进行 K-MEANS 聚类分析。

首先,对城市、城郊的数据进行 K-MEANS 聚类,其结果如表 6—13 至表 6—15 所示。

表 6—13 城镇老年人口初始类中心

	Cluster				
	1	2	3	4	5
健康生活质量	94.79	38.12	85.80	80.42	59.87
物质生活质量	37.83	55.98	44.83	36.18	65.85
家庭生活质量	96.00	74.00	48.00	42.00	88.00
精神生活质量	62.00	44.00	88.00	38.00	88.00
生活环境质量	80.00	80.00	80.00	80.00	80.00

SPSS 指定的初始类中心点。由于反映老年人口生活质量的内容由 5 个方面构成,因此需要快速聚类为 5 类。对此,指定了 5 个初始类中心点。

表 6—14 城镇老年人口类中心变化情况

Iteration	Change in Cluster Centers				
	1	2	3	4	5
1	25.781	22.343	20.195	24.378	18.899
2	3.803	3.439	1.421	1.172	3.249
3	0.585	3.902	0.802	1.066	2.609
4	0.346	1.677	0.058	0.341	1.494
5	0.000	0.591	0.000	0.000	0.507
6	0.000	0.000	0.000	0.000	0.000

类中心变化是快速聚类分析的迭代历史过程,从表 6—14 可看出总共执行了 6 次迭代。当进行到第 6 次后,5 个不同的类中心点几乎没有发生变化,距离为 0.000,小于判定条件标准 0.02,聚类结束。

表 6—15 城镇老年人口最终类中心

	Cluster				
	1	2	3	4	5
健康生活质量	72.94	53.48	70.34	70.71	71.96
物质生活质量	46.99	62.72	47.84	47.75	63.88
家庭生活质量	80.01	77.76	61.37	60.41	84.41
精神生活质量	57.02	57.13	80.22	48.62	72.19
生活环境质量	80.00	80.00	80.00	80.00	80.00

最终类中心表说明迭代后的中心点位置与初始中心点相比中心位置点有了转移。我们可以看出每一类代表不同的生活质量水平的特点：因为都是昆明地区的样本，所以生活环境指标分数都是相同的，如果是不同区域则需要考虑生活环境的差别。

结果分析：第 1 类，健康生活质量和家庭生活质量较好；第 2 类，只有家庭生活质量水平居中，其余指标都不是很好；第 3 类，健康生活质量和精神生活质量水平较高，物质生活水平指标较低；第 4 类，总体的指标都不是很好，健康生活质量除外；第 5 类，家庭生活质量、健康生活质量、精神生活质量三方面都偏向好的方面。这 5 类基本上反映了老年人生活水平的不同方面存在的现实问题，也就能够针对 5 个不同的类别存在的缺陷进行老人生活质量的改善和提高。结合层次分析法把老年人生活质量分为：优(90 分以上)、良(80 分—89 分)、中(70 分—79 分)、可(60 分—69 分)、差(60 分以下)，共 5 个等级。如表 6—16 所示：

表 6—16 城镇老年人口生活等级分类表

	生活质量等级	优	良	中	及格	不及格
第 1 类	健康生活质量			*		
	物质生活质量					*
	家庭生活质量		*			
	精神生活质量					*
	生活环境质量		*			
第 2 类	健康生活质量					*
	物质生活质量				*	
	家庭生活质量			*		
	精神生活质量					*
	生活环境质量		*			

第3类	健康生活质量		*		
	物质生活质量				*
	家庭生活质量			*	
	精神生活质量	*			
	生活环境质量	*			
第4类	健康生活质量		*		
	物质生活质量				*
	家庭生活质量			*	
	精神生活质量				*
	生活环境质量	*			
第5类	健康生活质量		*		
	物质生活质量			*	
	家庭生活质量	*			
	精神生活质量		*		
	生活环境质量	*			

根据课题的指标权重划分对指标体系的综合评价,使用以下公式分别对5类情况进行计算:

$$QOL = 0.32 HLQ + 0.21 MLQ + 0.21 FLQ + 0.13 JSQ + 0.13 ESQ$$

其结果如表6—17所示:

表6—17 城镇老年人口生活质量指数类别分布

第1类	第2类	第3类	第4类	第5类
67.823 4	64.441 3	66.271 5	62.061 4	73.952 8

平均值=66.910 08

其中,每类老人所调查的数量及所占比重见表6—18、表6—19和图6—6:

表6—18 城镇老年人口每类包含样本数

Cluster	1	149.000
	2	167.000
	3	322.000
	4	164.000
	5	198.000
Valid		1000.000
Missing		1000.000

表6—19 城镇每类老人所占比重

第1类	第2类	第3类	第4类	第5类
14.9%	16.7%	32.2%	16.4%	19.8%

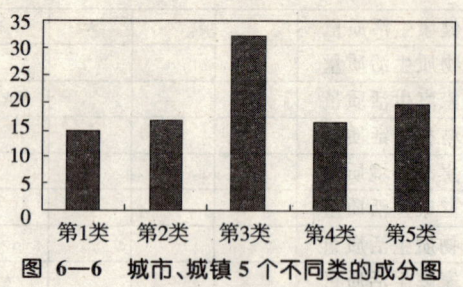

图 6—6　城市、城镇 5 个不同类的成分图

可以看出昆明城区及城郊老年人的生活质量平均水平仅仅是及格的水平。

从每类老人所占比重来看：除第 5 类在家庭生活质量、健康生活质量、精神生活质量三方面较均衡之外，其余近 80% 的老年人在健康生活质量、家庭生活质量、精神生活质量三方面都存在需要解决的问题，特别是物质生活质量在 5 个类中都十分明显地需要提高。物质生活质量成为制约昆明地区老年人生活质量提高的一个瓶颈。

其次，对农村的数据进行 K-MEANS 聚类：用同样的方法对昆明地区农村的老人生活水平按照 5 个类别进行计算。其结果如表 6—20 至表 6—22 所示：

表 6—20　农村老年人口初始类中心

	Cluster				
	1	2	3	4	5
健康生活质量	76.51	86.17	46.65	41.21	78.71
物质生活质量	78.41	36.41	38.49	59.11	77.33
家庭生活质量	69.00	75.00	56.00	76.00	61.00
精神生活质量	74.00	38.00	26.00	54.00	20.00
生活环境质量	70.00	70.00	70.00	70.00	70.00

SPSS 指定的初始类中心点。由于老年人口生活质量由五个方面构成，因此需要快速聚类为 5 类对此，指定了 5 个初始类中心点。

表 6—21　农村老年人口类中心变化情况

Iteration	Change in Cluster Centers				
	1	2	3	4	5
1	18.380	10.789	17.675	11.711	14.113
2	0.426	2.195	0.000	8.189	0.354
3	0.000	0.000	0.000	0.000	0.000

类中心变化情况是快速聚类分析的迭代历史过程,从表6—21可以看出总共执行了3次迭代。当进行到第3次后,5个不同的类中心点没有发生变化或变化很小,距离为0.000,小于判定条件标准0.02,聚类结束。

表6—22 农村老年人口最终类中心

	Cluster				
	1	2	3	4	5
健康生活质量	72.39	76.60	55.28	45.36	79.94
物质生活质量	75.75	43.06	50.64	65.33	68.23
家庭生活质量	77.21	74.03	65.44	71.54	68.97
精神生活质量	57.88	38.91	27.13	44.09	26.94
生活环境质量	70.00	70.00	70.00	70.00	70.00

最终类中心表说明迭代后的中心点位置与初始中心点相比中心位置点有了转移。我们可以看出每一类代表不同的生活质量水平的特点:因为都是昆明地区的样本,所以生活环境指标分数都是相同的。如果是不同区域则需要考虑生活环境的差别。

结果分析:第1类,健康生活质量、物质生活质量、家庭生活质量较好;第2类,健康生活质量、家庭生活质量较好;第3类,仅家庭生活质量勉强达标;第4类,物质和家庭生活质量勉强达标;第5类,精神生活质量实在太差。这5类基本上反映了老人生活水平的不同方面存在的现实问题,也就能够针对5个不同的类别存在的缺陷进行老人生活质量的改善和提高。结合层次分析法把老年人生活质量分为:优(90分以上)、良(80分—89分)、中(70分—79分)、可(60分—69分)、差(60分以下),共5个等级。如表6—23所示:

表6—23 农村老年人口生活质量等级分布表

生活质量等级		优	良	中	及格	不及格
第1类	健康生活质量			*		
	物质生活质量			*		
	家庭生活质量			*		
	精神生活质量					*
	生活环境质量		*			

类别	指标	1	2	3	4	5
第2类	健康生活质量			*		
	物质生活质量					*
	家庭生活质量		*			
	精神生活质量				*	
	生活环境质量			*		
第3类	健康生活质量					*
	物质生活质量					*
	家庭生活质量				*	
	精神生活质量					*
	生活环境质量			*		
第4类	健康生活质量					*
	物质生活质量				*	
	家庭生活质量			*		
	精神生活质量					*
	生活环境质量		*			
第5类	健康生活质量			*		
	物质生活质量				*	
	家庭生活质量				*	
	精神生活质量					*
	生活环境质量			*		

根据课题的指标权重划分对指标体系的综合评价,使用以下公式分别对 5 类情况进行计算:

$$QOL = 0.32HLQ + 0.21MLQ + 0.21FLQ + 0.13JSQ + 0.13ESQ$$

其结果如表 6—24 所示。

表 6—24 农村老年人口生活质量分类表

第1类	第2类	第3类	第4类	第5类
71.910 8	63.259 2	54.693 3	58.089 6	66.995

平均值 = 62.989 58

综合分析农村老年人口生活水平较差的原因可以发现:物质收入较低;精神生活不丰富;身体健康状况不理想(如就医不方便)。

表 6—25 农村老年人口每类包含样本数

Cluster	1	166.000
	2	395.000
	3	124.000
	4	107.000
	5	208.000
Valid		1000.000
Missing		1000.000

表 6—26　农村老年人口每类所占比重

第1类	第2类	第3类	第4类	第5类
16.6%	39.5%	12.4%	10.7%	20.8%

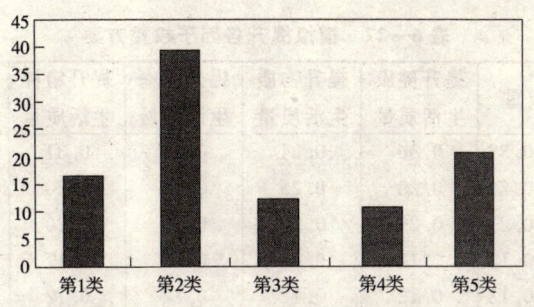

图 6—7　农村老年人口类别分布图

农村老人的生活水平均分值=62.989 58,这是很低的标准。可以看出昆明地区农村老人的生活状况十分不理想,第 2 类、第 5 类总共占了近 60% 的人口数,这两类不仅在健康、物质方面比较欠缺,同时在精神生活上也是十分匮乏。因此改善农村老人的生活水平和质量的任务比较艰巨。

综上所述,传统的分类方法往往是根据专业知识或经验,对事物的属性(特征)进行定性的分析,或利用简单的临界数值对事物进行分类。根据聚类分析方法进行定量分类技术处理不仅是对事物进行分类的一种技术做法,而且是一种简化数据、进行分层的实证分析。

通过聚类分析发现,昆明地区的城市、城郊和农村的老年人生活质量是很低的,集中表现为物质生活水平低,精神生活匮乏。本书认为要解决并提升昆明地区老年人生活质量的水平应该最先解决这两个方面的问题。

6.5　模拟分析——模拟提升因子的权重

从前面的分析结果看出,影响老年人口生活质量的环境因素是不能忽视的。其中制度的影响是十分重要的。为了验证这一结论的正确性,现通过两个方案作模拟分析。

方案一

将五个一级指标中的一个指标提升 4%,其余所有指标降低 1%,见表 6—27。

表 6—27　模拟提升各因子权重方案

	原公式权重	提升健康生活质量	提升物质生活质量	提升家庭生活质量	提升精神生活质量	提升生活环境质量
健康生活	0.32	**0.36**	0.31	0.31	0.31	0.31
物质生活	0.21	0.20	**0.25**	0.20	0.20	0.20
家庭生活	0.21	0.20	0.20	**0.25**	0.20	0.20
精神生活	0.13	0.12	0.12	0.12	**0.17**	0.12
生活环境	0.13	0.12	0.12	0.12	0.12	**0.17**

注:表格中的加黑数字表示提升后的权重。

然后,将数据分别带入不同的权重分配公式中,可以得到表 6—28。

表 6—28　方案一模拟结果

原平均值	提升健康生活质量后的均值	提升物质生活质量后的均值	提升家庭生活质量后的均值	提升精神生活质量后的均值	提升生活环境质量后的均值
67.44	67.57	67.05	67.73	67.09	67.78
差值	0.13	−0.4	0.29	−0.35	0.34

通过以上模拟结果可以看出,提升生活环境质量权重后,老年人的生活质量水平提升幅度最大;而提升物质生活质量权重,非但不能提高老年人的生活质量,反而会降低其生活质量。另外,提升老年人家庭生活质量的权重,对老年人生活质量的改善也有较为显著的意义。这说明目前政府要在提高老年人口的生活质量方面有所作为,提高其物质生活水平不再是第一要务,而增大对老年人生活环境的投入,改善老年人口生活的社会环境(医疗保障和养老保障)和自然环境(空气质量、水质达标率和绿化水平),激发老年人对生活环境的潜在需求,是我国进入老龄化社会后社会保障工作的重点。

方案二

鉴于从方案一分析结果是:提升生活环境质量的权重对提高老年人口的生活质量有十分重要的意义,下面我们分别从健康生活质量、物质生活质量、家庭生活质量、精神生活质量分离 1% 的权重给生活环境质量,得到表 6—29。

表 6—29 模拟提升生活环境质量权重方案

原公式权重	从健康生活质量中扣除1%	从物质生活质量中扣除1%	从家庭生活质量中扣除1%	从精神生活质量中扣除1%
健康生活 0.32	**0.31**	0.32	0.32	0.32
物质生活 0.21	0.21	**0.20**	0.21	0.21
家庭生活 0.21	0.21	0.21	**0.20**	0.21
精神生活 0.13	0.13	0.13	0.13	**0.12**
生活环境 0.13	0.14	0.14	0.14	0.14

注：表格中的加黑数字表示被分离1%权重给生活环境质量指标后各指标的权重。

然后，将数据带入公式得到：在精神和物质生活质量依赖于生活环境的改善，见表 6—30。

表 6—30 方法二模拟结果

原均值	健康生活质量	物质生活质量	家庭生活	精神生活质量
67.44	67.48	67.59	67.45	67.58
提升值	0.04	0.15	0.01	0.14

通过以上模拟分析，无论降低其余哪个指标的权重来提升生活环境质量的权重都能达到提高老年人生活质量水平的目的。相比之下，通过降低物质生活质量的权重来提高生活环境质量的权重方案最佳，另外降低精神生活质量的权重方案也较好。这在很大程度上是因为当物质与精神生活水平已经达到一定水平，老年人口在这两方面的需求得以满足，对生活环境的要求最为强烈。自然环境、社会保障、医疗保障、老年人公共设施的不断优化与完善，必将激发老年人对环境生活的更高追求。所以，提升老年人生活环境质量及其权重是目前老年工作的重点。在自然环境方面，主要通过公共制度与政策的完善加以提升；在社会环境方面，则主要依靠制度保障逐步完善。

6.6 本章小结

本章通过调研所收集的数据对老年人口生活质量进行了实证分析，在回归分析与聚类分析的基础上，实证了影响老年人口生活质量五个方面的内容，并得出了影响老年人口生活质量的重要程度的排序，实证结果与第五章构造的指标体系的权重影响是吻合的。老年人口生活质量评价的实证结果表明,无论是健康生活、家庭生活、物质生活、精神生活与环境质量等都对老年人口生活质量起到了不同程度的作用。特别值得一提的是,环境质量对我国老年人口生活质量的影响是最小的,而西方国家的情况却刚好相反。于是,本课题提出一个大胆的设想:如果加大对环境因子的投入,增大环境质量对老年人口生活质量的影响作用是否会提高老年人口生活质量呢?因此,本章通过模拟实证分析更充分地说明了提高环境质量的必要性与可行性。虽然模拟实证的结果还没有得到实践的检验,但结论确实给理论分析提供了有力的数据支持。这为进一步分析保障制度的建设与完善对老年人口生活质量的作用提供了新的视角。

第七章 我国老年人口生活质量的现状及成因分析

解决问题的关键在于找到问题的症结所在。影响老年人口生活质量因素的复杂性,决定了存在问题的原因不仅复杂多样,而且可以从不同的角度和层次加以分析和概括。全面反映老年人口生活质量是一项复杂且难度较大的课题。虽然不同国家、地区,不同文化、职业与文化背景的老年人口对生活质量的需求各不相同,但从国家与政府的角度出发,站在宏观与政策层面上的研究却发现了相同的制度与机制约束,这对研究我国老年人口生活质量的制度与机制是有借鉴与启发意义的。

本研究从我国老年人口生活质量存在问题的外部成因与内在矛盾出发,揭示并提炼出影响老年人口生活质量诸多因素中的制度因素,以此作为问题分析的关键,研究和阐释我国老年人口生活质量在制度实施中的问题,并由制度实施的结果与政策意图的偏离,反思政策的制定,从而为我国老年人口生活质量的提高寻找突破口。

7.1 存在的问题

尽管我国对生活质量的研究起步较晚,但人口生活质量的问题却始终伴随着人们的生活客观存在着,并且在不同时期有不同的主观感受与需求。根据第六章的实证分析,课题组发现了许多影响老年人口生活质量的原因及问题所在,本章将主要从老年人口生活的现状、存在的问题及成因进行分析。

7.1.1 从老年人口的物质生活来看

第一,老年人口的经济收入偏低

根据课题组的调查,就城镇而言,总体看来,将近4/5的城市老年人认为目前自己的经济状况处于较好或者一般水平。其中,有18%的老年人认为自己的经济处在够用或有余的状况,62.6%的老年人认为大致够用,但仍有19.4%的老年人觉得经济上有些困难,且有4.1%的城市老年人认为自己经济状况十分困难(见表7—1)。其中女性老年人对自己经济状况的评价普遍低于男性老年人,认为够用或有余的比例比男性老年人低8.6个百分点,而认为有些困难的比例要比男性老年人的比例高出6.2个百分点,且有5.8%的女性老年人认为自己经济上十分困难,具体数字见表7—1。

表7—1 2005年昆明城镇老年人分性别对自己经济状况的判断 (单位:%)

性别	经济状况			
	够用有余	大致够用	有些困难	十分困难
总计	18	57.0	15.3	4.1
男	22.3	57.4	12.2	2.4
女	13.7	56.7	18.4	5.8

在被调查的农村老年人中,总体上有57.1%的老年人认为自己现在经济上有保障,42.9%的老年人觉得没有保障。具体讲,有8.9%的老年人觉得自己的经济状况是够用有余,48.2%的老年人认为大致够用,32.3%的老年人认为有困难,10.6%的老年人则觉得非常困难。与城市老年人相比,认为够用有余的农村老年人比例低于城市,认为有困难的以及非常困难的比例远高于城市。农村老年人的经济状况普通比城市老年人差。其中农村的男性老年人和女性老年人对自己经济状况的评价差别不如城市显著,主要差异体现在农村女性老年人认为自己经济上十分困难的比例高出男性老年人2.6个百分点,如表7—2所示。

表7—2 2005年昆明农村老年人分性别对自己经济状况的判断

(单位:%)

	够用有余	大致够用	有些困难	十分困难
总计	8.9	48.2	32.3	10.6
男	9.7	48.6	31.5	9.3
女	8.1	47.8	33.1	11.9

第二,老年人口的消费水平不合理

国际上衡量消费结构是否合理的指标主要是恩格尔系数,这种方法是在德国学者恩格尔定律的基础上发展起来的。恩格尔发现,生活必需品的开支与收入的增长成反比,因此根据居民食品支出占全部消费支出的比重,可以判断家庭的贫富程度。一般来讲,家庭收入高,则食品支出占总支出的比重比较低;而家庭收入低,则食品支出占总支出的比重比较高。按照世界粮农组织的标准,恩格尔系数在 30—40 为小康,40—50 为温饱水平,50—60 为贫困,60 以上为绝对贫困(中国老龄科学研究中心,2003)。

根据国际 2000 年的调查,我国城市恩格尔系数为 39.2%,农村为 49.1%。本课题 2005 年在昆明的调查显示,城市老年人恩格尔系数为 46.5%,农村为 51.5%,见表 7—3,即城市与农村均高于全国平均水平,表明昆明地区的老年生活质量较之全国在消费水平方面偏低(唐均,1994)。

表 7—3 2005 年昆明老年人口消费的恩格尔系数   (单位:%)

恩格尔系数水平	城镇	农村
30 以下	25.9	8.7
30—40	13.6	16.7
40—50	12.7	15
50—60	15.5	18.8
60 以上	32.3	40.5

如果按照恩格尔系数在 60 以上作为贫困的标准,根据表 7-3 统计结果,我们可以看到,在城市中有 32.3% 的老年人处于贫困的状态,而农村则达到 40.5%。

7.1.2 从老年人口的健康生活质量来看

老年人的健康是影响老年生活质量最大的变量,老年人在健康方面的支出也会高于一般人口。目前的医疗制度改革使老年人所获得的收益无法弥补其年龄增长带来的疾病增多及健康下降所遭受的损失,于是,老年人在这方面的需求已构成了对老年生活质量最大的障碍。

老年人是一个特殊的群体,慢性病患病率高而且常常同时患有多种疾病,大部分老年人受到慢性疾病如心脏病、中风、糖尿病、慢性肺病、关节炎的困扰，这些疾病又是引起老年人生活不能自理的主要原因。与年龄有关的一些状况如听力、视觉、咀嚼功能随着年龄的增长明显降低。认知功能的进行性衰退严重影响着老年人的个人和家庭生活，精神抑郁使部分老人遭受着痛苦。有些老人必须部分或完全依赖他人生活，而老年人具有的各种资源却日益减少，如丧偶、子女离家、兄弟姐妹亲友去世、退休后经济收入减少、医疗保障不足等。

由于慢性病的患病风险、独立生活和认知能力的丧失随着年龄的增长快速上升，人口的快速老龄化和老年人口的急剧增加使得老年人口对社会、医疗、护理的需求成倍增长，对我国社会和医疗保健系统提出了巨大的挑战。显然，我国的社会和医疗保健服务系统还未能做好充分的准备来应付这种挑战。面对这种挑战，我国针对老年人的公共政策、社会与医疗保健服务的结构、内容和模式以及服务人员结构等都必须作出适应性的调整。

7.1.3 从老年人口的家庭生活质量来看

老年人的婚姻与家庭是老年人安度晚年的重要依托，涉及老年人的经济供养、生活照料、精神慰藉、人际关系和身心健康等诸多方面。婚姻与家庭的状况如何，是衡量老年人生活质量的重要领域。

现阶段，我国生产力水平还不高，社会养老保障事业尚不发达，因此，家庭仍是老年人养老的主要场所。调查资料显示，由于市场经济条件下对工作人口的压力及竞争的日益增强，子女很少有精力照顾老人，而现代老人也不愿意成为家庭的负担，于是在城市有42.5%的老人、农村有25.6%的老人选择了与子女分居生活，由于现代保障事业的发展不能满足老年人口的社会供养，这不仅加剧了老人的生活孤单，也使老人的精神生活质量大打折扣。

7.1.4 从老年人口的精神生活质量来看

老年人脱离岗位后，丧失了以前承担的社会角色，随着与社会生活的逐步疏远，收入降低，生活单调闭塞，必然引起老年人心理的强烈不适应由于目前我国社会保障制度的缺陷,使许多老人无法在社会环境中扮演老有所用、老有所为的角色。

7.1.5 从老年人口的生活环境来看

从对自然环境的需求来看,也许是出自对健康的考虑,老年人对生活环境的要求在某种程度上比年轻人要苛刻得多,特别是对自然环境和公共设施的需求。目前在公共设施与环境方面,虽然对老年人实行了一定程度的优惠,但力度不大,满足不了老年人口的基本需要。

从对社会环境的需求来看,被调查老年人享受公费医疗的比例存在着显著的城乡差异,城市和农村老人有公费医疗的比例分别为62.9%和2.25%。如表7—4所示:

表7—4 2005年昆明市老年人口享受公费医疗的比重   (单位:%)

性别	城市	农村
男性	73.8	3.7
女性	52.1	0.8
合计	62.9	2.25

由于种种因素,在享有公费医疗的老年人中,有近一半的老年人存在医药费拖欠问题。随着我国人口的逐渐老龄化和平均预期寿命的不断延长,老年人口的健康问题已越来越多地受到政策制定者和研究者的重视。老年人的健康状况一直被认为是影响老年人需求的最重要因素。它一方面影响着"老有所养"和"老有所为"的老年人口规模,从而进一步影响到老年人口的赡养负担,另一方面是老年人能够独立自主、积极幸福生活的重要前提。

另外,2005年对昆明城镇、农村的老年人的养老经济保障来源进行了意愿调查,调查结果表明,老年人更倾向于多支柱的经济保障体系,即社会养老保障、购买商业保险、靠子女养老、自己储蓄养老等多种形式,并且他们更重视自己和子女的保障。应该说明:在这四种选择中,老年人的选择次序有明显的倾向(见表7—5),无论是城市或农村,都把子女保障作为第一选择,在城市第二选择是社会养老;而在农村第二选择是自己储蓄养老,排在最后的都是商业保险。因此,可以看出,城市与农村的主要区别在于:(1)城市更倾向于社会养老保险,其实,农村在社会养老方面是一个很大的市场,出现这样大的城乡差距,与我国社会养老保障制度的不健全有很大关系。(2)与城市老年人相比,农村老年人把依靠子女保障养老作为首选的比例大大高于城市老年人。可见,农村老年人"养儿防老"的观念根深蒂固,对社会化及商业化养老方式认同度很低。

表7—5　2005年昆明老年人口对养老经济保障首选的分布　(单位:%)

区域	社会养老保险比例	购买商业保险比例	靠子女养老比例	自己储蓄养老比例
城市	38	2.6	40.3	27.6
农村	4.7	2.2	68.3	24.8

从以上分析我们可以看到,随着年龄增大、劳动能力下降、健康状况走下坡路,老年人逐步地退出劳动大军后,他们很容易陷入困境。一方面,这些老年人离开工作岗位,不再取得工资收入,即使能够得到退休金,也要比原来的工资打了一定折扣,退休金只能低于工资,在分配的原则上不可能高于现行工资;另一方面,他们由于身体和知识技能等原因,不太可能再就业或继续参与经济活动,从而很难获得补充性收入。在当前家庭小型化加速发展的趋势下,小型家庭、核心家庭、空巢家庭的剧增使家庭传统养老功能日益弱化,来自于家庭的资金资源补充如果不足,这些老年人就更容易陷入贫困的状态。

综上可见,贫困老年人是一种非常典型的"社会弱者",他们的状况值得社会的关注。这些贫困老年人本身已渐渐失去正常工作的劳动能力,如果其家庭一时也不具备经济再生的能力,依靠老年人本人及其家庭的经济是难以支撑的。1999年是国际老人年,联合国提出的主题就是:建立不分年龄、人人共享的社会。关注贫困老年人,做好对他们的救助工作,使他们在温馨的社会主义大家庭中安度晚年,也是党和政府为人民服务宗旨的体现,是贯彻和实施老年人权益保障法的重要内容,对于促进社会公平、和谐、维护社会稳定具有重要意义。

根据本次调查数据分析,我们可以得到以下主要结论:

◆城乡的老年人生活水平要低于其他年龄人口。

◆无论城市老年人还是农村老年人,其养老都需要多支柱的经济保障体系,但是,城市老年人的经济保障体系是以社会养老保障为主体,而农村的老年人则是以子女供养为主体。

◆城乡老年人普遍担心的问题是生活经济来源和医疗费用来源,医疗费用已经成为老年人及其子女的一项沉重负担。这表明,获得养老保险和医疗保险是老年人普遍的基本需求。

◆无论是城市还是农村,经济状况显示出明显的性别和年龄差异,基本的表现是女性老年人的经济状况比男性老年人的经济状况差,高龄老年人的经济状况比低龄老年人的经济状况差。

7.2 我国老年人口生活质量不高的外部成因研究

本课题认为,上述问题还不是造成目前养老保险基金现状的全部原因,还可能存在其他原因,所有这些成因的诱导机制,将是本章之后集中精力阐述的主要内容,也是本课题研究的核心所在。其他非制度性的外部成因可能包括:经济收入下降、健康保障威胁和生活环境不利。

7.2.1 经济收入下降

一般认为经济收入并不构成生活质量,只是改善与提供生活质量的基本条件。市场经济条件下,个人经济收入的高低对物质、精神、健康、家庭等生活质量的决定性作用显得尤为重要。但是,由于老年人口的大半生涯都是在僵化的计划经济体制下度过的,养老保障在由计划体制向市场体制转轨过程中,对于大多数老人而言,失去了工资改革的实惠,加上持续不断的通货膨胀,消费品和劳务价格指数急剧上升,虽然国家和企事业单位在竭尽可能地对老年人口给予必要的补贴,但还是杯水车薪,难以解决根本问题(叶响裙,2004)。

7.2.2 健康保障威胁

老年人口生活质量最大的问题是健康问题。大多数老年人原来工作在计划体制下,由于原有的公费医疗制度在市场经济体制下的转变,使老年人在这一过渡时期成为制度转轨的成本承担者,对医疗保障的需求得不到应有的实惠,老年人的"老有所医"不能落到实处。

7.2.3 生活环境不利

生活环境是造成生活质量高低的直接外部因素。由于长期以来的公共娱乐设施供给不足,加之生态环境长期没有得到应有的保护,造成生态环境和公共娱乐设施的严重短缺。市场经济体制下,公共娱乐设施、自然景观的商业化运作使本来收入较低的老年人更加入不敷出,加之老年人又没有更多的社会交往的机会,现实状况又在一定程度上剥夺了老年人享受大自然与娱乐的权利。

7.3 造成困境机理:一个简单模型

在分析造成当前老年人口生活质量现状的成因之前,我们先来分析形成目前困境的一个简单模型,模型将部分地表明,老年人口生活质量运作困境的存在有其必然性,符合内在的逻辑。考察老年人口生活质量方面出现的问题,其最简单与最根本的方式是从最简单的模型出发,继而发掘其在实施中的内在特征。

根据第六章的实证,如果把社会环境(养老保险制度、医疗保险制度等)看成是准公共物品,把自然环境(公共资源、基础设施)等看成是公共产品的话,经济学家很早就观察到一个现象:对公共产品的管理容易产生资源的外部性问题,其结果体现在公共资源的供给不足或资源的过度浪费与使用。

现在本课题以牧场的过度利用作为模型(蒲勇健,2002)来说明其中的道理,并以此说明本课题所要构建的制度机理。

现假定有 n 个牧民共有一片草地,每个牧民可在草地上自由地放羊。$g_i \in [0, \infty)$ 是第 i 个农民所养的羊数量,$i=1,\cdots,n$。$G = \sum_{i=1}^{n} g_i$ 是总的羊数量,v 表示每只羊的平均价值。因为草地面积固定,故羊愈多,每只羊获取的营养就愈小,其价值就愈低(体重愈低),故每个牧民能获得的总价值 $V=V(G)$。每只羊至少要有在一定数量下限以上的草料供养才能存活,故存在一个最大可存活的羊数量 G_{max},有下列关系存在:

当 $G<G_{max}$,$V(G)>0$;

当 $G \geqslant G_{max}$,$V(G)=0$。

因羊数量愈多,V 就愈小。故 $\frac{\partial V}{\partial G}<0$;当羊数量很小时,羊数量增加导致羊之间在草料上的竞争不太激烈,故 $\frac{\partial V}{\partial G}$ 的绝对值较小;但当 G 较大时,羊之间争夺草料较激烈,$\frac{\partial V}{\partial G}$ 的绝对值就较大,故 $\frac{\partial^2 V}{\partial G^2}<0$(即草料对羊的价值的边际产出递减),图 7—1 给出了 $V(G)$ 的图像。

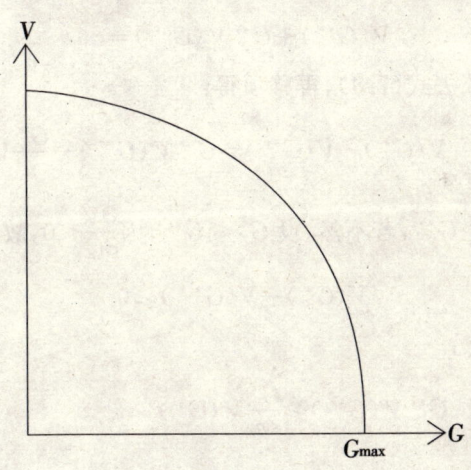

图 7—1　$V(G)$ 的图像

牧民 i 的战略空间为 $S_i=\{g_i|g_i\in[0,\infty)\}$,设购买和照看一只羊的成本为 c,则每个牧民的利润函数为:$\pi_i(g_1,\cdots,g_n)=g_iV(G)-g_ic$,$i=1,\cdots,n$

一阶条件为:

$$\frac{\partial V}{\partial g_i}=V(G)+g_iV'(G)-c=0, i=1,\cdots,n \tag{7.1}$$

n 个方程可解出 n 个未知数 g_i^*($i=1,\cdots,n$),它们就是纳什均衡。

不难证明该均衡是低效率的,即每个牧民养的羊太多(这也是一种囚徒困境)。

将一阶条件式(7.1)中的 n 个方程相加:

$$nV(G^*)+G^*V'(G^*)-nc=0 \qquad (7.2)$$

对式(7.2)两端同除以 n 得到:

$$V(G^*)+\frac{G^*}{n}V'(G^*)=c,\text{其中:}$$

$$G^*=\sum_{i=1}^{n}g_i^* \qquad (7.3)$$

如果 n 个牧民联合行动,最大化总利润 $\pi=GV(G)-Gc$,则需解下述帕累托最优问题:

$$\max_{G}[GV(G)-Gc]$$

一阶条件为:

$$V(G^{**})+G^{**}V'(G^{**})=c \qquad (7.4)$$

将式(7.3)减去式(7.4),再移项得:

$$V(G^*)-V(G^{**})=G^{**}V'(G^{**})-\frac{G^*}{n}V'(G^*) \qquad (7.5)$$

则必有 $G^*>G^{**}$,若不然,设 $G^*\leqslant G^{**}$,因 $\frac{\partial V}{\partial G}<0$,故

$$V(G^*)-V(G^{**})\geqslant 0$$

由式(7.5)有:

$$G^{**}V'(G^{**})\geqslant \frac{G^*}{n}V'(G^*) \qquad (7.6)$$

又因 $\frac{\partial^2 V}{\partial G^2}<0$,故 $V'(G^*)\geqslant V'(G^{**})$

但 $V'(G^*)<0$,故:

$$0<-V'(G^*)\leqslant -V'(G^{**}) \qquad (7.7)$$

由不等式(7.6)有:$G^{**}[-V'(G^{**})]\leqslant \frac{G^*}{n}[-V'(G^*)]$

由不等式(7.7),必有:$G^{**}\leqslant \frac{G^*}{n}$

即 $G^*\geqslant nG^{**}>G^{**}$ $(n>1)$,这与原假设 $G^*\leqslant G^{**}$ 矛盾。所以必有

$G^* > G^{**}$,即公有草地被过度利用了。

通过以上分析可以看出,由于老年人口生活质量保障制度具有公共产品性质,在实施过程中很容易利用制度产生"搭便车"与道德危机问题,因此,在制度设计中如果不解决这种外部性问题,其老年人口生活质量的制度保障机制就无法真正发挥作用。

再从公共产品的私人供给不足的角度来进一步说明作为公共产品的制度建设如何避免其外部性的问题。

与公共资源的过度利用形成对照的是公共物品的私人供给不足。在经济学中我们已熟知公共品的私人供给存在外溢效应,即所谓外部性。在这种情形下,如果公共品由私人供给,则存在与帕累托最优相比较的供给不足问题。

以下将以居民自愿修筑一个防洪大坝为例说明公共品私人供给不足的道理。

假定由 n 个居民建筑一座防洪大坝,每个居民自愿提供沙袋。第 i 个居民的贡献为 g_i,总供给为 $G = \sum_{i=1}^{n} g_i$。第 i 个居民的效用函数为 $u_i(x_i, G)$,x_i 是居民 i 的其他私人物品消费量,$i=1,\cdots,n$。假定 $\frac{\partial u_i}{\partial x_i} > 0$,$\frac{\partial u_i}{\partial G} > 0$(经济学中关于边际效用为正的通常假定),令 P_x 为 x_i 的价格,P_G 为沙袋价格,M_i 为个人总预算收入。居民总是在预算约束下最大化个人效用:

$$\begin{cases} \max_{x_i, g_i} u_i(x_i, G) \\ s.t. \quad P_x x_i + P_G g_i = M_i \end{cases} \quad (7.8)$$

现构造问题(7.8)的拉格朗日函数如下:

$$L_i(x_i, G, \lambda_i) = u_i(x_i, G) + \lambda_i(M_i - P_x x_i - P_G g_i)$$

其中 λ_i 是拉格朗日乘子。

一阶条件:

$$\begin{cases} \frac{\partial u_i}{\partial G} - \lambda_i P_G = 0 \\ \frac{\partial u_i}{\partial x_i} - \lambda_i P_i = 0 \end{cases}, i=1,\cdots,n \quad (7.9)$$

将式(7.9)中的两式相除得:

$$\frac{\frac{\partial u_i}{\partial G}}{\frac{\partial u_i}{\partial x_i}} = \frac{P_G}{P_x} \tag{7.10}$$

式(7.10)就是微观经济学中的"等边际法则"。

式(7.9)中 $2n$ 个方程决定了纳什均衡 $g^* = (g_1^*, \cdots, g_n^*)$ 和拉格朗日乘子 $\lambda = (\lambda_1^*, \cdots, \lambda_n^*)$,总供给均衡量为 $G^* = \sum_{i=1}^{n} g_i^*$。对整个社会来说,帕累托最优的 G^* 由社会福利函数的最大化条件决定,不妨设社会福利函数为:

$$w = \sum_{i=1}^{n} \gamma_i u_i, \gamma_i \geqslant 0, \sum_{i=1}^{n} \gamma_i = 1 \tag{7.11}$$

社会总预算约束为:

$$P_x \sum_{i=1}^{n} x_i + P_G G = \sum_{i=1}^{n} M_i \tag{7.12}$$

拉格朗日函数为:

$$L(x_1, \cdots, x_n, G, u) = \sum_{i=1}^{n} \gamma_i u_i + u[\sum M_i - P_x \sum_{i=1}^{n} x_i - P_G G]$$

一阶条件:

$$\begin{cases} \sum_{i=1}^{n} \gamma_i \frac{\partial u_i}{\partial G} - u P_G = 0 \\ \gamma_i \frac{\partial u_i}{\partial x_i} - u P_x = 0 \end{cases}, i = 1, \cdots, n \tag{7.13}$$

其中 u 是拉格朗日乘子。

由式(7.13)中后 n 个方程有:

$$\gamma_i = \frac{u P_x}{\frac{\partial u_i}{\partial x_i}}$$

分别代入式(7.13)中的前 n 个方程:

$$\sum_{i=1}^{n} u P_x \frac{\frac{\partial u_i}{\partial G}}{\frac{\partial u_i}{\partial x_i}} = u P_G \tag{7.14}$$

得到:

$$\sum_{i=1}^{n}\frac{\frac{\partial u_i}{\partial G}}{\frac{\partial u_i}{\partial x_i}}=\frac{P_G}{P_x} \tag{7.15}$$

式(7.15)被称为"存在公共产品情况下的帕累托最优的萨缪尔逊条件",它是等边际法则(7.10)在存在公共产品情况下的推广。

将条件式(7.15)重新写为:

$$\frac{\frac{\partial u_j}{\partial G}}{\frac{\partial u_j}{\partial x_j}}=\frac{P_G}{P_x}-\sum_{i\neq j}\frac{\frac{\partial u_i}{\partial G}}{\frac{\partial u_i}{\partial x_i}} \tag{7.16}$$

在经济学中,$\frac{\frac{\partial u_j}{\partial G}}{\frac{\partial u_j}{\partial x_j}}$是 G 对 x_j 的边际替代率,一般假设它是 G 的递减函数。对比式(7.16)与等边际法则(7.10),可知社会最优的公共产品供给 G^{**} 大于纳什均衡公共产品供给 G^*,即 $G^{**}>G^*$,说明私人自愿供给的公共产品存在不足。

从本课题来看,这种由政府或个人供给不足或私人过度浪费的公共产品所具有的外部性直接体现在自然环境或保障制度对老年人口生活质量的影响。具体表现为公共资源对老年人口生活质量提高的供给不足,养老保障制度、老年医疗保障制度对提高老年人口福利的供给不足或道德危机中对制度使用的浪费,致使需要制度支持或资源供给的老年人没有得到生活质量的提高。为此,本课题认为公共产品的外部性问题是影响老年人口生活质量的众多因素中最本质的问题。如何在制度设计的机理中避免其外部性便成为本课题研究的主要任务之一。

7.4 老年人口生活质量政策设计的内在矛盾

通过增加经济收入的方式来化解老年人口的收入供给不足,从形式上让老年人口的生活困境暂时可以得到缓和。但对事实上存在的困境及政策"虚化"问题却没有得到实质性的解决。这种模式及政策的局限性,在很大程度上源于没有考虑利益相关者博弈行为的政策设计与老年人口生活质量目标不协调而产生的种种内在矛盾，导致改善老年生活质量的政策功效有限。

7.4.1 老年人口生活质量的制度障碍是根本原因

老年人口生活质量不高的根本原因在于存在制度障碍，其直接体现为医疗保障制度的硬约束化、养老保险制度的行政化、公共产品生产的政府行为化。其结果是制定的制度与政策难使老年人获得真正利益。

分析这种制度障碍的根本在于当前政策下原有的具有公共产品性质的医疗保障、养老保险、公共娱乐设施与自然资源等在向市场经济的转化过程中的成本付出。而使老年人承担的这种成本付出严重影响了老年人的生活质量。体现在：

第一，"硬预算约束"的概念引入医疗保险领域，医疗保险通过对消费者进行医疗贷款而形成了一种硬预算约束。这种硬预算约束形成的医疗保险制度无法体现老年人作为特殊群体的特殊需要，使老年人口的健康维护受到了严重的挑战。

第二，从养老保险制度来看，养老保险制度的运作无论从基金的筹资、投资或运行来看都带有严重的政府行政化的色彩。这与基金在市场化运行中的现实形成了极大的反差。在这种制度前提下，这种养老保险采取的"统账结合"的方式一开始就决定了它无法改变原有制度的实质。因此，如果对制度没有恰当的定位，那么它的引入在本质上无法使原有的运行模式方式发生变化，也无法使人们对养老基金充满信心。其根源在于基金管理的制度障碍。

第三，老年人对公共产品的需求在转轨时期使老年人无力承担这些产品需要老年人付出的成本。尽管有些优惠政策向老年人倾斜，但供不应求的状况始终没有得到改善。究其根本原因，可以发现这些产品在转轨时期的生产有其自身存在的制度障碍。

7.4.2 老年人口生活质量多元目标的实现存在供需矛盾是深层原因

老年人口生活质量的多维衡量既体现了老年人口对生活的多方需求,包括客观与主观的双重标志,也体现了老年人的需求是否是有效需求,即这种需求是否是有能力的需求。同时还要考虑为满足老年生活质量需求的有效供给是否能与老年人的需求相吻合。目前,从我国老年人口生活质量的供求来看,无论是供给的数量还是质量都无法满足老年人口生活质量的需求。致使老年人口的收入严重不足、医疗保障得不到保证、生存环境日益紧张与不安。其实,这些问题所体现出来的矛盾直接归因于其内部的深层次原因,即目前的制度障碍所带来的制度供给不能满足老年人口生活质量提高所需要的制度支持。体现在以下几方面:

第一,目前医疗保障制度中的硬约束对老年人口健康的不利作用造成老年群体对医疗保健的需求与供给的矛盾。

第二,养老保障基金的供需矛盾、保值增值的矛盾被认定为是由于负债过高造成的。就普遍而言,养老基金的困境并非因负债过高一个原因造成,其实负债率对养老基金的约束并不主要是养老保险基金的不合理带来的。在基金运行制度没有解决的情况下,养老基金筹资无法解决高负债的根源。如果政策的设计没有足够的约束力让政府真正让渡基金监管权,而基金管理公司也缺乏经营好的愿望,那么理论上多元功能目标的共同实现存在逻辑上的矛盾。

第三,政府对公共基础设施的供给及生态环境的维护始终不能满足人们的实际需要,特别是老年人口的需求,如果这种由政府投资、生产、管理、供给又由政府购买的公共产品的管理制度不改变的话,老年人口对生活环境的需求将始终不能得到满足。

7.4.3 老年人口多元化目标的实现手段的不相匹配性是直接原因

老年人口生活质量的概念是多维的目标组合,物质生活质量的提高有赖于经济收入作为保障基础。由于我国目前养老保险的覆盖率较低,且养老保险基金不能保值、增值等问题的存在,这就决定了我国目前在制度上不能保证老年人口的经济来源。究其原因在于养老保险基金的筹资与投资阶段的具体运作主要采用行政手段,忽略了基金的市场选择作用,这与后期阶段(即对老年人口的经济分配阶段)应该施用的市场化运作手段不匹配。

在我国目前的医疗保障制度中,虽然改变了原有的公费医疗的弊端,但却没有考虑老年人口在健康方面的特殊性所带来的对医疗的极大需求的具体问题,因此在实施中不免会导致制度运行中的障碍无力清除。

老年人口在日常生活中更加注重对周边环境的需求,由于我国长期以来对公共设施建设的不足及对自然环境的破坏严重影响了生态与生存环境的质量,如果仍然按照目前的运行方式即公共产品由国家生产与投资,其结果必然导致产品的外部性问题。

老年人口的精神生活质量与家庭生活质量无不来自于经济压力、健康威胁、生活环境威胁的影响。如果没有一定的经济基础,又如何提高老年人口的精神生活质量呢?如果没有健康的身体,又如何提高老年人口的家庭生活质量与精神生活质量呢?如果没有环境供给,又如何促进老年人口的身心健康及生活质量的提高呢?

总之,从以上对外在原因与内在矛盾的分析可以揭示出问题的成因都归结于制度所造成的障碍。从其他国家的经验可以知道,这种制度因素恰恰又是决定与影响人口生活质量的主要制约与激励力量。图7—2至图7—6中比较了生活水平比较高的典型国家的评估体系,对本课题是有借鉴意义的。

7.5 其他国家或城市的经验评价

7.5.1 欧洲

一般认为,欧洲的生活质量是较好的,他们以福利为出发点建立了他们的生活质量评估框架。以福利概念为基础而发展起来的"生活水平"、以客观数据为基础而界定的"生活状况"衡量、以重点关注客观指标为测量基础的"生活水准",反映这三种概念的"生活质量"的内容发展无不体现出从生活质量—社会凝聚—持续发展的不断演进的过程,这个过程十分明确地阐释了从个人生活层面向社会生活层面的推进,如图7—2 所示。

7.5.2 荷兰

荷兰是第一个使用生活质量指标体系的国家。自 1974 年开始,荷兰每三年都要对人们生活的各个领域进行一次主观方面和客观方面的调查。在对生活质量的调查与评价过程中,政府的力量是不能忽视的,如图7—3 所示。

7.5.3 瑞典

瑞典是较早实行"福利国家"政策的国家,也是较早开展福利研究的国家。福利研究虽然是公共政策的基础,但也受制于政策目标的影响。在瑞典,重要的政策目标是平等而不是解决贫困。这既是经济发展的结果,也是政府对可分配的生活条件的一种衡量。1965 年,瑞典政府成立了一个委员会,其任务是专门从收入分配的角度研究人们的生活质量问题,研究的主要内容是从投入与消费的不同侧面反映人们的生活状况,其间可以看出政府制度在这方面的作用,如图 7—4 所示。

7.5.4 墨尔本

就生活质量的本质而言,它主要体现在个人层面上,是个体对其物质福利状况的体验及评价。然而,人们所处的居住地和环境对生活质量也有重要影响,这种环境构成了衡量满意度的空间载体。作为典型的澳大利亚城市,墨尔本有古老的历史及优厚的资源,但在对生活质量的评价方面,主要内容涉及经济能力、社会可居住能力、环境可持续发展能力三个方面。在衡量的指标体系中,公共生活层面成为评价生活质量的主题与内容,始终贯穿于政府的制度与政策之中,如图 7—5 所示。

7.5.5 新加坡

新加坡人对自身的生活质量始终是满意的。无论是客观评价或主观感受,新加坡人对自己的政府都充满了信心。在亚洲国家中,新加坡的福利是比较成功的。政府在这方面的研究是颇有成功经验的,如图 7—6 所示。

从以上国家对人口生活质量的构建体系来看,尽管各国从不同的角度根据各国的实际对人口生活质量作出了不同的体系评价,但可以看出各国在衡量生活质量的时候都承认生活质量是一个多维目标的实现,而目标的实现与否与实现程度都不同程度地取决于其中的保障制度与国家的政策支持。这里的保障制度主要是指医疗保障制度与养老保障制度,具体来看有以下一些共同特征:

伴随着老年人口比重的增加和寿命的延长,老年人健康的社会保护即医疗保险及其保障问题越来越突出。在国外,特别是发达国家,老年健康保障及养老保障问题是比较突出的。在老年人口养老保障问题得到初步缓解之后,他们突出需要的是健康保障。同时也应该看到,在社会发展过程中,通过医疗保障和社会养老保障制度的建立和完善,发达国家为解决老年人口生活质量问题提出了一系列比较完备的措施,具有一定的普遍意义。

第一,由国家和政府建立起全民的医疗保险制度

所谓社会化的保障,首先要有全民性,即建立起全民性、公平化的医疗保险制度。这是发达国家医疗保障事业的一大特点。如英国、荷兰、瑞典等国较早建立了全民的医疗保险制度,由国家强制规定一切劳动者必须参加医疗保险,这样,在人口年龄结构进入老年型以后,医疗保险的体制已经形成并发挥了保障老年人口生活质量的作用,社会对老龄化的承受力相对增强了(钟仁耀,2004)。

第二,建立和发展老年医疗保健和社会服务体系

针对老年人身体处于衰老过程的特殊性,很多发达国家在建立基

本医疗保险的同时,也在大力发展老年保健、康复和长期护理事业。这对解决老年人的实际问题和节省国家医疗费用开支都是比较有效的。

第三,建立和发展了养老保险制度

养老保险作为一种正式的制度安排,实际上发轫于17—18世纪的英国。但是目前人们较多地将德国于1889年建立的公共养老金计划作为养老保险制度诞生的标志。随后的许多欧洲国家纷纷建立了养老保险制度,这不仅对维护社会稳定起到了积极作用,而且为保持老年人口的基本生活水平奠定了经济基础。

第四,公共政策制度的建立与发展

在人口生活质量的内涵界定及评价过程中,许多国家都认为生存环境是不能忽视的方面。特别是影响人们生存的自然环境,更加引起了各国政府的重视,因此,许多国家由政府出面对影响生活质量的资源、生态、公共设施等问题在政策上给予了不同程度的制度约束。

通过比较以上国家的经验,我们分析目前中国老年人口生活质量的主要内容及影响成因,如图7—7所示。

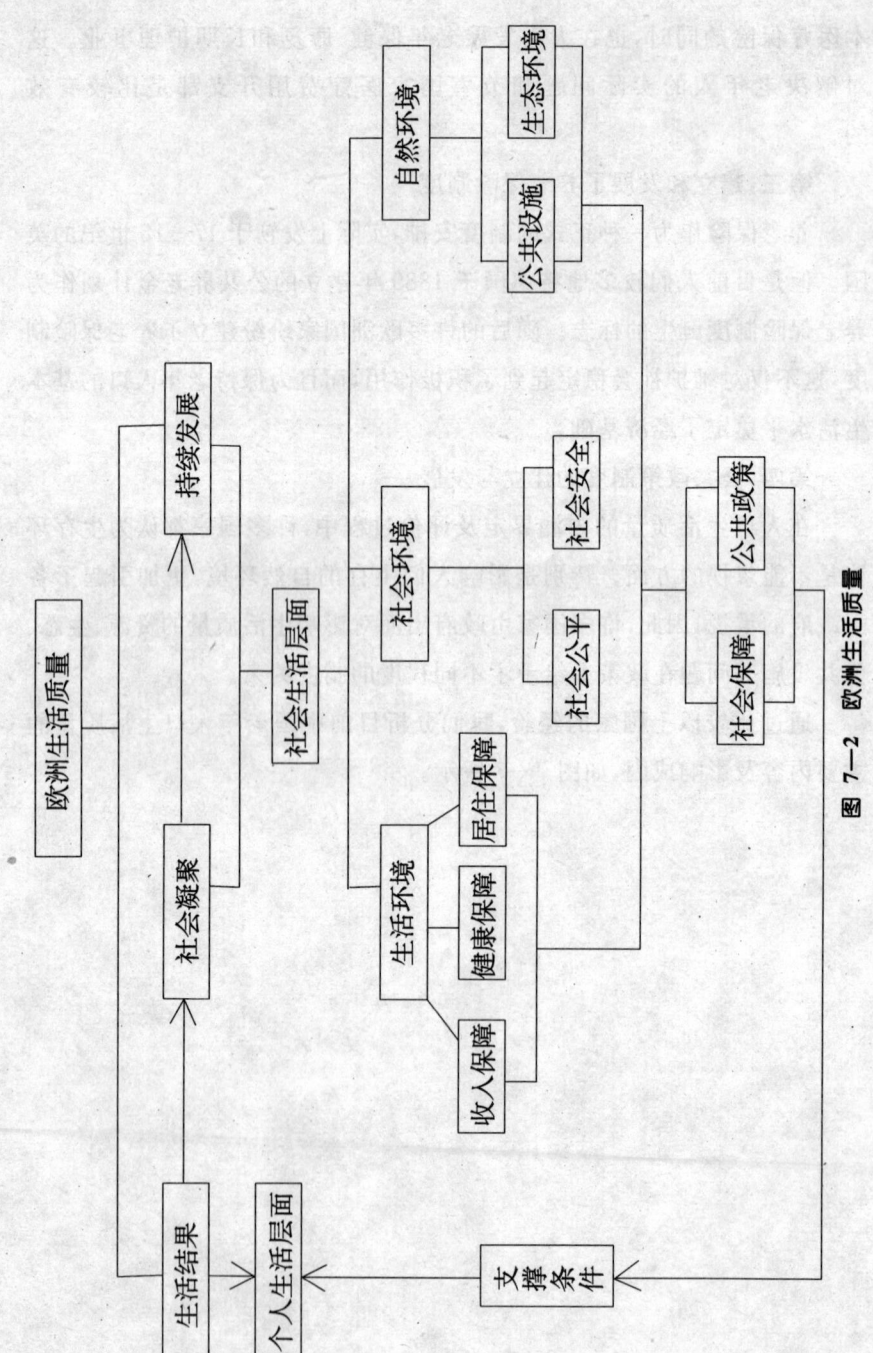

图 7—2 欧洲生活质量

第七章 我国老年人口生活质量的现状及成因分析 199

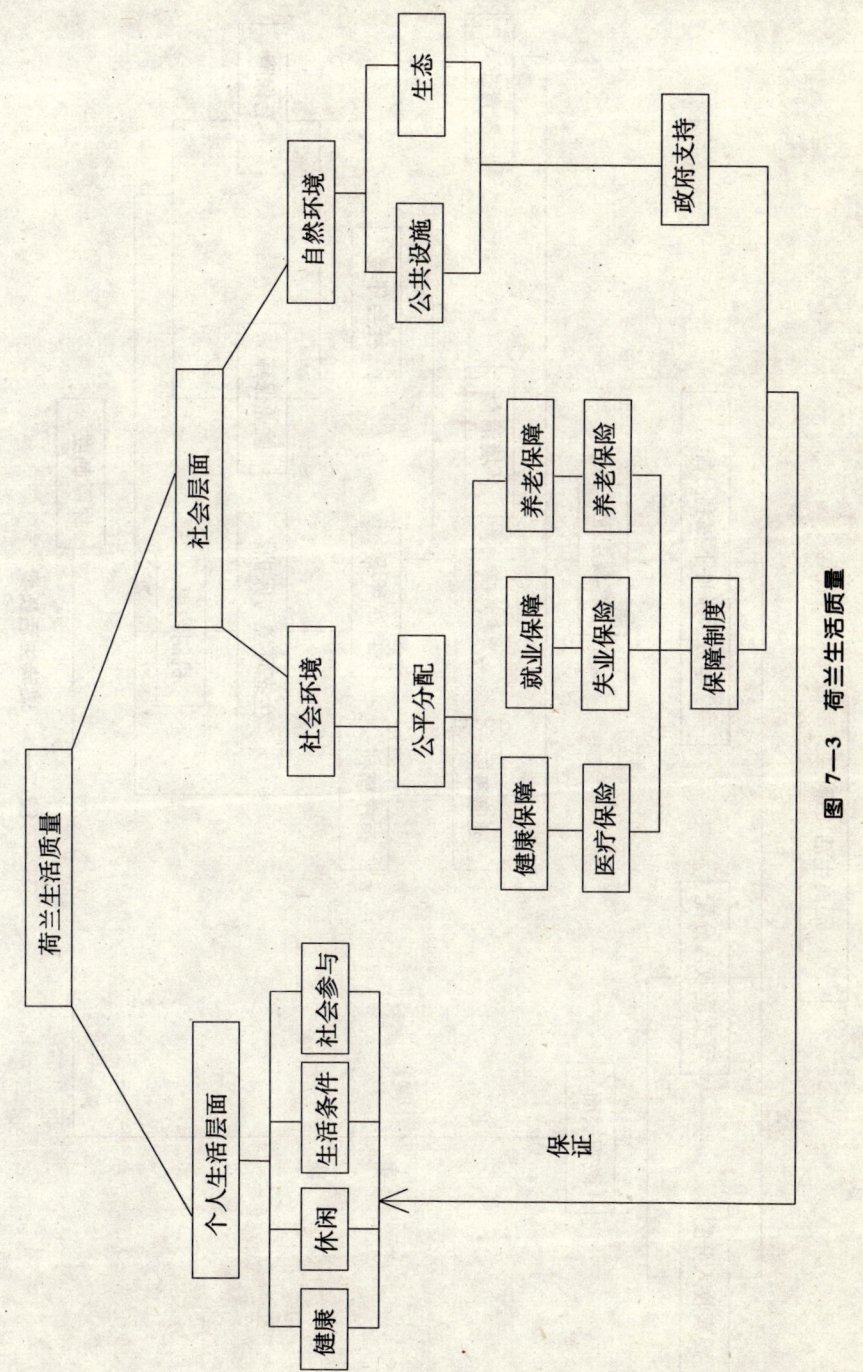

图7—3 荷兰生活质量

200　养老质量测评

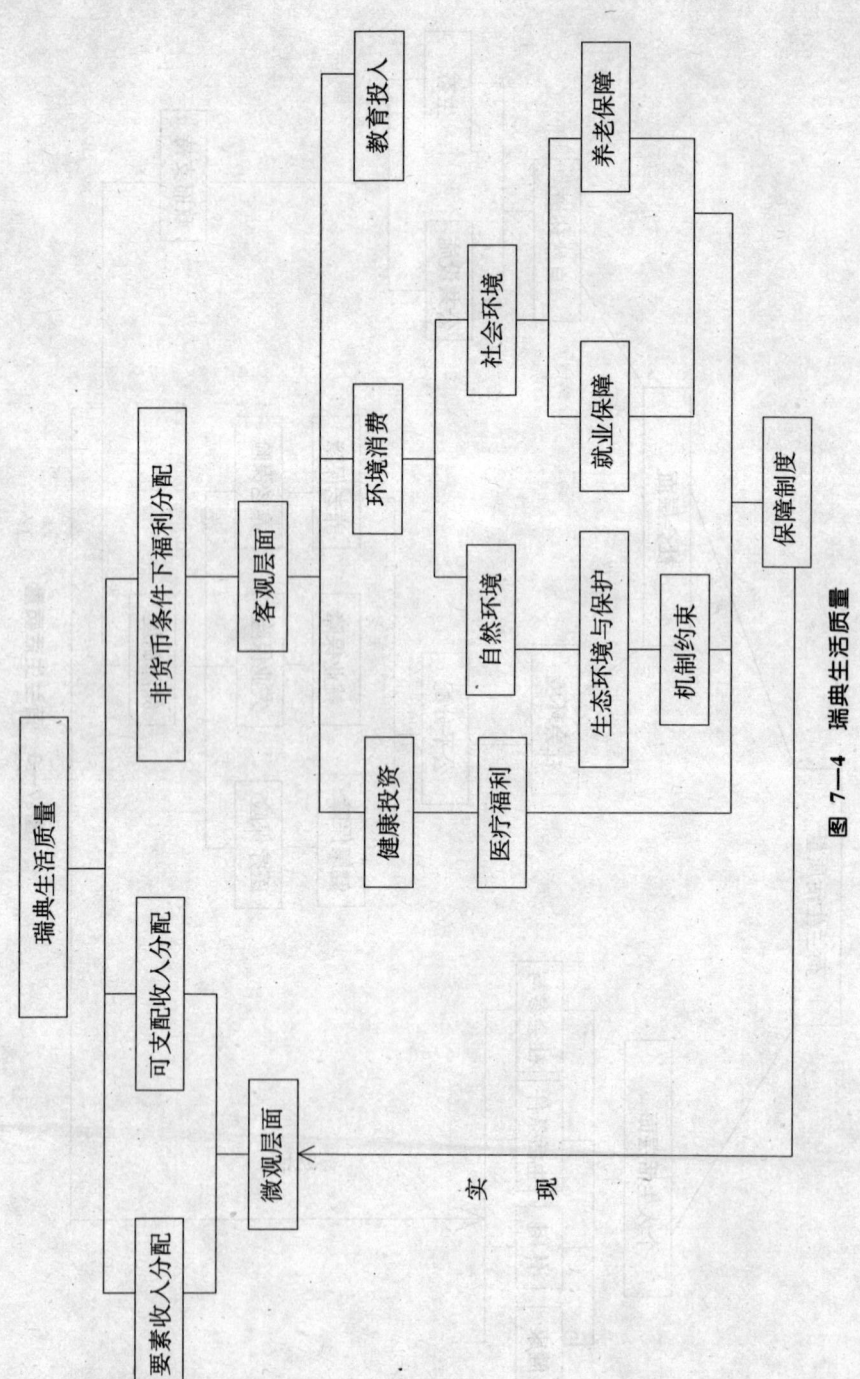

图 7—4　瑞典生活质量

第七章 我国老年人口生活质量的现状及成因分析 201

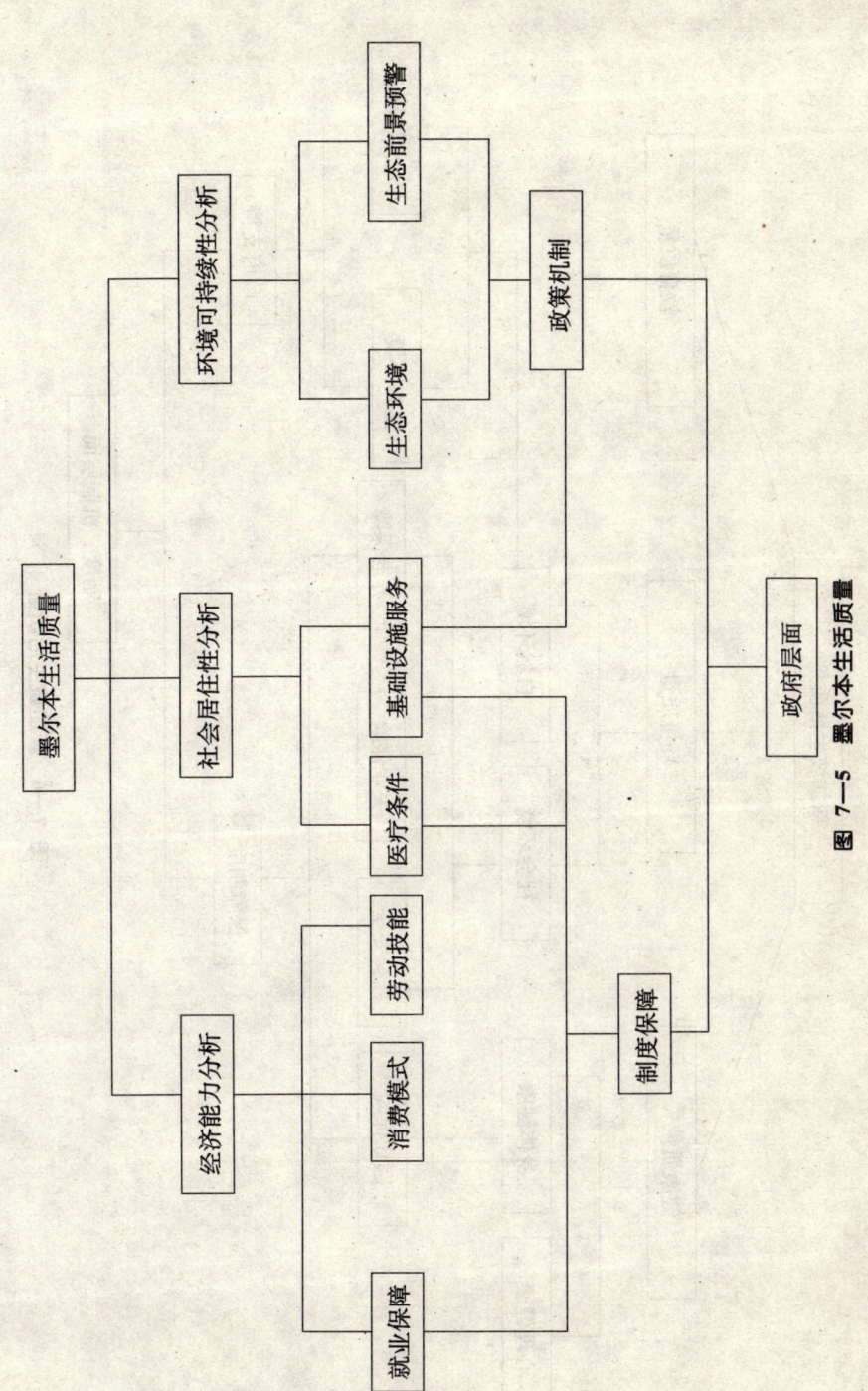

图 7—5 墨尔本生活质量

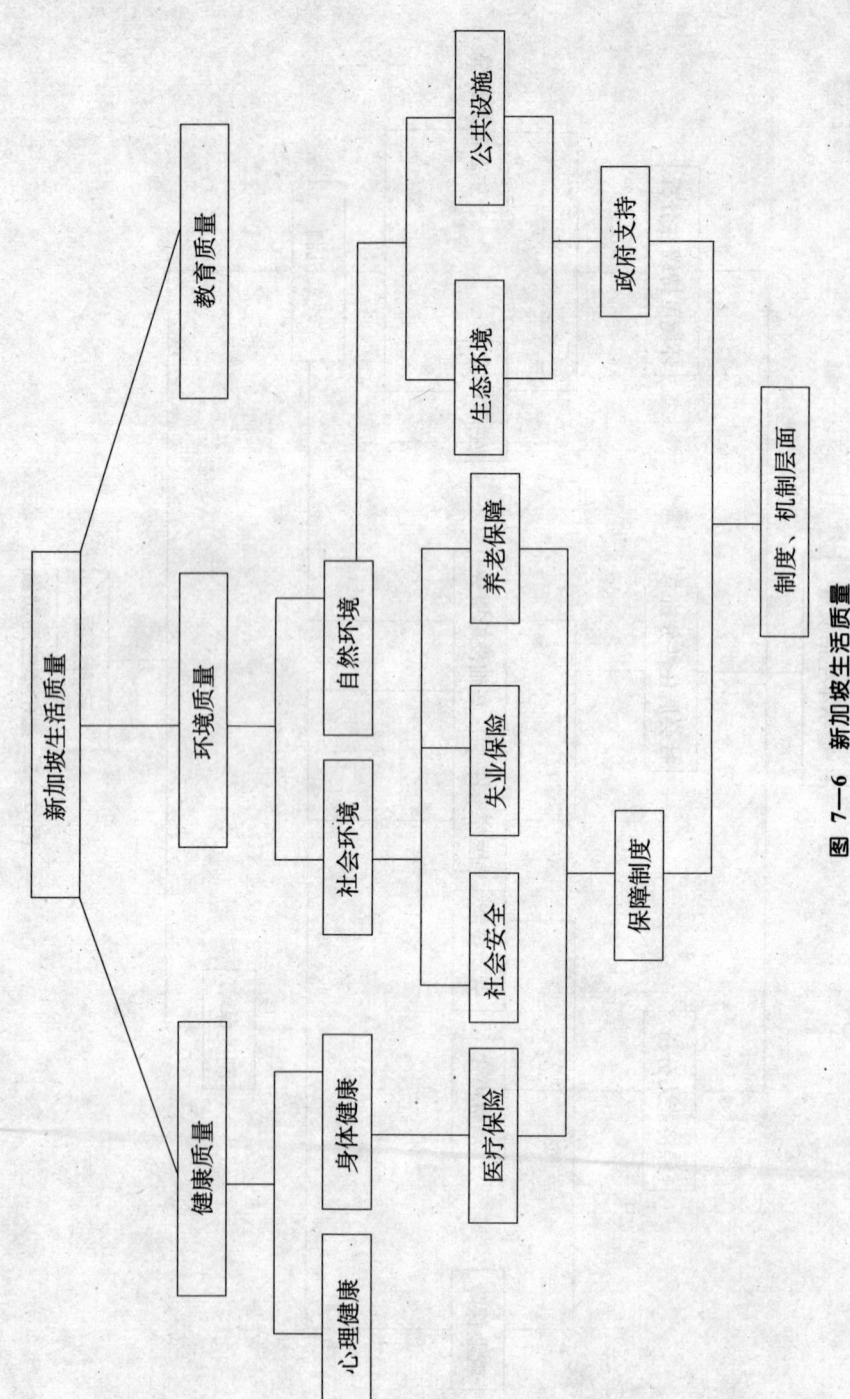

图 7—6 新加坡生活质量

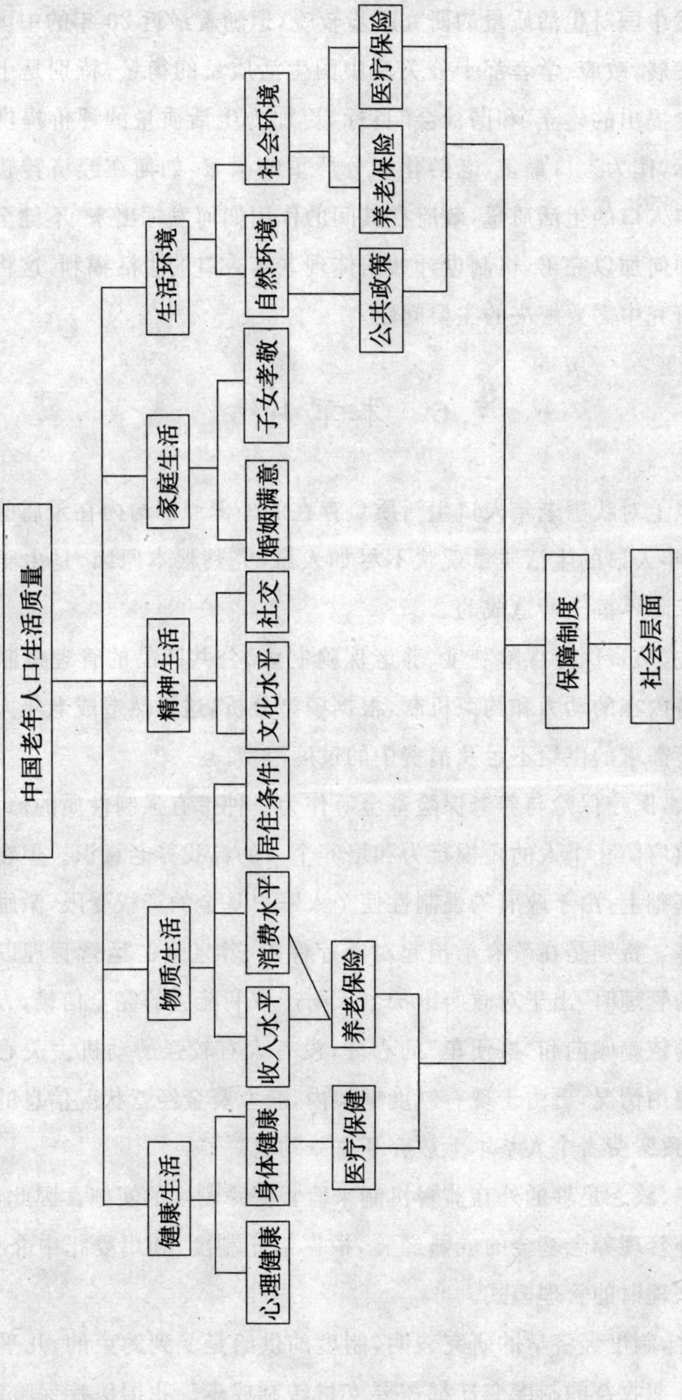

第七章 我国老年人口生活质量的现状及成因分析 203

图 7—7 中国老年人口生活质量

虽然中国对生活质量的研究起步较晚,但随着最近20年的中国经济的飞速发展,政府、学者都十分关注中国生活质量的衡量,特别是十六届四中全会提出的建立"和谐社会"目标,更加为生活质量的评价提供了发展的目标,作为人口最多、老龄化十分严重的国家,如何在经济转轨时期提高老年人口的生活质量,政府在其间的作用如何发挥出来,不健全的制度机制如何加以完善,机制设计如何体现老年人口的生活福利,这将是本课题在研究中需要解决的主要问题。

7.6 本章小结

从以上对我国老年人口生活质量存在的外部原因与内在矛盾的分析来看,老年人口的生活质量现状不尽如人意,究其根本原因,是由于我国的制度保障不健全所造成的。

首先,负责医疗保险制度、养老保险制度、公共产品的管理机制的主体不具备内在的动力和约束机制,根据模型分析,这必然造成老年人口对生活环境需求的供给不足及消费中的过度浪费。

其次,医疗保险与养老保险基金等作为一种带有强制性质的储蓄,其目的是政府防止个人的短视行为和培养个人的自我养老意识。但在目前的制度基础上,由于政府的强制性使个人账户基金的产权受限,激励机制受到损害。特别是在政府承担起对医疗保险、养老金的运营管理以及公共产品的管理时,出于对政府维护个人财产权利能力的完全信赖,人人都有明显的依赖倾向和"搭便车"的心理,没有人有较强的动机去关心自己资金的使用情况,更由于现有制度框架内,获取资金经营状况信息的成本很大,导致缴费者个人基本上放弃了这一动机。

第三,缺乏足够的外在监督机制来监督保障制度的实施。因此,可以借鉴国外管理养老基金的成熟经验,根据信托制度,利用委托中介机构,实行专家理财的管理模式。

总之,制度经济学的研究表明,制度的供给是受到约束的,几乎任何能带来预期收益的制度变迁都需要支付转制成本。我国医疗保险制度、基本养老保险制度的变迁也理应如此。但是,事实上由于新旧制度转轨成本过大,谁来负担这些高额的转轨成本,由本来作为弱势群体的老年人承担成本既不可能,也不现实。解决问题的根本是如何在制度设计中既能从供给方面提高公共产品的生产及利用效率,又能对老年人口有所倾斜并在制度上得到保证。

第八章 制度分析与政策支持

针对我国老年人口生活质量的保障制度中的矛盾,选择与实现我国老年人口生活质量保障制度的转化,最重要的是构造科学合理的运行发展机制。依据本研究的理论框架,老年人口生活质量的保障制度是指公共服务保障、医疗保障、养老保障三者的相互关系与制约功能,其核心是制度,关键是政府。因此,运行机制的建设在本质上就是通过制度设计使三者之间的关系和功能达到理想状态。为此,本章运用经济学、博弈论的有关理论,从公共产品、医疗保障、养老基金三个方面展开研究。以观念创新和政府职能转变为前提,以制度设计为手段,以建立激励与约束条件为基础,以强化保险与增值双重功能为突破口,从而建立政策支持路径,为老年人口生活质量的可持续发展作出理论贡献。

8.1 基于公共产品外部效应矫正机制的老年生活保障制度的确立

8.1.1 问题的提出

公共产品的特征主要有两个:一是资源的稀缺性,二是资源使用的非限制性,即这种资源的使用不受限制,因此出现了某些个人的经济行为影响了其他个人,却没有为之承担应有的成本费用或没有获得应有的报酬的现象,于是产生了外部效应。外部效应又叫外部性,是指"私人收益与社会收益,私人成本与社会成本不一致的现象"(贺卫,1999)。

在反映老年人口生活质量的内容中,由于公共环境(公共设施、娱乐场所、自然环境、制度空间)是提高人口生活质量的空间载体及生活质量可持续发展的基础。因此,公共环境作为生活质量的重要因子,它既是目标,又是手段;既可以推动生活质量的提高,又可以从反面使生活质量大打折扣。因此扩大对公共产品的投资以改善生存环境,将会促进社会、经济与环境的协调、可持续发展,并最终实现生活质量的改善与提高(周长城,2003)。

由于老年人口的生存环境构成了影响老年人口生活质量的主要因素,但这些因素属于社会公共资源,必然具有"公共资源问题"(common resource problem),因此产生外部效应是不可避免的。人口生活质量公共产品的外部性主要表现在两个方面,要么是公共产品消费中的过度浪费,要么是公共产品的供给不足。由于公共产品支出作为一种特殊产品具有两面性,它虽然不是生产性产品,不能直接为社会带来资本和利润,但它在另一意义上对生活质量有明显的促进作用,因此政府投资生产公共产品是必要的。本课题将从公共产品供给不足的角度进行分析,力图建立一种减少"公共地悲剧"的均衡机制(陈振明,2003),以此克服外部效应的不经济现象。

8.1.2 分析方法——公共产品外部效应矫正的途径

外部效应的矫正,就是指对产品或劳务的私人边际成本或私人边际收益进行调整,使之与社会边际成本或社会边际收益相一致。其矫正的方法主要有两类:一是外部效应的内在化,即产权私有化;二是外部效应的混合化(外部与内部的结合),即产权公有下的私人生产(朱柏铭,2003)。

第一,从科斯的产权界定来看——外部效应的内在化

在矫正公共产品外部效应的一般制度设计方面,科斯的产权私有化具有独特的意义。但是,值得注意的是,当排他性的产权界定不完全时,即使政府已经明确界定了排他性权利,资源也可能变成事实上的公共财产。由于这种权利的实施存在着障碍,因此这种私人产权是名不副实的。同时,我们也不能断言,排他性产权的创造性一定会增加福利,即不能得出私有化的社会政策的福利一定为正的结论。下面我们利用一个只有两种商品进行市场交易的一般均衡模型对此进行分析(埃格特森,1996)。

假定由于实施资源排他性产权后的成本投入导致产出的损失额少于建立资源排他性产权后产出收益的增加额,因此生产可能性边界曲线将向外移动。对此社会福利将如何变化呢?

假定被建立排他性产权的资源是土地,土地的效用曲线如图8—1所示:

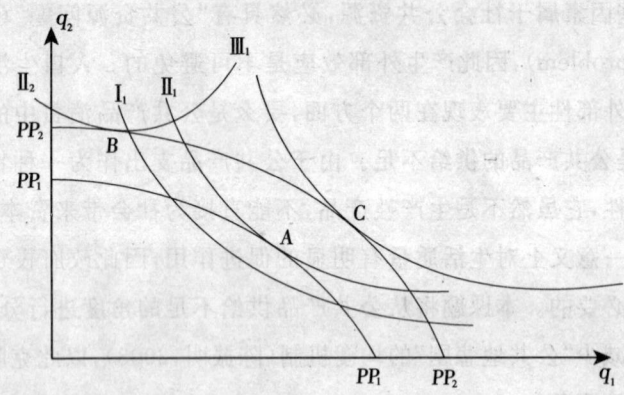

图 8—1 公共产品的效用曲线

在图8—1中,初期的土地属于公共财产,相关的生产可能性曲线是PP_1,国民经济的均衡点是A点。如果A点从低的无差异曲线移动到高的无差异曲线,可以看做是社会福利有帕累托改进。现在假定在公共地制造排他性产权的行动将PP_1曲线的位置向外移动,新的均衡点落在PP_2上的B点。B点所代表的社会福利水平是否有新的提高是难以判断的。如果用制定排他性产权以前的福利分配作为价值判断的标准,那么,图中从A点移动到B点意味着社会福利降低了,也就是说,建立排他性产权提高了国民经济的生产能力,却降低了社会福利。当然,上述结论只是许多可能中的一种。在图中新的PP_2线上还可能存在位于更高的社会无差异曲线$Ⅲ_1$上的C点,它代表着比A点更高的社会福利水平。如果公共财产的所有使用者都同样将公共财产转变为私人财产,并且受益者对受损者作出适度的补偿安排,就使经济能穿越B点,直接从A点移到C点,从而使得整个社会的福利水平得到提高(洪银发,2002)。

针对我国目前的情况来看,影响生活质量的公共产品如土地、森林等资源是国家所有或者集体所有,不可能成为私有产权。同时,在实践中,高昂的交易成本一般会阻碍受益者与受损者之间达成补偿协定。由此可以得出结论:利用排他性产权来克服共有资源造成的"公共地悲剧"的产权途径在我国是不可行的。将公共财产大规模地转化为排他性财产,不但影响国民经济的生产能力,还将影响财产的分配(郑文范,2002)。

第二,从政府投资、私人生产的角度来看——外部效应的混合化

我们经常说由私人提供的某种物品,是指不仅由私人直接生产这种物品,而且更重要的是指由私人为这种物品的生产提供资金。在大多数情况下是私人靠销售这种物品的收入来为它的生产提供资金。经济学上所论证的应由政府来提供公共物品,主要说的也是由政府为公共物品的生产提供资金。经济学认为,公共物品消费具有非竞争性和非排他性,这使靠私人销售公共物品的收入为公共物品的生产提供资金成为不可能,因而通常私人不会有动力去生产公共物品。

按照经济学的这种思路,只要有人能够给公共物品的生产提供资金,私人就会有足够的动力去生产公共物品。因此,问题的关键在于由谁提供资金。其实,西方国家历来有让私人生产公共物品的传统。军队用的武器可以算做是国防这种公共物品的一部分吧?但是西方国家的武器一般都是由私营企业生产的,只不过它由政府购买。这就意味着,为武器生产提供资金的实际上是政府。因此,真正的创新之处在于国家并不提供公共物品的实物,而只提供生产公共物品的资金,由私人用这种资金去生产公共物品的实物。

由此看来,由私人生产公共产品、政府提供购买资金的现象不是不可能的,问题是它能解决供应不足的外部性问题吗?为此,能否建立一种在政府购买公共产品的前提下的激励与约束机制使私人能有足够的动力去生产这种公共产品呢?本章试图用博弈论的方法分析这种制度设计。

8.1.3 矫正公共产品外部效应的制度设计——政府投资(购买)、私人生产的公共产品的选择

公共产品的性质决定了政府购买的前提,为此决定了政府提供公共产品所需资金的现实。政府在确定公共产品的价格并进行购买的情况下,所需要考虑的是雇佣谁来进行生产。这里有两个方案可供选择,要么选择政府代表者,要么选择私人企业,什么样的选择是理性的呢？由于影响老年人口生活质量的公共产品供应不足,政府必然考虑在生产者能够最大限度地提高公共产品的供应量的结果中作出选择,这种选择必须依赖于一种制度作为保证,而这种制度的设计需要建立一种博弈均衡模型作为参考依据。

第一,模型的假设条件

假设 1: $\pi_H = \pi(e_H)$,表示投资收益是努力生产者的函数,其中 e_L 为努力生产者;事实上,不努力生产也可能在一定概率下创造出高收益,但政府只能根据结果认定是不努力生产者经营的,就其总结果而言,由于不努力生产者创造的高收益的概率很小,因此这种假设并不会影响整个分析过程的推断。

$\pi_L = \pi(e_L)$,表示投资收益是不努力生产者的函数,其中 e_L 为不努力生产者;虽然努力生产在一定概率下也可能产生低效益,同上面的假设一样,并不会改变分析的总结果。

假设 2: $C_H = C(e_H)$,表示努力生产的经营者的获取需要付出的成本投入是努力生产者的函数;$C_L = C(e_L)$,表示不努力生产者的获取需要付出的成本投入是不努力生产者的函数;并且 $C'(e) > 0, C''(e) > 0$,其经济意义是努力生产的经营者的成本投入与各层次的经营管理者成增函数关系。

假设 3: $W_H = W(e_H)$ 表示较高劳动报酬是努力生产经营者的函数。劳动报酬是以收益为依据,不努力生产者在很小概率下生产的高收益而获取的高报酬(由于概率很小)并不会影响其假设对结果的推断。同理:$W_L = W(e_L)$ 表示较低劳动报酬是不努力生产者的函数。W 表示变化不

大的劳动报酬。因为 $\pi_H > \pi_L, C_H > C_L$，为了分析方便，我们假设差异较小的劳动报酬为同一报酬。

假设 4：对供应不足的公共产品，政府会对私人每生产一个单位的该产品在价格中补贴 T，T 为最优产品下的社会边际收益，这种补贴直到达到帕累托最优为止。

假设 5：政府生产与私人生产的不同在于私人生产的劳动报酬与私人生产的结果相结合，其对劳动报酬的支付发生在生产之后；而政府生产的劳动报酬的规定是发生在生产之前，由此必然产生前者的私人收益由生产的努力程度来调节，而后者的收益由政府来安排。

假设 6：由政府购买私人生产的公共产品必须要符合政府规定的范围，私人只有在不高于其生产成本规定的基础上才更有利可图，由此扩大符合政府需要的公共产品的生产并获得产品的单位补贴总是划算的，而政府生产的产品即使不符合政府的要求、超出了政府规定的范围，即使成本再高，政府也必须购买。

第二，分析过程

在以上假设的基础上，可以通过扩展图 8—2 作出具体分析：

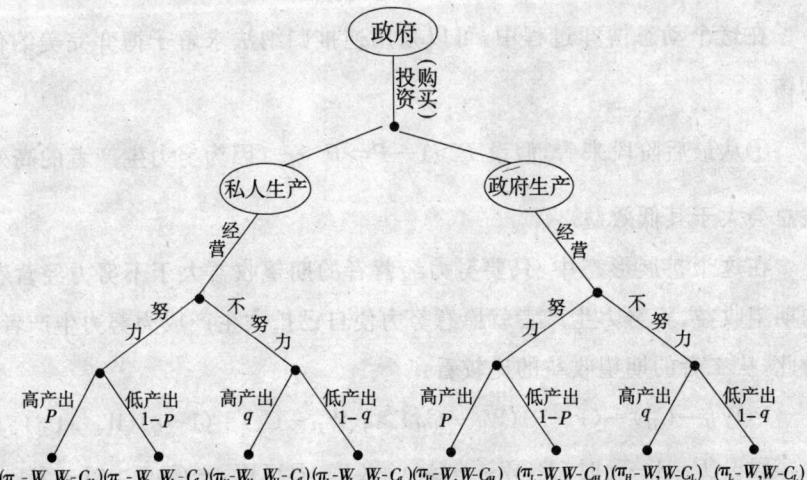

图 8—2 扩展图

从扩展图 8—2 可以看出，这里有两个方案可供选择，即由私人生产或由政府生产。对此,存在两个纳什均衡,即相同报酬下的混合纳什均衡与不同报酬下的子博弈精炼纳什均衡(张维迎,1996)。下面分别来看这两种方案:

第一种方案:从政府投资、私人生产来看

①就政府而言,由于公共产品的特殊性(不以营利为目的)及公共产品在一个社会中的作用,无论是赢利或亏本,政府一定会进行投资,但在选择由谁经营时,政府必然会选择产生高效经营(生产量极大)的一方生产。

②就私人而言,在前面假设的基础上,政府的购买价格是一定的,私人生产必然为了利益最大化而降低成本,而降低成本的唯一方法就是扩大生产,进而降低生产的单位成本。问题是如何才能使私人有动力去扩大生产呢?以下的博弈模型可以产生这样一种机制。

假设 $W_H - C_H > W_L - C_H > 0 > -C_L > -C_H, W_H - C_L > W_L - C_L > 0 > -C_L > -C_H$,可以看出,无论是努力或不努力生产的经营者,相对于被雇佣来说,拒绝被雇佣总是绝对的下策,因此无论经营的效果如何,收入的差别如何,努力与不努力生产者总会选择接受生产。由于这里没有纯纳什均衡,只有混合均衡,其均衡结果怎样呢?

在这个动态博弈过程中,可以采用逆推归纳法求解子博弈完美纳什均衡。

①从最后阶段来看,假设 $P > 1 - P \Rightarrow P > \frac{1}{2}$(因为努力生产者的高效益总会大于其低效益)

在这个扩展形态中,只要努力经营者的期望收益大于不努力经营者的期望收益,不努力生产者就愿意努力使自己扩大生产成为努力生产者,为此,从二者的期望收益的比较看:

$P(W_H - C_H) + (1-P)(W_L - C_H) > q(W_H - C_L) + (1-q)(W_L - C_L)$

假设 $P = 1 - q$ 时,$P(W_H - C_H) + (1-P)(W_L - C_H) > (1-P) \cdot (W_H - C_L) + P(W_L - C_L)$

可以得出:$W_H > W_L + \dfrac{C_H - C_L}{2P - 1}$

随着 C_H 增加时，W_H 会以大于 C_H 的数量增加，这说明生产经营者为提高产出付出的努力而增加的成本投入总是划算的。

由于努力生产者投入成本的提高必然会带来更好的劳动报酬，因此不努力生产者只有付出较大的努力成本投入才能摆脱低产出的陷阱。

由于：

$$\frac{1}{2}<P<1 \Rightarrow 2P-1>0 \qquad (8.1)$$

生产经营者的劳动指对公共产品的有效劳动和无效劳动，如果要提高生产经营者获得有效的公共产品生产成果的概率，从公式(8.1)可以得出：

$$P>\frac{1}{2}+\frac{C_H-C_L}{W_H-W_L}$$

带入式(8.1)得到

$$0<\frac{C_H-C_L}{W_H-W_L}\leqslant\frac{1}{2} \qquad (8.2)$$

因为 $W_H-W_L>0$，所以：

$$0<C_H-C_L\leqslant\frac{1}{2}(W_H-W_L) \qquad (8.3)$$

公式(8.3)说明要提高有效生产成果的概率，高产出与低产出的生产经营者要付出的成本之差应该低于高产出生产经营者获取收入的差额的一半，这样生产经营者才有动力去努力生产，从而提高公共产品的收益。如果保证努力生产经营者一定能获取高产出(即 $P=1$)，这时，公式(8.3)就转变为(8.4)：

$$C_H-C_L=\frac{1}{2}(W_H-W_L) \qquad (8.4)$$

公式(8.4)说明，生产经营者努力生产付出的成本必须以报酬提高为前提。因为当 C_H-C_L 足够大而又没有相当的收入来保证，不努力经营者必然不会愿意为提高生产而增加努力工作的投入，另一方面，努力生产经营者一旦发现自己无利可图，自然会放弃对生产经营的积极性，因此生产经营者报酬的高低是对提高产出的保证。

由此看来，如果努力与不努力生产经营者的收益体现了不同的劳动报酬,则对于生产经营者而言,努力生产以提高产出是绝对的上策。

②从倒数第二阶段来看:政府在选择什么样的个体进行经营生产时取决于经营获益的大小。如果要保证政府选择努力生产经营者而淘汰不努力生产者,必然要使努力生产者能给他带来更高的比较利益。

按照前面的假设:

$$P(\pi_H - W_H) + (1-P)(\pi_L - W_L) > q(\pi_H - W_H) + (1-q)(\pi_L - W_L)$$

当 $P = 1 - q$ 时,$\pi_H - W_H > \pi_L - W_L$ 或 $\pi_H - \pi_L > W_H - W_L$,而且 $W_H - W_L > 2(C_H - C_L)$。

事实上,$W_H - W_L$ 取决于 $\pi_H - \pi_L$,即生产经营者努力程度不同所创造的效益。由于公共产品不是一般的商品,不能由市场来定价,但公共产品提供的服务与被使用,也应该由被使用者以服务费(或税金)的方式给予提供。同时,公共产品的效益不仅仅局限在经济利益上,还体现在社会利益与生态利益的结合上,这些利益是可以通过一些指标被评估的。因此,投资生产公共产品的利益是对公共产品效益综合评价的结果。

假设政府确定了 W_H 与 W_L 时,政府的获益就决定了努力与不努力生产经营者的产出水平。由于选择努力生产经营者对政府是严格上策,因此政府一定会选择雇佣私人经营者,但怎样才能选择到努力生产经营者并且使生产者不断努力经营呢?

这时候政府所面临的是通过劳动收入水平的高低对努力程度不同的经营者进行相互竞争的一个博弈问题,这个博弈的结果当然是劳动力市场中选择的不同程度的努力与不努力经营者(e_H, e_L)构成的一个纳什均衡。假设努力生产经营者都是风险中性的,那么每个努力程度不同的生产经营者的纳什均衡策略就是给定对方的选择,自己选择的生产者一定要使自己的期望收益最大化,即对任意 e 必须是下列最大化问题的解。就努力生产经营者而言:

因为 $P\{\pi_H(e_H) > \pi_L(e_L)\} + P\{\pi_H(e_H) < \pi_L(e_L)\} = 1$,下面是具体的证明过程(谢识予,2002):

$$P\{\pi_H(e_H) > \pi_L(e_L)\} > P\{\pi_H(e_H) < \pi_L(e_L)\}$$

因此 $\max [W_H \cdot P\{\pi_H(e_H) > \pi_L(e_L)\} + W_L \cdot P\{\pi_H(e_H) < \pi_L(e_L)\} - C(e_H)]$

$$= \max [W_H \cdot P\{\pi_H(e_H) > \pi_L(e_L)\} + W_L[1 - P\{\pi_H(e_H) > \pi_L(e_L)\}] - C(e_H)]$$

$$= \max [(W_H - W_L) \cdot P\{\pi_H(e_H) > \pi_L(e_L)\} + W_L - C(e_H)]$$

根据最大化问题的一阶条件,可得:

$$W_H - W_L \frac{\partial P\{\pi_H(e_H) > \pi_L(e_L)\}}{\partial e_H} = C'(e_H) \qquad (8.5)$$

公式(8.5)是政府所选择的努力生产经营者在某个程度上必须满足的基本条件,其经济意义是努力生产经营者获得的边际收入等于为获得努力生产所付出的边际成本投入。

由于我们假设 $C(e)$ 是增函数,由此来看,努力生产经营者的成本投入在其获得的收益中不仅可以得到补偿,而且收入差距的拉开与努力程度不同的各生产者是相关的,随着政府收益及 $W_H - W_L$ 的增大,生产者的产出会相应提高。

③从第一阶段来看:只要 $P(\pi_H - W_H) + (1-P)(\pi_L - W_L) > 0$

$q(\pi_H - W_H) + (1-q)(\pi_L - W_L) > 0$,政府就会选择雇佣私人生产而拒绝政府经营。

根据上述分析及结论不难看出存在以下的激励机制与约束机制:

因为 $W_H > W_L + \frac{C_H - C_L}{2P - 1}$ 或 $W_H - W_L > 2(C_H - C_L)$ 满足促使生产者不断努力生产的激励相容约束;

又由于 $\pi_H - W_H > \pi_L - W_L$ 或 $\pi_H - \pi_L > W_H - W_L$ 满足政府雇佣努力生产经营者的雇佣条件;

而 $W_H > W_L > C_L > C_H > 0$,同时 $W_H - C_H > 0, W_L - C_L > 0$,满足私人生产者愿意被雇佣的条件;

同时 $W_H - C_H > W_L - C_L$,满足努力生产者愿意被雇佣的条件。

以上这个动态的博弈均衡是政府选择雇佣私人生产,私人经营者选择接受雇佣并不断努力提高产出效率,在满足以上条件的前提下将得到双方博弈的结果,即混合纳什均衡是 $[P(\pi_H - W_H) + (1-P)(\pi_L - W_L), P(W_H - C_H) + (1-P)(W_L - C_H)]$。

由于这是逆推归纳法得到的结果,也是本博弈唯一的子博弈完美纳什均衡,因此是该博弈可以预测的结果(刘渝琳,2004)。

第二种方案:从政府投资、政府生产来看

在以上分析的基础上,根据前面的假设,如果把上面政府经营的扩展形式转变为以下得益矩阵的表达形式,我们不难找到政府经营的纳什均衡,如表8—1所示。

表8—1 政府经营的纳什均衡

	经营	
	努力	不努力
高收益	$\pi_H-W, W-C_H$	$\pi_H-W, W-C_L$
低收益	$\pi_L-W, W-C_H$	$\pi_L-W, W-C_L$

从得益矩阵表中可以看出:如果从政府投资的角度看,由于影响人口生活质量的公共产品的特殊性,无论 $\pi_i-W>0$ 或 $\pi_i-W<0$(这里 $i=L, H$),政府都会选择投资生产公共产品。如果从政府生产的角度看,由于生产者是政府的代表者,在劳动报酬上很难与经营业绩挂钩,于是必然会出现 $W-C_H<W-C_L$,所以在没有强制性要求的情况下,政府生产者一定会放弃生产。即使政府生产者被强制性要求生产时,其效率的高低是显而易见的。这个结果可以通过以下的博弈分析获得。

根据前面的假设:$\pi_H=\pi(e_H)$,不努力的政府生产者也可能在一定概率下生产出高产出,但政府投资者只能根据结果认定是努力生产经营者创造的,就其总结果而言,由于不努力的政府生产者创造高产出的概率很小,因此这种假设并不会影响整个分析过程的推断。

同样,$\pi_L=\pi(e_L)$,虽然努力也可能在很小的概率下生产出低产出,同上面的假设一样,这并不会改变分析的总结果。

由于概率的出现,我们可以用混合策略分析其结果。

①对于政府生产而言,努力生产的经营者的期望得益为:

如果 $P(W-C_H)+(1-P)(W-C_H)=W-C_H>0$,无论结果如何,他必须要经营。

不努力经营的经营者的期望得益为:如果 $q(W-C_L)+(1-q)(W-C_L)=W-C_L>0$,无论结果如何,必须经营。

但是,由于 $P(W-C_H)+(1-P)(W-C_H)<q(W-C_L)+(1-q)(W-C_L)$

当 $P=1-q$ 时,显然有: $W-C_H<W-C_L$

所以,不努力总是相对于努力的上策选择,政府生产者显然不会努力生产。

②对于政府投资而言,选择努力生产的政府经营者的期望得益为:

$P(\pi_H-W)+(1-P)(\pi_L-W)=P(\pi_H-\pi_L)+(\pi_L-W)$

选择不努力生产经营的政府经营者的期望得益为:

$q(\pi_H-W)+(1-q)(\pi_L-W)=q(\pi_H-\pi_L)+(\pi_L-W)$

由于 $P>q$(努力生产者获得高收益的概率一定高于不努力生产者获得高收益的概率),因此

$P(\pi_H-\pi_L)+(\pi_L-W)>q(\pi_H-\pi_L)+(\pi_L-W)$

但是由于 $W-C_L>W-C_H$,此时努力生产的选择是相对于不努力生产的严格下策,因此,无论混合策略的期望值如何,也无论政府生产经营者努力经营与不努力经营的概率如何,其存在的混合均衡策略也是唯一的纯纳什均衡,这个均衡的结果是: $[q(\pi_H-\pi_L)+(\pi_L-W),W-C_L]$。

第三,结果分析

博弈理论告诉我们:在政府生产的前提下,给定某一报酬,因为 $W-C_L>W-C_H$,努力生产者认为不努力是努力的严格上策,作为理性的选择,努力生产者就会像不努力生产者一样进行生产(表现为经营者的管理、努力程度、工作热情、创新精神等)。如果给定不努力生产者也是理性的,当他认为努力生产者一定会作出以上的选择后,他仍然会不断进行不努力的生产,因为在政府选择政府(政府代表者)生产的时候,尽管有生产报酬之间的差距,但这种差距偏小,不能给不努力生产经营者以足够的动力去努力生产,为此形成不努力生产的"僵局",构成一个严格下策的"纳什均衡"即 $[q(\pi_H-\pi_L)+(\pi_L-W),W-C_L]$。

在私人生产的前提下,由于 $W_H-W_L>2(C_H-C_L)$,满足生产者不断努力生产的激励条件,又由于 $\pi_H-W_H>\pi_L-W_L$ 或 $\pi_H-\pi_L>W_H-W_L$ 满足政府愿意雇佣努力生产经营者的条件,为此形成逆推归纳法得

到的子博弈完美纳什均衡的结果,即$[P(\pi_H-W_H)+(1-P)(\pi_L-W_L), P(W_H-C_H)+(1-P)(W_L-C_H)]$。

对以上两个博弈的结果进行比较不难发现,在私人生产的前提下,无论是政府或私人都可以通过私人的努力生产获得双方都需要的结果,从政府生产与私人生产比较的效果而言,在没有特殊、安全要求的情况下,政府一定会选择私人生产。于是由政府投资、私人生产经营的公共产品就成为克服公共产品供应不足的理性选择。

8.1.4 结论

第一,政府生产下的公共产品的低产出必然造成对公共产品的供给不足。

政府的天然职能是管理而不是生产,因为政府的行为往往不是根据市场需求而是依据计划安排,这种计划机制下的政府体现在生产经营中往往是低效率的,而低效率的制度安排往往又体现在劳动报酬的非差异性与之相适应。由此必然带来政府的不努力生产一定是努力生产经营的严格上策,同时,因为努力生产与产出的正相关关系已是不言而喻的事实,而作为政府生产者的特殊身份决定了所生产产品的政府购买是不能选择的。因此,政府生产公共产品将会产生其供给不足的外部效应是可以被证伪的结果,显然,这种结果与政府提高人口生活质量的目标是相违背的。

第二,私人生产经营下的公共产品带来的政府与私人的双赢。

私人的功能是生产经营,其行为是根据市场机制的调节而作出自己的行为选择,具体体现在私人的付出成本与收益之间的比较差异。由于政府对每多生产一单位给予补贴的前提,因此扩大生产、提高产出对私人而言总是有利可图的上策,况且,在符合政府生产要求的情况下,政府一定是唯一的购买者,产品的销售不需要私人承担风险成本,因此更多的产出对私人生产者而言必然会降低单位成本,其收益的增大必将产生对私人努力经营的激励与动力。因此,努力生产者的私人生产对双方都可以达到各取所需的结果。

第三,政府购买(投资)私人生产的制度设计有利于公共产品提高生活质量。

　　市场调节下的私人生产使其生产经营报酬与经营业绩挂钩，反映了努力生产经营者与付出努力程度的正相关关系。在差别劳动报酬下，不努力生产者在劳动力收益的比较中不得不努力生产以增强其创收能力。当劳动报酬足够高时，生产经营者由于害怕失去工作而造成更大的经济损失，不得不加倍努力工作，这不仅可以起到提高工作努力程度的激励作用，对劳动生产率的提高有利，而且公共产品供应的数量与质量将得到进一步的提升，对促进"良币驱逐劣币"有重大的现实意义。

　　同时，由于政府是唯一的购买者与投资者，投资的收益高低决定了政府对生产者的选择，由于政府对公共产品的评价是其综合效益的体现，政府根据私人提供产品的优劣与质量的好坏给予生产者激励与约束，将直接导致政府对优质公共产品的购买，这不仅是保证政府获得收益最大化的前提条件，也是提高人口生活质量的保证。

　　第四，公共产品的制度设计要有利于对老年人口需求的倾斜与供给。

　　尽管没有专门针对老年人口设计公共产品的制度机制，其实，由于公共产品的性质决定了它是不同年龄的人所共同面对的问题，因此具有一定的普遍意义。但还是应该考虑老年人口的经济实力与偏好给予不同的供给，如果制度设计能够较好地解决公共产品的有效供给，那么对老年人口的特殊照顾与政策支持是可以通过使用老年证或发给优惠券等方式做到的。

8.2 基于"软预算约束"机制的老年医疗保险制度的确立

8.2.1 问题的提出

　　作为世界人口的第一大国，中国将面临比其他国家更加严峻的考验。人口老龄化将滋生一系列的经济及社会问题，除了老年人口的衣食住行问题以外，老年人口的医疗问题是社会保障领域所必须解决的重点和难点，因为医疗保健是老年人众多需求中极为突出与重要的需求。但是，目前的城镇医疗保障体系难以满足老年人口的医疗需求,在医疗保障无法覆盖的农村,其情况更加令人担忧。

老年人口的健康问题始终是影响老年人口生活质量的权重最大的因素。伴随着老年人口岁数的增长所带来的健康日益恶化的趋势,老年人口对医疗保健的重视与需求也日益迫切,因此,如何设计一个既对老年人有所帮助又能够体现医疗保障性质的较合理的制度将十分重要。在医疗保障制度中存在严重的道德风险问题,是许多具有良好初衷的政策无法实施的一个重要原因。为了提高老年人口的生活质量,我们有必要运用经济学的分析方法,对在一定预算约束下老年人口医疗保险的福利效用进行分析,从而找到一种能够化解道德风险,并且提高当前老年人口的医疗保障公平及效率水平的有效途径。

8.2.2 软预算约束理论分析

所谓的"软预算约束"(Soft Budget Constraint),是指当一个经济实体遇到财务上的困境时,获得外部资助得以继续生存这样一种经济现象。这一概念是科尔奈(Kornai)于1979年提出的,是相对于传统意义上的"硬预算约束"(是指经济实体的一切活动都以自身拥有的资源约束为限,即优胜劣汰的市场机制)而言的。软预算约束的形成至少有两个主体:一是预算约束体,是指那些以自有资源为限的前提下,如果收不抵支,产生赤字,在没有外部资助的情况下不能继续存在的实体;另一个是支持体,是指那些可以直接转嫁资源来救助陷入困境的预算约束体的实体。以前的学者对软预算约束的分析大都针对国家政府、银行及国有企业之间的关系(Justin Yifu Lin & Zhiyun Li,2003;Li,Daikui,1992),对消费者及公共产品的分析尚存在一定空白。

医疗保险是消费者规避风险、共担风险的产物,医疗保险市场一定程度上是市场失灵和政府干预的市场。作为公共管理者,国家不可能在医疗领域完全地引入优胜劣汰的竞争机制,即实行硬预算约束,因此医疗保险有着明显的软预算约束的特征。医疗保险的需求方(消费者),特别是老年人口,即预算约束体,往往无法在自有的预算约束下抵制疾病风险,所以医疗保险的管理方（通常是国家或市场化的保险机构）必须作为支持体来救助那些陷入困境的需求方。

在医疗保险领域中的软预算约束具有明显的两面性。积极的一面在于，它可以通过向消费者贷款（可以是有偿，也可以是无偿）的方式，增强个体对疾病风险的抵御能力，提高社会成员生存的概率，这一点符合社会基本的伦理及道德观念；而消极的一面则在于，软预算约束必然导致医疗保险领域的道德风险问题（Moral Hazard）——即便是已经获得了足够的医疗供应，消费者还普遍倾向于更多的医疗消费。这时，软预算就难以对消费者产生有力的约束，从而导致医疗资源的配置不合理以及严重的浪费（臧旭恒，2002）。而且，由于道德风险是不可测算的，这在很大程度上加大了医疗保险改革的难度，成为了世界范围内的难题。归根结底，这种困境的产生是由医疗保险内部软预算约束机制的特性造成的。老年人口是对医疗保险需求尤为旺盛的一个特殊的社会群体，对社会医疗保险改革的成败有十分重要的影响。以下的分析将主要通过对医疗保险体系中软预算约束的静态及动态分析，来探求解决我国老年人口医疗问题的办法，提出兼顾公平性和效率性的措施。

8.2.3 医疗保险体系下软预算约束分析

第一，医疗保险体系中软预算约束的静态分析

①医疗保险体系中软预算约束的形成及影响因素。图8—3是消费者在硬预算约束下的无差异曲线：

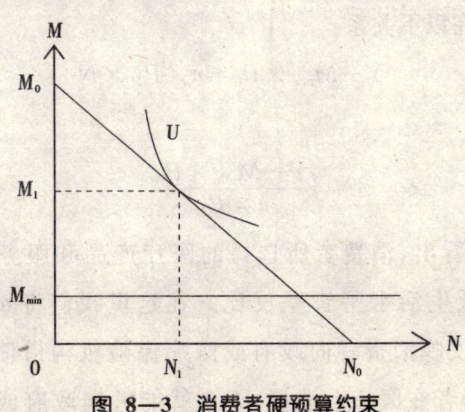

图 8—3 消费者硬预算约束

图 8—3 中，横轴 N 表示消费者购买医疗产品或服务的数量，纵轴 M 表示消费者购买其他商品的数量。设 Y_0 为消费者收入，M_0 为没有医疗消费时可以消费其他商品的数量，N_0 为没有其他商品消费时可以消费医疗产品或服务的数量。必须注意的是，研究医疗与其他商品的替代性时，其特殊性往往被忽视。那就是，当消费者在健康时选择 $(M_0, 0)$ 的消费组合可以达到效用的最大化，然而在其患重病时却无法选择 $(0, N_0)$ 的消费组合来使其效用达到最大化。这是因为对 M 的消费具有一道"最低门槛"，即 $M_{\min}$，如果对 M 的消费低于这一水平，消费者最基本的生活就难以维持。虽然说，医疗产品和服务在很大程度上可以归于"必需品"，但是相对于吃、穿、住等最基本的需求，它属于更高层次的需求（国锋、孙海岩、张保成，2004）。设 P_G 为其他商品的价格，P_H 为医疗商品的价格。

$$M_0 = \frac{Y_0}{P_G}; N_0 = \frac{Y_0}{P_H}$$

s.t. $Y = M \times P_G + N \times P_H, (M \geqslant M_{\min})$

可得：$N \leqslant \dfrac{Y - M_{\min} \times P_G}{P_H}$

$\max U = U(M, N)$

在社会医疗保险体系中，使以上"硬"的预算约束"软化"的主要工具是共付保险率 α（被保险人支付医疗服务费用的比例），α 是介于 0 与 1 之间的数值。它实际上是反映消费者向政府或医疗保险机构借债能力的一个指标，对此存在以下关系：

$$Y - M_{\min} \times P_G = \alpha \times P_H \times N \tag{8.6}$$

得出，

$$N = \frac{Y - M_{\min} \times P_G}{\alpha \times P_H} \tag{8.7}$$

从（8.7）式看出，消费者所选择的医疗产品和服务的消费量与共付保险率和最低生活水平皆呈反比。在这里我们将 α 看做一个抵押率，它实际上是反映消费者向政府或医疗保险机构借债能力的一个指标。即如果消费者在医疗上消费 αP_H，就能够向政府或保险机构借到

$(1-\alpha)P_H$。换言之,消费者每消费一个单位的医疗产品或服务,就向医疗保险管理方贷款$(1-\alpha)P_H$,因此使得用于医疗消费的预算增加。所以预算线会绕 M_0 点反时针方向旋转。这就是所谓的预算约束软化,其过程如图 8—4 所示:

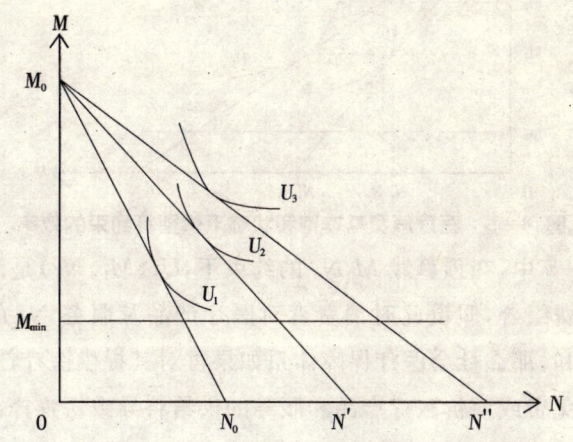

图 8—4 医疗保险体系下消费者的预算软化

除了共付保险率 α,反映消费者借债能力的另一个重要指标是消费者最低生活水平 $M_{\min}$,这个最低生活水平不同于我们通常所说的最低生活保障线,它是指个体消费者所能忍受的其他商品的最低消费水平(这个水平是因人而异的),收入水平 Y 和最低生活水平线 $M_{\min} \times P_G$ 的差值相当于抵押存量,当 $Y - M_{\min} \times P_G > 0$ 时,消费者都能够向政府或保险机构借债,但是当 $Y - M_{\min} \times P_G \leqslant 0$ 时,消费者就没有能力再向其支持体借债了。

②医疗保险体系中软预算约束所产生的道德风险问题

从式(8.7)可以看出,在收入和最低生活水平一定的情况下,道德风险的产生与 α 的取值有直接关系。α 越大,消费者医疗借债所需抵押越多,越不容易产生道德风险;反之,越容易产生道德风险。

当消费者医疗需求没有得到满足时,政府或医疗保险机构对其提供的医疗产品和服务属于实际需求,不能构成道德风险。下面,我们将讨论在消费者对医疗产品和服务的需求已经达到基本饱和的状态下,政府或医疗保险机构再向其提供医疗产品和服务的情况,具体如图 8—5 所示。

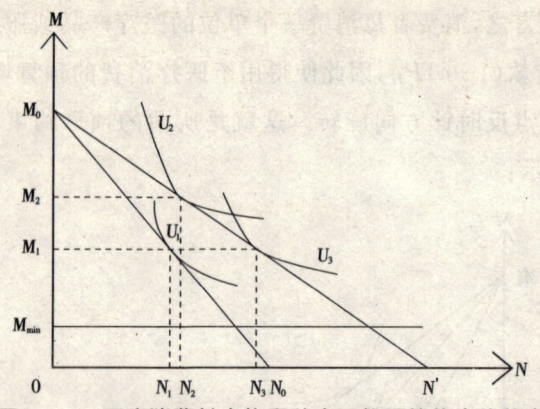

图 8—5 医疗消费基本饱和状态下软预算约束的效率

在图 8—5 中,在预算线 M_0N_0 的约束下,$U_1(M_1,N_1)$ 是消费者效用最大化的消费组合,假设此时消费者对医疗产品及服务 N_1 的需求已经基本达到饱和,那么社会医疗保障体系如果再对其提供医疗产品和服务,由于增加的免费或廉价医疗产品和服务的供给将导致医疗产品和服务价格的下降,所以原有的预算约束会旋转至 M_0N'。这时将出现两种可能的消费组合:

一是在所提供医疗产品和服务是有效的前提下,消费组合 (M_2,N_2) 能使消费者效用在新的预算水平下达到最大化。由于消费者医疗需求已达到饱和,所以他们会更加倾向于增加其他商品的购买,消费者会将原来用于医疗方面的开销更多地转移到购买其他商品中去以提高自身福利水平,增加的其他商品的购买为 (M_2-M_1),而增加的医疗消费的数量仅为 (N_2-N_1)(表示尽管消费者医疗需求已经基本满足,但有效的医疗供给导致价格下降所激发的消费者对医疗产品和服务的一些潜在的或是更高层次的需求)。可以认为,在此情况下,道德风险在增加消费者福利水平方面有积极的意义,但是却与医疗保险的初衷——提高消费者抵御疾病风险的能力相悖逆,那些原本应该投入医疗领域的资源投向了其他领域,如果成为了普遍情况,会造成医疗生产资源的匮乏。

二是在所提供医疗产品和服务是无效的前提下,消费组合将变为 (M_1,N_3),对医疗产品的需求增加了 (N_3-N_1) 单位,而对其他商品的消费没有发生变化。所实现的效用是 U_3 而非 U_2。由于 U_3 和 U_2 在同一预算线上,有以下关系式:

$$(M_2-M_1)\times P_G+(N_2-N_1)\times P_H=(N_3-N_1)\times P_H$$

得到：

$$(M_2-M_1)\times P_G=(N_3-N_2)\times P_H$$

所以$(M_2-M_1)\times P_G$，表示消费者愿意放弃$(N_3-N_2)\times P_H$价值量的医疗产品和服务而选择增加的其他商品消费的价值量。由于信息的不对称（医疗保险管理方永远不会比消费者更加确切地知道他们到底需要什么样的医疗产品和服务），医疗保险管理方所提供的医疗产品和服务，并非通常理论假设中的那样都是有效的供给，很大程度上只是低层次的重复性供给，消费者并不是真正需要，换言之，政府提供的医疗补贴并不能真正地减少原有的医疗开销，从而达到增加其他商品的购买力的作用。但是在享受与不享受的抉择中，消费者更加倾向于享受，因为是免费的或廉价的，这是典型的道德风险问题。这虽然造成了消费者预算线外移、效用增大的事实，但却违背了消费者效用最大化的原则，又直接造成了$(N_3-N_2)\times P_H$价值量的医疗资源的浪费。

③医疗保险体系中软预算约束的绩效分析

消费者效用的最大化主要取决于消费者对医疗产品N和其他商品M的需求及偏好。研究结果显示，由于健康恶化的比率随年龄变老而增长，为了维护健康状况需要更多的时间和卫生保健的投入。老年人的医疗消费是年轻人的3至4倍，老年人是对医疗产品及服务有旺盛需求和特殊偏好的群体。下面将主要对比分析软预算约束在提高老年人和年轻健康人群福利方面的效率，如图8—6所示：

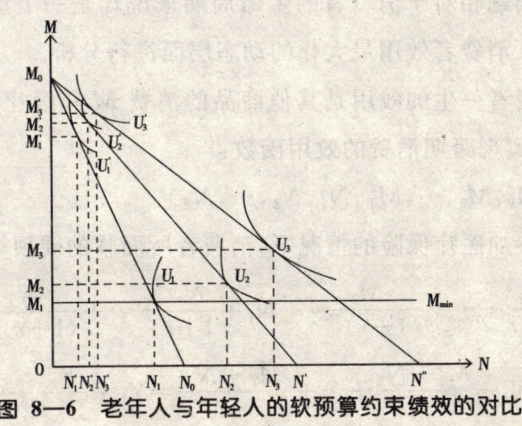

图8—6 老年人与年轻人的软预算约束绩效的对比

假设一组老年人与年轻人的可支配收入相同。在 M_0N_0 的硬预算约束下,老年人由于对医疗消费存在着明显的偏好,$U_1(M_1,N_1)$ 的消费组合才能使其效用最大化。其中,$M_1=M_{\min}$,即老年人愿意选择更多的医疗消费而仅仅将其他商品的消费维持在最低生活水平线上。而年轻人由于身体健康则愿意选择更多的消费其他商品而非医疗产品和服务,在 M_0N_0 的硬预算约束下效用最大化的消费组合为 $U'_1(M'_1,N'_1)$。在软预算约束作用下,原有预算线旋转,使得老年人的效用从 $U_1(M_1,N_1)$ 变化到 $U_2(M_2,N_2)$,再到 $U_3(M_3,N_3)$,而年轻人的效用则从 $U'_1(M'_1,N'_1)$ 变化到 $U'_2(M'_2,N'_2)$,再到 $U'_3(M'_3,N'_3)$。从图中可以直观地看出,年轻人的无差异曲线处于预算线上垂直较高的位置,因此无论是医疗产品和服务的消费,还是其他商品的消费,软预算约束给老年人带来的消费增长远远超过年轻人。而且老年人对医疗产品和服务的需求,能够使这部分消费者向国家或保险机构所借的债务更多地转移到医疗资源的消费和利用中去,而不是更多地转移到购买其他商品中。换言之,在软预算约束下,老年人医疗产品消费的增长幅度大于其他商品消费的增长幅度。这与建立医疗保险的初衷——提高人们应对疾病风险的能力——是相符合的(通常情况下,我们认为增加医疗产品和服务的购买能够提高抵御疾病风险的能力)。

第二,医疗保险体系中软预算约束的动态分析

以上主要是基于在某一时点上的静态分析,但是医疗保险体系中的软预算约束问题相对于消费者的生命周期来说却是一个动态性的问题。下面我们将从消费者效用最大化的动态层面进行分析。

假设消费者一生的效用是其他商品的消费 M 和医疗产品和服务消费 N 的函数实现跨期消费的效用函数:

$$U=U(M_1,M_2,\cdots,M_T;N_1,N_2,\cdots,N_T)$$

在没有参加医疗保险的情况下,消费者所面临的硬预算约束为:

$$M_1+\frac{M_2}{1+r}+\cdots+\frac{M_T}{(1+r)^{T-1}}+N_1+\frac{N_2}{1+r}+\cdots+\frac{N_T}{(1+r)^{T-1}}$$

$$=M_1+N_1+\frac{M_2+N_2}{1+r}+\cdots+\frac{M_T+N_T}{(1+r)^{T-1}}=Y_1+\frac{Y_2}{1+r}+\cdots+\frac{Y_T}{(1+r)^{T-1}}$$

其中 T 代表消费者生命周期，r 代表市场利率。为讨论简便，我们假设消费者的生命周期 $T=2$，只有青年期和老年期，消费者跨期效用为：

$$U=U(M_1,M_2;N_1,N_2)=M_1+N_1+\frac{M_2+N_2}{1+r}$$

这时的硬预算约束为：

$$M_1+N_1+\frac{M_2+N_2}{1+r}=Y_1+\frac{Y_2}{1+r} \tag{8.8}$$

由于未来的不确定性，与等额的未来消费相比，他们更偏好当前的消费（唐·帕迁金，1996），因此相对现在的满足，将来的满足需要贴现，假定未来效用的主观贴现率为 m。因为效用在通常情况下为正，且消费者各期边际效用相互独立，可以假定效用函数是对数形式的：

$$\max U=\ln(M_1+N_1)+\frac{\ln(M_2+N_2)}{1+m}$$

在(8.8)式的约束下，构造拉哥朗日函数：

$$\max L=\ln(M_1+N_1)+\frac{\ln(M_2+N_2)}{1+m}+\lambda(Y_1-M_1-N_1+\frac{Y_2}{1+r}-\frac{M_2+N_2}{1+r})$$

一阶条件：$M_2+N_2=\frac{1+r}{1+m}(M_1+N_1)$

所以，$N_2=\frac{1+r}{1+m}(M_1+N_1)-M_2$，可见在老年期的医疗消费是由青年期的总消费 (M_1+N_1)，实际利率与贴现率的关系 $\frac{1+r}{1+m}$，以及老年期其他商品的消费 M_2 共同决定的。

但当消费者参加了医疗保险以后，原有的硬预算约束变为软预算约束：

$$M_1+\alpha N_1+\frac{M_2+\alpha N_2}{1+r}=Y_1-\beta+\frac{Y_2-\beta}{1+r},(0\leqslant\alpha\leqslant1) \tag{8.9}$$

α 为共付保险率，β 为消费者支付给保险机构的保险费。在消费者一生中实际的医疗消费仍为 $(N_1+\frac{N_2}{1+r})$。可以理解为消费者由于在各期支付了保险费,所以获得了向医疗保险机构借债的权利,一生中实际借债额为$(1-\alpha)N_1+\dfrac{(1-\alpha)N_2}{1-r}-(\beta+\dfrac{\beta}{1-r})$

同理,求在(8.9)式软预算约束下消费者效用最大化:

$$\max L = \ln(M_1+N_1) + \frac{\ln(M_2+N_2)}{1+m} + \lambda(Y_1-\beta-M_1-\alpha N_1 + \frac{Y_2-\beta}{1+r} - \frac{M_2+\alpha N_2}{1+r})$$

一阶条件仍然为:

$$M_2+N_2 = \frac{1+r}{1+m}(M_1+N_1)$$

虽然实现效用最大化的条件是一致的,但在软预算约束下的消费者最大化效用与硬预算约束下的效用是不同的(Tanos,2002)。当实际借债额$(1-\alpha)N_1+\dfrac{(1-\alpha)N_2}{1-r}-(\beta+\dfrac{\beta}{1-r})>0$时,消费者预算约束增大,效用也相应增大;反之,则减少;若等于零,则维持原有效用不变。但是需要明确的是,在医疗保险体系中形成软预算约束的目的并非为了使每个消费者的效用水平都增大,而是为了医疗资源在时间和空间的整体分布上更加均衡。比如说,将年轻时期的部分收入转移到老年时期的医疗消费上,或将富裕人群的一部分收入转移到贫困人群的医疗消费中去。这样才能使社会总体效用实现最大化。

8.2.4 结论及建议

第一,确定适宜的共付保险率α

根据以上分析我们发现,对共付保险率α大小的选择是至关重要。α太小会造成低效和浪费,太大又会对消费者福利的改善造成障碍。因此,欧洲福利国家的免费或象征性的国家医疗保险制度($\alpha=0$),或完全依靠个人账户的健康储蓄来解决国民的医疗问题的办法($\alpha=1$),都不是适合我国国情的合理选择。我国步入老龄化社会,一方面老年人口的增长,导致医疗需求的激增,目前在整个社会医疗保障领域内要确定一个较低的

α 是十分困难的,因为这样的结果会造成国家支付体系难以维持,这已被我国原有社会保障体系的瓦解所证实;另一方面,我国的老年人口的收入普遍比较低,所以无形中为他们设置了较高的"借债门槛"($Y - M_{min} \times P_G$),为了维持最低生活水平,即使在一定的软预算约束下,低收入的老年人口仍然会压抑一部分医疗需求,因此相对于其他人群,老年人口受益于软预算约束的那部分医疗资源是更加有效率的。社会医疗保障的公平性并非在于对每一个人都提供等价值或等比例的补贴,而是在尽可能减少其他人损失的情况下,将资源合理分配给最需要的人群。在理论上,这或许很难称得上是帕累托最优,但在实践中却十分有助于促进社会的和谐与进步。所以我们应当将共付保险率作为一个调整社会分配的有效杠杆,对不同的社会群体实施不同的比率,以提高社会保险的公平性。对老年人口适当降低共付保险率,无论是出于人道上的关怀还是经济上的考虑,都具有十分积极的意义(Robert Holzmann & Joseph E. Stiglitz, 2004)。

第二,将医疗资源更多地向老年人口转移可以降低医疗保险中的道德风险问题

根据前一部分的分析我们可以得出这样的结论,只要是在医疗需求没有得到基本满足的情况下,医疗保险所形成的软预算约束在提高私人及社会总体福利方面都是十分有效率的,而且造成道德风险的可能性比较小,容易实现医疗资源的合理配置。老年人口是对医疗产品及服务有旺盛需求和特殊偏好的群体,而且我国老年人口的收入水平普遍低于年轻人,所以老年人口的医疗消费需求达到饱和的概率低于年轻人。将医疗资源向老年人口转移能够降低道德风险,提高医疗保险的社会效率。转移的方式除了前面所提到的通过调低老年人口的共付保险率以外,还有许多方式,如对老年人常见慢性病治疗所需药品实行适当的价格限制和服务补贴等,都可以起到软化原有预算、满足老年人口医疗需求、合理转移医疗资源的作用。

第三,建立个人账户为基础的社会统筹的医疗保险体系

医疗保险在严格意义上来说属于"准公共产品"范畴,既具有公共产品的性质,又具有私人产品的性质。因此这类产品的消费既要由个人付费,又需要政府支付部分成本,以保证这类产品的有效供给(乌日图,2003)。总的来说,老年人因为逐步丧失劳动能力,收入水平也有逐渐下降的趋势,而且我国人口老龄化问题日趋严重,"未富先老"的情况也十分突出,单单靠政府或是单单靠市场都无法解决当前老年人口的医疗需求问题。老年人口数目的日益庞大,使完全靠代际转移来维持的国家医疗保障的支付体系难以负荷;完全按市场规律运营的保险机构又面临着这样的两难:不是在信息不对称的前提下,将低健康风险的消费者出清(即我们通常所说的逆向选择);就是在信息对称的前提下,将高健康风险者出清。然而,相对于个体与保险机构的信息不对称,作为特征人群的老年人口与保险机构的信息实际上是几近对称的。众所周知,与年轻人相比,老年人属于疾病风险较高的人群,他们有更多和更迫切的医疗需求,所以更倾向于投资医疗保险。这种公认的"知识"作为有效信息同样被市场化的保险机构所掌握。在利润的驱使下,市场化的保险机构会对这一健康高风险群体征收高额的保险费,将会导致一部分低收入的老年消费者因无力支付高额保险费被"市场出清",医疗保险的公平性便难以维持。以个人账户为基础的社会统筹的医疗保险体系符合医疗保险的准公共产品的性质。以个人账户为基础,实际上是为了消费者的个人收入更好地在其一生中进行合理分配;兼顾社会统筹,则是为了社会医疗资源在不同的人群中合理配置。这种机制可以让资金在时间和空间上相对均匀地分配。为了避免个人消费的盲目性,个人账户可由政府统一管理,资金按比例划拨,又可统一调配,发挥医疗保障规避重大风险的功能。同时要让市场化的医疗保险机制与社会医疗保障并存,因为市场能引入竞争机制,使医疗保险更有效率,让消费者有更多选择(王晓燕,2004)。

我国目前正处于社会医疗保障体制转轨的探索阶段,转轨成本也是我们面临的一个难题。老龄化社会的挑战,使原有的代际转移支付体系难以维持,所以当前许多人提出要避免代际间的转移。虽然这在理论上是站得住脚的,但实际上会导致转轨成本全部落在一代人身上,增大转轨的阻力。如何更加平稳地向新的社会医疗保障体系转轨,是我们今后将继续深入探讨的问题。

8.3 基于部分基金制下的我国养老保险制度的确立

作为基金运行管理的第一阶段,养老保险基金从何而来是决定基金的投资渠道与方式的基础,同时也是反作用于基金的投资的选择。在基金的筹资过程中,筹资的主体、筹资数量的比例、结构以及筹资的时间与空间均是筹资的主要研究内容,为此,本章通过转轨时期养老保险筹资模式的探讨,从理论与实践上说明部分基金制是我国养老保险体系的正确选择。

8.3.1 养老保险基金筹资模式的概况

第一,养老保险基金筹资模式的种类

国际上现有的养老基金筹资模式主要体现在三种养老保险体系当中——现收现付制、完全基金制和部分基金制。从定义上讲,所谓的现收现付制(pay-as-you-go),是以同一个时期正在工作的一代人的缴费来支付已经退休的一代人的养老费用的养老保险制度。其特征是政府根据每年养老金的实际需要,从当期工作人口的工资中提取相应比例的养老金,本期征收、本期使用,不为以后使用提供储备。完全基金制(full funded),则是指根据长期收支平衡的原则确定收费率,企业和个人按工资比例向专门机构定期交纳养老保险税,记入个人账户,在退休之后,用个人账户内的积累额加上投资收益额来支付养老费用的养老保险制度。部分基金制(partial-funded),是指根据分阶段收支平衡原则,在满足一定时期支出需要的前提下,留有一定的储备基金,并据此确定收费率以保证养老费用支付的养老保险制度。换言之,部分基金制是一种介于现收现付制和完全基金制之间的养老保险制度,所以也称为混合制或半基金制(姜向群,2004)。

第二,各种养老保险基金筹资模式的特征

选择合适的养老保险基金筹资模式,必须在理论上清楚上述几种筹资模式的不同及特点。笔者试从收支平衡、运行方式以及运行风险三个方面加以讨论:

①从平衡方式来看

表8—2 现收现付制和基金制在运行过程中的风险比较

		现收现付制	基金制
人口环境		由于人口老龄化使交纳养老保险费用的人口减少,同时养老保险受益人增加,所以现收现付制受到人口老龄化的直接影响	虽然不排除人口变化产生的一些间接因素会对基金制产生影响,但总的来说,人口变化对基金制无重大的影响
经济环境	产出波动	产出下降将直接降低现收现付制下征收的养老保险贡献	产出下降对基金制的影响也是间接的,主要是通过影响金融资产的价值间接影响养老保险收益
	通货膨胀	理论上,对现收现付制无特别影响。但现实中,人们对通货膨胀的反应有一定的时滞性,养老保险受益人的利益将会在时滞的周期中被损害	对投资仅限于一国的养老保险基金有重大的影响。但当基金可以在国际范围进行分散化的投资组合,就可以分散一国内的通货膨胀风险
	资本市场开放性及波动性	现收现付制基本不受资本市场开放与否的影响。它是一种内部机制完成的供求循环,与资本市场的波动无直接联系	基金制需要建立一个高度开放的资本市场,资本市场对其分散营运风险、维持较高的报酬率有着重要的意义。资本市场的波动将直接影响基金的收益
	投资与管理	现收现付制对投资和管理无太高要求,仅限于最简单的资金保管,无投资增值的要求	基金制对投资和管理的要求很高,要求在风险最小化的基础上保持基金的增值最大化,要求有良好的资本市场和有效的管理机制
政治环境		对政治环境的变动十分敏感,往往迫于政治压力而改变交费率、替代率等重要参数,从而影响养老保险体系之均衡	基金制由于采取了个人账户的管理体制,所以不会受到政治风险的影响

现收现付制下的目标是实现以下平衡：

当期养老金的缴费收入＝当期养老金的发放支出

完全基金制的目标则是实现如下平衡：

个人账户储存额＝养老基金发放额

部分基金制的平衡目标是：

第一阶段的养老金积累＝第二阶段的养老金缺口

②从运行方式来看

◆在平衡原则上，现收现付制注重于横向平衡，即当期收入与支出的平衡，而基金制则强调一种纵向平衡，即前期积累与后期支出的平衡。

◆在筹资方式上，前者以社会统筹为主要手段，后者则以个人积累为主要手段。

◆在代际关系上，前者主张代际赡养，后者主张同代自养。

③从运行风险来看

如表8—2所示。

8.3.2　我国养老保险基金筹资模式的现实选择

自我国开始进行养老保险制度改革以来，对不同的养老模式进行了广泛的讨论。为了使决策更具有合理性与科学性，国务院专门成立了调研小组对不同筹集方案进行了模拟测算。测算表明，在政府不承担转制成本的情况下，如果实行现收现付制，到2022年缴费率就会超过30%，2033年达到39.27%的峰值，2050年仍接近30%（见表8—3），这是企业难以接受的。如果实行完全基金制，虽然2025年以后缴费率下降到24%，但2005年就会达到37%（见表8—4），这么高的缴费率，企业也将难以适应。如果实行部分基金制，2005年缴费率达到25%，2005年以后稳定在28%的水平（见表8—5），企业相对容易接受。因而，只有实行部分基金制，才能使改制后的中国养老保险制度既可预防人口老龄化危机，又不至于使缴费率陡然升得太高而使企业难以接受（袁志刚，2003）。

表 8—3　现收现付制下基本养老保险费率预测　　　　（单位:%）

年份	1995	2005	2015	2022	2030	2035	2045	2050
费率	15.98	16.96	23.06	30.05	37	38.48	31.86	29.81
年份	2000	2010	2020	2025	2033	2040	2049	
费率	16.20	18.96	27.22	32.41	39.27	35.08	30.11	

表 8—4　完全基金制下基本养老保险费率预测　　　　（单位:%）

费率＼年份	1995	2000	2005	2010	2015	2020	2025	2030	2035	2040	2045	2050
单位统筹率	29	29	29	29	29	29	29	29	29	29	29	29
个人缴费率	3	5	8	8	8	8	8	8	8	8	8	8
总缴费率	32	34	37	37	37	37	37	37	24	24	24	24

表 8—5　部分基金制下基本养老保险费率预测　　　　（单位:%）

费率＼年份	1995	2000	2005	2010	2015	2020	2025	2030	2035	2040	2045	2050
单位统筹率	20	20	20	20	20	20	20	20	20	20	20	20
个人缴费率	3	5	8	8	8	8	8	8	8	8	8	8
总缴费率	23	25	28	28	28	28	28	28	28	28	28	28

注:以上三个表的资料来自国务院社会保障体系调研组测算小组《城镇职工基本养老保险总体方案预测报告》内部资料,1995年。

在充分论证和研究的基础上,国务院作出了建立统账结合的部分基金制的决定。

8.3.3　我国养老保险基金筹资模式选择的理论依据

第一,传统经济学意义上的比较

虽然养老保险从大体上来说是一个社会问题,但是这个问题本身也同时具备了深层次的经济学含义。在此之前,国内外的专家和学者从经济学的角度对这个问题已作了大量的研究,其中当属萨缪尔森(Samuelson,1958)引进的迭代模型来分析和论证最具代表性。在迭代模型中,萨缪尔森在一些假设前提下论证了现收现付制公共养老体系的运行机制,并指出在一个纯粹储蓄型(即不存在生产和投资)经济中,养老基金的增长主要取决于人口的增长。当人口按 n 速度增长时,每一代人实际上

是按 n 比率向上一代人的储蓄支付利息,因此在一个纯储蓄并通过现收现付的代际转移维持养老保险的社会里,养老储蓄的利率等于人口增长率。为了弥补迭代模型条件中假设社会没有生产和投资的缺陷,阿伦(Aaron,1966)在迭代模型中引进了生产和投资,通过劳动生产率的增长这一因素来修正萨缪尔森的模型。在阿伦的模型中,养老金的增长取决于两个因素:人口的增长率和劳动生产率的增长。所以,在现收现付制下第 t 期的养老基金为:

$$p_t = (1+n)(1+\lambda)\tau \cdot w_{t-1} \approx (1+n+\lambda)\tau \cdot w_{t-1}$$

其中 n 表示人口增长率,λ 表示劳动增长率,τ 表示缴费率,w_{t-1} 表示 $t-1$ 期的工资总额。

在完全基金制之下,由于从工资中所扣除的养老金交给了养老基金的营运机构投资管理,那么第 t 期的养老基金为:

$$p_t = (1+r)\tau \cdot w_{t-1}$$

其中,r 表示市场利率。在这里,本章借用索洛新古典经济增长模型中所推导出的著名的"经济增长的黄金定律":当一个经济系统中的资本的增长率等于劳动力增长率加上劳动生产率的增长率时,经济处于最优增长路径,与此相应的利率为长期动态的最优利率。所以在经济中资本的边际报酬率——利率 r,减去资本折旧率,等于人口的增长率与劳动生产率的增长率之和。资本市场所能获得的净利润为:$r = n + \lambda$

对此,完全基金制之下的第 t 期的养老基金为:

$$p_t = (1+n+\lambda)\tau \cdot w_{t-1}$$

可以看出,与现收现付制下的结果是几乎一样的。因此可以认为,在最优储蓄率可以保证的前提下,无论采用现收现付制还是完全基金制,养老金增长的物质源泉是一样的,即养老金获得增长的物质源泉只能是下一代就业人口的增长和他们劳动生产率的提高(袁志刚,2001)。在此基础上,部分基金制将部分的现收现付制与完全基金制相结合,无论以何种比率相结合,所筹集的养老基金的总额也应同以上两种体系下所得结果一致。

早有经济学家(Nicholas Barr,2000)指出,产出及其增长是解决养老问题的关键,两种体系只不过是退休一代采用不同的方式索取当前的产出。无论现收现付制还是基金制,退休一代已在其工作期为自己储蓄了对今后产出的索取权。基金制下,这种索取权表现为显性的个人账户所提供的货币权利;而在现收现付制下,这种索取权表现为政府对退休一代的隐性债务,通过向当前工作的人征税,政府将一部分产出转移给退休一代。在传统经济体系框架下,两种筹资模式的选择主要取决于人口增长与物质财富的增长。

第二,引入"时间一致性"理论的福利经济学意义上的制度比较

社会养老保险制度作为一项公共制度,其终极目标是社会福利最大化,因此从福利经济学的意义上来比较分析几种养老保险体系具有十分重要的现实意义。国内在这方面的研究比较具有代表性的是封进运用福利经济学概念对部分基金制养老保险体制的研究(封进,2004)。但是以上研究往往只是针对当期社会福利状况,而忽略了用发展的观点来分析问题。养老保险作为国家针对老龄人口这一庞大且重要的目标群体的政策,对其进行体系上的改革绝对不是一项短期工作,而是长期的历史性的变革,仅仅讨论在当前条件限制下某种体制的适应性问题是短视的。所以本书将在福利经济框架内引入时间一致性理论的研究方法,比较几种养老保险体系。

2004年诺贝尔经济学奖获得者基德兰德和普雷斯科特(Kydland & Prescott,1977)的一个重要的观点认为,如果经济政策的制定者缺乏提前作出某种特定决策的能力,那么他们通常就无法在稍后的时间里执行最理想的政策。这就是对未来经济政策的预期所导致的经济决策中的一个非常关键的问题——时间一致性问题。所谓"时间一致性问题",是指"由于政策在时间上的不一致性(动态不一致性)所造成的政府政策目标无法完全实现的问题。"换言之,也就是由于政策缺乏可信性而导致政策实施的实际效果未能达到最初的政策目标,从而无法实现资源的最优配置。在这种情况下,如果能够通过某种制度安排(正式或非正式的)来强化政府政策的可信性,那么就可以实现一定的帕累托改进,从而使该问题得以解决。

相关研究表明,经济政策产生时间一致性问题的根源包括三个方面:一是参与人偏好随时间的不规则变化;二是政府的目标函数与经济个体的目标函数在实质上是有差异的,正是这种差异性导致了时间一致性问题的产生;三是经济个体之间因偏好不同而产生的外部性,由于众多经济个体的效用函数不完全相同,而且都只是追求自身效用的最大化,而政府则希望能够代表所有经济个体福利的社会福利函数最大化,这样某个个体的最优选择会通过社会福利函数来影响政府的决策,从而对其他经济个体产生外部性,进而导致时间一致性问题。

经济政策动态不一致,其直接原因在于政策制定者进行的不是简单的自然博弈(nature game),而是与理性个体(rational agent)之间的动态博弈,理性个体能够观察并预期到政府政策会随着经济环境的变化而变化,从而使许多经济政策的可信度下降,从而导致时间一致性问题的产生。为了说明时间一致性是怎样在这三种养老体系中发挥作用的,本书将构造以下模型进行分析:

令 $\pi=(\pi_1,\pi_2,\cdots,\pi_t)$ 是1到 t 期政府的政策;$x=(x_1,x_2,\cdots,x_t)$ 是1到 t 期经济个体的决策;

假设社会目标函数为:$S(x_1,\cdots,x_t,\pi_1,\cdots,\pi_t)$ (8.10)

经济个体在第 t 期的决策为:

$$x_t = X_t(x_1,\cdots,x_{t-1},\pi_1,\cdots,\pi_t), t=1,2,\cdots,t \quad (8.11)$$

在此体制下,如果一种最优的政策 π 是在(8.10)限制下实现(8.11)的最大化。由此得出时间一致性的定义为:一种政策 π 是否具有一致性的条件是在每一时期 t,π_t 能使得社会目标函数实现最大化,经济个体 t 期以前的决策 $(x_1,x_2,\cdots,x_{t-1})$ 与未来的政府的政策选择具有一致性。根据该理论,各种养老保险基金筹资模型中的具体体现如下:

①现收现付制模型

假设在现收现付制的养老保险体系中,个人策略表现为个人产出,个人收入为产出的货币表现形式,那么个人的策略集合为:$x=\{x\mid 0\leqslant x\leqslant x^*\}$,$x^*$ 是个人在现有劳动生产率下的最大化收入;另一方面,假设政府所制定的其他政策恒定不变,养老保险的交费率 θ 将直接影响个人收入,那么政府的策略集合为 $\theta=\{\theta\mid 0\leqslant\theta\leqslant 1\}$。政府政策的目标是寻找一个恰当的收费率 θ，使个人的生产积极性得以发挥，社会效用函数趋于最大。

令政府政策变量 θ_t 是 x_{t-1} 与 θ_{t-1} 的函数：

$$\theta_t = f(x_{t-1}, \theta_{t-1}) \tag{8.12}$$

在其他社会福利对个人劳动积极性的影响是恒定不变的情况下，设个人收入（个人策略）函数为：

$$x_t = X(\theta_t, \theta^e_{t+1}, r^e_{t+1}) \tag{8.13}$$

式（8.13）表示，个人收入 x_t 是养老保险交费率 θ_t、个人对下一期养老保险交费率和利率的预期 θ^e_{t+1}、r^e_{t+1} 的函数，而且 $\theta_t, \theta^e_{t+1}, r^e_{t+1}$ 互不相关，其中：

$$\theta^e_{t+1} = E(\theta_{t+1}); r^e_{t+1} = E(r_{t+1}), 且 x_t, \theta_t, \theta^e_{t+1} \geqslant 0$$

式中，E 指预期。

本课题仍然借鉴萨缪尔森的迭代模型（Samuelson,1975；Feldstein,1985）进行分析。假定经济中的典型经济人能生存两个时期——工作期和退休期，整个经济无投资；处于工作期的人，可以通过拥有的禀赋决定自己的收入，而处于退休期的人由于已经退出生产，因此无法决定个人收入，属于典型的无策略群体。由此可知，政府在养老体系下的博弈是同处于工作期的个人之间的博弈。

设个人的效用函数是个人消费的函数：

$$U = U(C) \tag{8.14}$$

莫迪利亚尼（F. Modigliani）在其关于生命周期函数的阐述中认为，人类行为的经验表明个人的消费或储蓄等行为并不仅与现期收入有关，他总是试图把自己一生的全部收入在消费和投资（亦即现期消费和延期消费）之间作最佳分配，从而获得最大效用。跨期消费的理论认为，一旦消费者对自有资源实施了跨时配置，则他所获得的效用就不仅取决于他每一期所消费的物品，而且取决于预期将来的消费，居民实行跨期预算后，原有的效用函数就变为：

$$U = \sum_{t=1}^{T} U(C_t) \tag{8.15}$$

这里将人的生命周期分为 t 期,个人在一生中的总效用为各期效用之和。消费是个人收入的函数,个人效用又是其消费的函数,为单调递增函数并且严格凹的:

$$C_t = v(x_t); U_t = y(x_t); U_t' = C_t \tag{8.16}$$

为了简化问题,本课题将不考虑个人自愿性储蓄,那么退休人口的收入就由社会养老保险收费率决定。其消费函数、效用函数及其关系如下:

$$C_t^* = w(\theta_t); U_t^* = z(\theta_t); U_t^{*'} = C_t^* \tag{8.17}$$

在现收现付制的养老体系下,政府的政策目标往往是追求当期社会效用最大化。第 t 期的社会效用函数为:

$$S_t = \sum_{j=1}^{m} k^{(j)} u_t^{(j)} \tag{8.18}$$

其中,$0 \leqslant k^{(j)} \leqslant 1$,反映不同个体对社会总效用的影响力参数,$\sum_{j=1}^{m} K^{(j)} = 1$。为了讨论简便,本章作如下假设:

假设1:当前社会中有且仅有两代人——已退休的老年人和正在工作的年轻人。且这两代人分别是两类同质的个体(他们的策略函数、效用函数、消费函数都分别相同)。

假设2:老年人的影响力参数为 k_1,年轻人的影响力参数为 k_2。

假设3:当前社会上退休的人口为 N_1,工作的人口为 N_2,且 $N_2 = N_1(1+n)$,其中 n 指人口增长率。

假设4:假设社会的技术系数保持不变,即劳动生产率不变。因为劳动生产率的变化难以被人们的理性所预期,所以它对个体决策或是政府政策的影响均不大。

假设5:仅考虑利率及人口因素的影响,且利率对于两代人的影响方式是不同的。由(8.13)式可知,对处于工作期的年轻人口,利率是通过改变其策略函数而影响其效用的。而退休人口作为无策略选择的群体,利率的增长会使养老保险金额增加,从而直接增加退休群体的效用。有:

$$S_t = k_1 N_1 (1+r_t) z(\theta_t) + k_2 N_2 y(x_t) \tag{8.19}$$

$\max S_t$ 的条件是 $\dfrac{\partial S_t}{\partial x_t}=0$。

在假定其他变量($\theta^e_{t+1}, r^e_{t+1}$)都恒定不变的情况下,由(8.13)式可得 θ_t 与 x_t 的函数关系为:

$$\theta_t = X^{-1}(x_t, \theta^e_{t+1}, r^e_{t+1}),\text{其中}, x_t, \theta_t, \theta^e_{t+1} \geqslant 0$$

$$\frac{\partial S_t}{\partial x_t} = k_1 N_1(1+r_t) z' X^{-1}(x_t, \theta^e_{t+1}, r^e_{t+1}) + k_2 N_1(1+n) y'(x_t) = 0$$

得到:

$$\frac{k_2(1+n) y'(x_t)}{k_1(1+r_t) z'(\theta_t) X^{-1'}(x_t, \theta^e_{t+1}, r^e_{t+1})} = -1$$

由公式(8.16)、(8.17)、(8.18)有:

$$\frac{k_2(1+n)(1+\theta_t) v(x_t)}{k_1(1+r_t) w(\theta_t) X^{-1'}(x_t, \theta^e_{t+1}, r^e_{t+1})} = -1$$

则一阶条件为:

$$\frac{C^*_t}{C_t} = \frac{w(\theta_t)}{v(x_t)} = -\frac{k_2(1+n)}{k_1(1+r_t)} \cdot \frac{\partial x_t}{\partial \theta_t} \quad (8.20)$$

(8.20)式表示,只有当工作人口与退休人口的消费比例为 $-\dfrac{k_2(1+n)}{k_1(1+r_t)} \cdot \dfrac{\partial x_t}{\partial \theta_t}$ 时,政府所追求的社会效用目标函数才能达到最大化。下面分情况讨论:

当 $\dfrac{\partial x_t}{\partial \theta_t}$ 为正时,即当个人收入和政府养老保险收费率正相关时($\Theta x_t, \theta_t \geqslant 0$,所以当一阶偏导为正时,可以认为二者正相关),要实现社会效用最大化,退休人口与工作人口消费比例必须为负($\Theta \dfrac{k_2(1+n)}{k_1(1+r_t)} \geqslant 0$)。即是说,在退休人口和工作人口中,必然有一类人的消费为负,这显然是不可能的。

当 $\dfrac{\partial x_t}{\partial \theta_t}$ 为负时,即当个人收入和政府养老保险收费率负相关时($\Theta x_t, \theta_t \geqslant 0$,所以当一阶偏导为负时,可以认为二者负相关),实现社会效用最大化的消费比率取决于几个参数:(1)$\dfrac{k_2}{k_1}$,即退休人口的影响力系数和工作人口影响力系数的比值。实现社会效用最大化时,它与退休人口的消费呈正比,与工作人口的消费呈反比。换言之,在其他因素确定的情况下,工作人口的影响力系数越大,要实现社会效用最大化,就须增加退休人口的消费;反之,须增加工作人口的消费。(2)r_t,即当期利率。实现社会效用最大化时,它与退休人口的消费呈反比,利率越高,退休人口应越少消费;反之,退休人口应多消费。(3)n,即人口增长率。实现社会效用最大化的条件是,$(1+n)$与退休人口的消费呈正比,与工作人口的消费呈反比。

根据以上分析可以得出如下结论:当政府实施的养老保险收费率对个人收入起激励作用时(一阶偏导为正时),不可能实现社会效用最大化。政府实施的养老保险收费率对个人收入起抑制作用时(一阶偏导为负时),在利率的上升、人口增长率下降的情况下,要达到社会效用的最大化,是以工作人口挤占退休人口的消费为代价的;反之,是以退休人口挤占工作人口的消费为代价的。结合实际情况,目前我国利率处于稳中有升的趋势,人口老龄化问题使人口增长速度减缓,即便是假设政府的养老保险收费率对个人收入起抑制作用,能够实现社会效用最大化,显然,这种社会效用最大化也是以挤占了退休人口的消费为代价的。可见,在当前情况下,现收现付制的养老保险体系不可能使社会和个人共同达到效用最大化,以此说明在我国人口老龄化的状况下实行现收现付制不符合时间一致性的理论。

②完全基金制模型

由于设立了个人账户,代内转移取代了代际转移,基金制下政府的政策目标发生了根本性转变——从追求当期社会效用最大化转变为追求跨期的效用最大化,即:

$$S=\sum_{t=1}^{t}\sum_{j=1}^{m}k_t^{(j)}u_t^{(j)} \tag{8.21}$$

其中,$0 \leqslant k_t^{(j)} \leqslant 1$,是 t 期不同人群对社会总效用的影响力参数,$\sum_{j=1}^{m}k_t^{(j)}=1$。式(8.21)的基本含义是,政府在制定政策时不仅要考虑到社会中所有人的效用,而且要考虑到每个人的效用在其一生中的最大化。

在此意义上,政府在政策目标的确立上彻底摆脱了短视行为,与个人的效用目标基本达成了一致。所以,在基金制的模型中个人为了最大化自身效用,必须最大化个人收入(个人产出),也就是说个人策略是唯一的,即 $x=x^*$。换言之,政府与私人之间不存在博弈。因此,从理论上来说,采用纯粹意义上的基金制能够达到时间一致性的效果。

但是为何在现实情况中,几乎没有国家采用这种纯粹的基金制呢?这就涉及制度成本的问题。实行现收现付制时,由于资源是在代际间进行流动,不需要进行保值和运营管理,所以几乎是无成本的。但基金制所设立的个人账户形式却需要高水平的运营和管理机构对基金进行保值和增值,这不仅带来了巨额的管理成本,更重要的是产生了相对较大的风险。

设第 $(t-1)$ 期所积累的个人账户基金总量为 B_{t-1},基金管理和营运成本为 q(相对固定成本),基金利润系数为 α。那么到 t 期,这笔养老保险基金能够保值的前提是:

$$(1+\alpha)B_{t-1}-q \geqslant (1+r_t)B_{t-1}$$

即:当 $\alpha \geqslant \dfrac{q}{B_{t-1}}+r_t$ 时,基金能保值或增值;如果 $\alpha < \dfrac{q}{B_{t-1}}+r_t$,基金就会贬值。可以看出,固定成本越大,实际利率越高,基金保值的难度就越大。从理论上讲,在基金制下如果基金不能保值,那么支付就无法维持,但实际上维持基金制的支付体系的能力却是由另一个重要的参数来考察的,即基金变动率的下限 $\tau(\tau>0)$。因为基金在小范围内的贬值并不能立刻被个人所感知,只有当这种贬值超过了一定的范围,严重影响了个人的福利状况,即当 $(1+\alpha)B_{t-1}-q<(1-\tau)(1+r_t)B_{t-1}$ 时,整个养老保险体系才无法继续维持。所以要维持基金制体系的基本条件是

$$\alpha \geqslant \dfrac{q}{B_{t-1}}+r_t-\tau(1+r_t)$$

把 αB_{t-1} 看做是基金运营的变动成本,q 看做固定成本,按净现值折算的基金运营总成本为 $Q_t=\dfrac{q-\alpha B_{t-1}}{1+r_t}$。用 $U(Q_t)$ 表示总量为 Q_t 的基金产生的效用,实际社会效用函数就被修正为:

$$S=\sum_{t=1}^{t}\sum_{j=1}^{m}k^{(j)}u_t^{(j)}-\sum_{t=1}^{t}U(Q_t) \qquad (8.22)$$

从式(8.22)可知,尽管政府制定政策的初衷与个人跨期效用最大化的意愿达成了一致,但是由于基金成本的存在,使政府的效用函数发生了实质性的变化。当 Q_t 过大时,将直接严重减少社会总效用和个人效用。因此,实行完全基金制必须将 Q_t 严格控制在一个范围内,一旦超出这一范围,整个养老体系将因无法支付而面临崩溃。然而,金融市场中的风险往往是难以预测的,因此要降低风险,完全将成本控制在一个较小范围内是十分困难的,稍有差池,带来的后果不堪设想。所以基于养老保险体系本身风险厌恶的特性和成本控制的困难,采用完全基金制可以说是不太现实的。

③部分基金制模型

部分基金制的社会养老保险体系是现收现付制与完全基金制相结合的一种形式。在部分基金制体系下,个人账户的资金和统筹账户的资金可以互相调剂。统筹资金可以很好地起到蓄水池的作用,使个人账户资金防范金融风险的能力增强;个人账户的资金可以通过获利弥补统筹账户因人口风险产生的支付问题。用一种账户的盈余填补另一种账户的缺损,是让这种体制有更大的存在空间的关键原因。但从某种意义上说,它既结合了两种体系的优越性,又结合了二者的弊端,似乎是可供选择的第三种途径。但它究竟能否使两种体系取长补短,使政府政策与公众选择达成时间一致,我们仍将通过建立模型进行分析。

设 θ_t 为政府所确定的养老保险交费率;η 为进入统筹账户的比率,则 $(1-\eta)$ 为进入个人账户的比率,其中 $0 \leqslant \eta \leqslant 1$,$\eta=0$ 是完全基金制;$\eta=1$ 是纯粹的现收现付制。由于部分基金制中存在现收现付制的成分,那么个人仍存在着策略选择,同前假设个人收入为 $x_t = \{x \mid 0 \leqslant x \leqslant x^*\}$。然而进入个人账户的部分交费不会影响个人策略,所以,个人策略函数改变为:

$$x_t = X(\eta\theta_t, \theta_{t+1}^e, r_{t+1}^e)$$

另一方面,由于设置了个人账户,政府的目标效用函数较之现收现付制发生了转变:

$$S = \sum_{t=1}^{t} \sum_{j=1}^{m} k_t^{(j)} u_t^{(j)} \tag{8.23}$$

为了简化问题,我们仍然根据迭代模型作两代人假设:设第 t 期老年

人的影响力参数为 $k_t^{(1)}$，年轻人的影响力参数为 $k_t^{(2)}$；第 $t+1$ 期老年人（即原第 t 期年轻人）的影响力参数为 $k_{t+1}^{(1)}$。第 t 期社会上退休的人口为 N_1，工作的人口为 N_2，第 $t+1$ 期社会上的退休人口为 N_2 且 $N_2 = N_1(1+n)$。个人效用函数和消费函数仍为个人收入的函数，个人效用是其消费的函数，为单调增函数并且严格凹的：

$$C_t = v_t(x_t); U_t = y_t(x_t); U_t' = C_t$$

这时退休人口的收入发生了变化，在部分基金制下，其收入是由 $t-1$ 期和 t 期的社会养老保险收费率共同决定的。因此退休人员的消费及效用函数如下：

$$C_t^* = w_t = w_t[(1-\eta)\theta_{t-1}] + w_t(\eta\theta_t);$$

$$U_t^* = z_t = z_t[(1-\eta)\theta_{t-1}] + z_t(\eta\theta_{t-1}); U_t^{*'} = C_t^*$$

其他假设同现收现付制一样。以下将讨论最简单的一种跨期情况。如果 t 期的政府根据时间一致性原则，应该和个人策略尽量保持一致，那么就不仅要考虑当前社会中两类人——退休人口和工作人口的福利，还应至少考虑到当期社会中工作人口在退休后的福利，即 $t+1$ 期中退休人口的福利。社会效用函数被修正为：

$$S = k_t^{(1)} N_1 (1+r_t)[z_t(1-\eta)\theta_{t-1} + z_t\eta\theta_t] + k_t^{(2)} N_2 y_t(x_t)$$

$$+ \frac{k_{t+1}^{(1)} N_2 [z_{t+1}(1-\eta)\theta_t + z_{t+1}(\eta\theta_{t+1})]}{1 + R_{t+1}^e} \quad (8.24)$$

与(8.19)式相比，(8.24)式多考虑了第 $t+1$ 期退休人口的效用，值得注意的是 $t+1$ 期退休人口的效用还涉及了 $t+1$ 期社会养老保险交费率，这就意味着政府不仅需要确定本期的养老保险政策，还必须提前制定下一期的养老保险政策。以此类推，在更多期的跨期考虑下，政府需制定出更为长远的政策。

(8.24)式中，R_{t+1}^e 代表政府对 $t+1$ 期利率的预期。根据(8.13)得，

$$\theta_t = \frac{1}{\eta} \times X^{-1}(x_t, \theta_{t+1}^e, r_{t+1}^e), \text{其中 } x_t, \theta_t, \theta_{t+1}^e \geqslant 0;$$

同理，$\theta_{t+1} = \frac{1}{\eta} \times X^{-1}(x_{t+1}, \theta_{t+2}^e, r_{t+2}^e)$，其中 $x_{t+1}, \theta_{t+2}^e, r_{t+2}^e \geqslant 0$；

$\theta_{t-1} = \frac{1}{\eta} \times X^{-1}(x_{t-1}, \theta_t^e, r_t^e)$,其中 $x_{t-1}, \theta_t^e, r_t^e \geqslant 0$;

社会效用最大化条件是 $\frac{\partial S}{\partial x_{t-1}}$、$\frac{\partial S}{\partial x_t}$、$\frac{\partial S}{\partial x_{t+1}}$ 同时等于零,根据式 (8.16)、(8.17)、(8.24),实现 S 最大化的一阶条件为:

$$\begin{cases} \dfrac{\partial S}{\partial x_{t-1}} = k_t^{(1)}(1+r_t) \cdot w_t \cdot (\dfrac{1-\eta}{\eta} + \dfrac{\partial \theta_t}{\partial \theta_{t-1}}) \cdot \dfrac{\partial \theta_{t-1}}{\partial x_{t-1}} \\ \quad + \dfrac{k_{t+1}^{(1)}(1+n) \cdot w_{t+1} \cdot (\dfrac{1-\eta}{\eta} + \dfrac{\partial \theta_{t+1}}{\partial \theta_t}) \cdot \dfrac{\partial \theta_t}{\partial \theta_{t-1}} \cdot \dfrac{\partial \theta_{t-1}}{\partial x_{t-1}}}{1+R_{t+1}^e} = 0 \\[4pt] \dfrac{\partial S}{\partial x_t} = k_t^{(1)}(1+r_t) \cdot w_t \cdot (\dfrac{1-\eta}{\eta} \cdot \dfrac{\partial \theta_{t-1}}{\partial \theta_t} + 1) \cdot \dfrac{\partial \theta_t}{\partial x_t} + k_t^{(2)}(1+n)v_t \\ \quad + \dfrac{k_{t+1}^{(1)}(1+n) \cdot w_{t+1} \cdot (\dfrac{1-\eta}{\eta} + \dfrac{\partial \theta_{t+1}}{\partial \theta_t}) \cdot \dfrac{\partial \theta_t}{\partial x_t}}{1+R_{t+1}^e} = 0 \\[4pt] \dfrac{\partial S}{\partial x_{t+1}} = k_t^{(1)}(1+r_t) \cdot w_t \cdot (\dfrac{1-\eta}{\eta} \cdot \dfrac{\partial \theta_{t-1}}{\partial \theta_t} + 1) \cdot \dfrac{\partial \theta_t}{\partial \theta_{t+1}} \cdot \dfrac{\partial \theta_{t+1}}{\partial x_{t+1}} \\ \quad + \dfrac{k_{t+1}^{(1)}(1+n) \cdot w_{t+1} \cdot (\dfrac{1-\eta}{\eta} \cdot \dfrac{\partial \theta_t}{\partial \theta_{t+1}} + 1) \cdot \dfrac{\partial \theta_{t+1}}{\partial x_{t+1}}}{1+R_{t+1}^e} = 0 \end{cases}$$

得到:

$$\begin{cases} \dfrac{w_{t+1}}{w_t} = -\dfrac{k_t^{(1)}}{k_{t+1}^{(1)}}(1+R_{t+1}^e)\dfrac{1+r_t}{1+n} \cdot \dfrac{\partial \theta_{t-1}}{\partial \theta_t} \cdot \dfrac{\dfrac{1-\eta}{\eta} + \dfrac{\partial \theta_t}{\partial \theta_{t-1}}}{\dfrac{1-\eta}{\eta} + \dfrac{\partial \theta_{t+1}}{\partial \theta_t}} & (8.25) \\[6pt] \dfrac{\partial x_t}{\partial \theta_t} = -\Big[\dfrac{w_t}{v_t} \cdot \dfrac{k_t^{(1)}}{k_t^{(2)}} \cdot \dfrac{1+r_t}{1+n} \cdot (\dfrac{1-\eta}{\eta} \cdot \dfrac{\partial \theta_{t-1}}{\partial \theta_t} + 1) \\ \qquad + \dfrac{w_{t+1}}{v_t} \cdot \dfrac{k_{t+1}^{(1)}}{k_t^{(2)}} \cdot \dfrac{1}{1+R_{t+1}^e} \cdot (\dfrac{1-\eta}{\eta} + \dfrac{\partial \theta_{t+1}}{\partial \theta_t})\Big] & (8.26) \\[6pt] \dfrac{w_{t+1}}{w_t} = -\dfrac{k_t^{(1)}}{k_{t+1}^{(1)}}(1+R_{t+1}^e) \cdot \dfrac{1+r_t}{1+n} \cdot \dfrac{\partial \theta_t}{\partial \theta_{t+1}} \cdot \dfrac{\dfrac{1-\eta}{\eta} \cdot \dfrac{\partial \theta_{t-1}}{\partial \theta_t} + 1}{\dfrac{1-\eta}{\eta} \cdot \dfrac{\partial \theta_t}{\partial \theta_{t+1}} + 1} & (8.27) \end{cases}$$

根据以上关系式可以得到以下命题:

命题 1:社会统筹比例是政府制定养老保险缴费率的重要依据,各期社会养老保险的收费率之间的相关变化率是由统筹率所决定的。要使社会效用最大化,$t-1$ 期和 t 期,$t+1$ 期和 t 期的社会养老保险缴费率须按小于 $-\dfrac{\eta}{1-\eta}$ 的比率执行。

证明:在式(8.25)、(8.27)中,因为 $\dfrac{w_t}{w_{t+1}}$、$\dfrac{k_t^{(1)}}{k_{t+1}^{(1)}}$、$\dfrac{1+r_t}{1+n}$、$1+R_{t+1}^e$ 均大于 0,所以必然有

$$\dfrac{\partial \theta_{t-1}}{\partial \theta_t} \cdot \dfrac{\dfrac{1-\eta}{\eta}+\dfrac{\partial \theta_t}{\partial \theta_{t-1}}}{\dfrac{1-\eta}{\eta}+\dfrac{\partial \theta_t}{\partial \theta_{t+1}}} < 0 \text{ 且 } \dfrac{\partial \theta_t}{\partial \theta_{t+1}} \cdot \dfrac{\dfrac{1-\eta}{\eta} \cdot \dfrac{\partial \theta_{t-1}}{\partial \theta_t}+1}{\dfrac{1-\eta}{\eta} \cdot \dfrac{\partial \theta_t}{\partial \theta_{t+1}}+1} < 0$$

下面分情况讨论:

根据 $\dfrac{\partial \theta_{t-1}}{\partial \theta_t} \cdot \dfrac{\dfrac{1-\eta}{\eta}+\dfrac{\partial \theta_t}{\partial \theta_{t-1}}}{\dfrac{1-\eta}{\eta}+\dfrac{\partial \theta_t}{\partial \theta_{t+1}}} < 0$,可以得到以下关系:

$$\begin{cases} \dfrac{\partial \theta_{t+1}}{\partial \theta_t} < -\dfrac{1-\eta}{\eta}, \dfrac{\partial \theta_t}{\partial \theta_{t-1}} > 0 \text{ 或 } \dfrac{\partial \theta_t}{\partial \theta_{t-1}} < -\dfrac{1-\eta}{\eta} \\ \dfrac{\partial \theta_{t+1}}{\partial \theta_t} > -\dfrac{1-\eta}{\eta}, -\dfrac{1-\eta}{\eta} < \dfrac{\partial \theta_t}{\partial \theta_{t-1}} < 0 \end{cases}$$

根据 $\dfrac{\partial \theta_t}{\partial \theta_{t+1}} \cdot \dfrac{\dfrac{1-\eta}{\eta} \cdot \dfrac{\partial \theta_{t-1}}{\partial \theta_t}+1}{\dfrac{1-\eta}{\eta} \cdot \dfrac{\partial \theta_t}{\partial \theta_{t+1}}+1} < 0$,得出以下关系:

$$\begin{cases} \dfrac{\partial \theta_{t+1}}{\partial \theta_t} < -\dfrac{1-\eta}{\eta}, \dfrac{\partial \theta_t}{\partial \theta_{t-1}} < -\dfrac{1-\eta}{\eta} \\ \dfrac{\partial \theta_{t+1}}{\partial \theta_t} > -\dfrac{1-\eta}{\eta}, \dfrac{\partial \theta_t}{\partial \theta_{t-1}} < -\dfrac{1-\eta}{\eta} \end{cases}$$

求得交集: $\dfrac{\partial \theta_{t+1}}{\partial \theta_t} < -\dfrac{1-\eta}{\eta}, \dfrac{\partial \theta_t}{\partial \theta_{t-1}} < -\dfrac{1-\eta}{\eta}$。

命题 2:在部分基金制的条件下,政府无论采取激励性的养老保险收费率还是抑制性的养老保险缴费率,都能实现社会效用最大化。但比起抑制性的养老保险收费率,采取激励性的养老保险收费率会令老年人口的生活质量得到更大提高。

证明:根据(8.26)式有:

$$\frac{\partial x_t}{\partial \theta_t} = -\frac{1}{v_t} \cdot \frac{1}{k_t^{(2)}} \left[w_t \cdot k_t^{(1)} \cdot \frac{1+r_t}{1+n} \cdot \left(\frac{1-\eta}{\eta} \cdot \frac{\partial \theta_{t-1}}{\partial \theta_t} + 1 \right) \right.$$
$$\left. + w_{t+1} \cdot k_{t+1}^{(1)} \cdot \frac{1}{1+R_{t+1}^e} \cdot \left(\frac{1-\eta}{\eta} + \frac{\partial \theta_{t+1}}{\partial \theta_t} \right) \right] \quad (8.28)$$

分情况讨论:

如果 $\frac{\partial x_t}{\partial \theta_t} > 0$,即个人收入与政府所确定的养老保险收费率呈正相关时,根据式(8.28),可以推出:

$$\frac{w_{t+1}}{w_t} > -\frac{k_t^{(1)}}{k_{t+1}^{(1)}} \cdot \frac{1+r_t}{1+n}(1+R_{t+1}^e) \cdot \frac{\frac{1-\eta}{\eta} \cdot \frac{\partial \theta_{t-1}}{\partial \theta_t} + 1}{\frac{1-\eta}{\eta} \cdot \frac{\partial \theta_{t+1}}{\partial \theta_t}} = \Gamma$$

因为 $\frac{\partial \theta_{t+1}}{\partial \theta_t} < -\frac{1-\eta}{\eta}, \frac{\partial \theta_t}{\partial \theta_{t-1}} < -\frac{1-\eta}{\eta}$,所以 $\frac{\frac{1-\eta}{\eta} \cdot \frac{\partial \theta_{t+1}}{\partial \theta_t}}{\frac{1-\eta}{\eta} \cdot \frac{\partial \theta_{t-1}}{\partial \theta_t} + 1} < 0$。可知 $\Gamma > 0$,符合消费为正的经济含义。

$\frac{\partial x_t}{\partial \theta_t} > 0$,即个人收入和政府养老保险收费率正相关,说明政府采取激励性的养老保险缴费率能够实现社会效用最大化。第 $t+1$ 期与第 t 期退休人口的消费之间的比例关系,由两类人口的影响力系数、利率、人口增长率、$t+1$ 期的预期利率、统筹比率以及第 $t+1$ 期、t 期和 $t-1$ 期的养老保险缴费率共同决定。

如果 $\frac{\partial x_t}{\partial \theta_t} < 0$,即个人收入与政府所确定的养老保险收费率呈负相关时,根据(8.28)式,可以推出:

$$\frac{w_{t+1}}{w_t} < -\frac{k_t^{(1)}}{k_{t+1}^{(1)}} \cdot \frac{1+r_t}{1+n}(1+R_{t+1}^e) \cdot \frac{\frac{1-\eta}{\eta} \cdot \frac{\partial \theta_{t-1}}{\partial \theta_t} + 1}{\frac{1-\eta}{\eta} \cdot \frac{\partial \theta_{t+1}}{\partial \theta_t}} = \Gamma$$

对 Γ 的讨论与第一种情况相同。仍然符合经济含义。

$\frac{\partial x_t}{\partial \theta_t} < 0$,即个人收入和政府养老保险收费率负相关,说明政府采取抑

制性的养老保险缴费率也能够实现社会效用最大化。但因为在$\frac{\partial x_t}{\partial \theta_t}>0$的情况下，$\frac{w_{t+1}}{w_t}>\Gamma$，而在$\frac{\partial x_t}{\partial \theta_t}<0$的情况下，$\frac{w_{t+1}}{w_t}<\Gamma$，说明当$\frac{\partial x_t}{\partial \theta_t}>0$时，第$t+1$期退休人口的消费比第$t$期退休人口的消费的增长幅度更大。

第三，结论

①现收现付制下，政府无法通过激励性的养老保险交费率政策使社会效用达到最大化。即便政府实行抑制性的养老保险交费率政策，在我国当前利率上升和人口增长率降低的双重压力下，要达到社会效用的最大化，也只能以挤占老年人口的消费为手段，无法实现真正意义上的帕累托改进。

②完全基金制下，虽然从理论上来说完全基金制符合时间一致性原则，实现了政府和个人目标的一致。但是由于它存在着昂贵的制度成本和风险，实际上已经使政府的目标函数发生了重大改变，结果仍不能和个人目标函数相吻合。

③选择部分基金制使在激励性的养老保险政策下达到社会效用最大化成为了可能，而且采取激励性的养老保险收费率会令老年人口的生活质量得到更大提高。公众在养老问题上往往更加乐于投资于自己而非他人，个人账户的设立符合了这一心态，所以个人与政府不会在纳入个人账户的交费政策上进行博弈，总的来说在很大程度上减少了个人策略所带来的博弈。可以看出在该种体制下，政府的政策具有了更大的空间和更多的主动性。从第三种模型的分析中，我们可以明显地看到，实现社会效用最大化的条件更多地表现在政府所确定的交费率政策与客观因素（如社会统筹比率、各代人群的影响力比率、人口增长率以及利率等）的关系，而较少依赖于政府政策与个人策略之间的关系。这可以说是部分基金制相对于现收现付制的一个重要改进。

综上所述，养老基金筹资模式选择的理论依据如下：虽然从传统经济学意义上来分析，几种养老基金筹资模式的效果并无任何不同。目前在养老保险体系选择问题上出现激烈争论的根源就在于，双方都将问题局限在当前社会效用的最大化之上进行分析,只考虑现状却忽略了对个人跨期目标的考虑。因此,我们在设计养老保险体系的时候,要消除养老保险政策与个人策略的不一致性,主要的手段是保持政府政策目标与个人目标函数的一致。对未来的主要矛盾和风险作出正确预测,并将此作为政策选择的主要依据。

经过以上三个角度特别是引入时间一致性问题的福利经济学动态意义上的比较,本课题认为部分基金制比两种极端模式(纯粹的现收现付制和完全基金制)更加适合中国的国情,是养老保险制度改革的必然趋势。不难发现,迫于现收现付制所带来的巨大支付压力,我国政府实施中的养老体制改革正是朝着部分基金制的方向在推进。

8.3.4 理论与现实的矛盾——隐性债务的存在

第一,部分基金制的理论构想

①筹资目的。部分基金制与现收现付制为退休人口筹集退休金的单一目的不同。部分基金制在为退休人口筹集退休金的同时还要筹集资金用于当期工作人口退休金的积累,所以它的筹资目的是双重的。要在工作人口的养老缴费中按适当统筹比例作出分割,兼顾时间与空间的平衡,使养老金的流向立体化。

②筹资渠道。部分基金制归根到底还是向社会上的工作人口筹资。具体来讲,已启用的主要筹资渠道仅有三个:国家财政支付、企业养老保险缴费、个人缴费。筹资渠道的狭窄不利于社会养老保险的发展。因此在新的筹资模式中,有必要开辟一些新的渠道来扩大资金来源,适当降低养老保险缴费率。可供选用的有:发行与养老保险性质相匹配的长期国债、公益捐助、福利彩票、进入资本市场投资等多种方式。特别注意的是,发行养老保险的长期国债对充实名义账户、重新规划支付年限、减小支付危机有着十分重要的意义。

③筹资标准。部分基金制是复合型模式,因此必须设定明确的筹资标准才能使管理规范化。要根据养老保险精算原则,按照养老金替代率、人均收入增长率、养老基金增值率、个人预期寿命等确定合理的养老基金

缴费率、统筹比率等。

④转轨过程中的步骤设置。从现收现付制向部分基金制的转轨,应该明确统筹部分和个人账户的管理主体,实现二者分别管理以增强基本养老保险的互助和收入再分配功能。个人账户不宜一次性做大,可以从较小的比例起步,即把个人账户的规模扩大,个人缴费比例提高。个人缴纳部分完全记在个人账户的名下,明确个人账户产权归属个人所有。在改革具一定成效以后,可以逐步加大个人账户额,适当提高个人账户养老金的水平,逐渐通过各种渠道筹资,将个人账户做实。

第二,构想中的现实矛盾

随着我国养老保险制度的改革,国家试图通过建立一种"统账结合"的模式①,即部分基金制模式,以应对人口老龄化趋势和减轻国家与企业的养老负担。从理论上讲较好地体现了时间一致性的思想。然而,近十年的实践证明这种构想并未得以实现——"统账结合"模式并未真正建立起来。由于个人交纳的积累基金完全用于支付同期退休人员的退休金,致使个人账户是没有资金的"空账"(也称为名义账户),无法起到实际积累的作用。在我国,名义账户的出现并非是一种制度设计②,而是出于以下原因:

①政府难以用现期财政收入来支付隐性养老金债务;

②我国现有养老基金的回报率低于工资增长率,要实现向基金制转轨,当期工作人口将面临非常高的缴费率;

③我国缺乏可以妥善管理庞大基金的管理机构,而且没有一个良好的监管机制来保障养老基金的安全运作。可见,我国实行名义账户制度显然是在现实约束下的一种妥协办法,除非账户里有剩余,否则它归根到底还是现收现付制度(赵耀辉、徐建国,2000)。

虽然,名义账户的设置可以暂时缓解由养老体系转轨带来的一些阻

---

① 1997年,国务院颁布了《关于建立统一的企业职工基本养老保险制度的决定》,标志着中国正式确定了以社会统筹与个人账户相结合为标志的混合型养老保险体制。

② 由于采用名义账户制度可以推迟支付隐性养老金债务,一些政府举债能力有限的国家,如瑞典、意大利、拉脱维亚和波兰目前将此作为制度设计。

力,如减小替代率的阻力(James,1996)等,但是由于名义账户制度记载了每个人应该获得的养老金数额,因而它具有将养老金隐性债务显性化的功能。所以做实名义账户是养老保险制度改革的必然要求。据有关资料显示,我国的空账规模有逐年扩大的趋势,1997 年为 140 亿元,1998 为 450 亿元,1999 年就已达到 1 000 亿元以上。然而,更为严重的是空账问题还不是隐性债务问题的全部。自 1997 年三支柱[①]的养老保险体系基本形成以来,我国养老金隐性债务大致可划分为两部分:一部分是挪用个人账户用于为已退休人口发放养老保险金,即以上所提及的空账;另一部分是尚未支付的已退休人口的养老金。世界银行 1999 年保守评估我国的养老金隐性债务规模为 2 万亿元,部分经济学家估算为 8 万至 10 万亿元,而劳动和社会保障部 2003 年公布的数字为 3 万亿元。可以说,隐性债务问题已经成为了我国养老保险制度改革中最大的障碍。

当前,学术界对隐性债务的概念存在一些不同的定义。刘洪海(2003)认为,在养老保险体系中[②],"中人"和"老人"此前没有缴纳过以个人账户形式存在的养老金,无法按照基金制社会保障养老制度"自我积累、自我保障"的基本原则获得权益,然而由于他们已经为经济和社会发展作出了自己的贡献,拥有(现在和将来)获得养老金的权利,这样就产生了基金的筹集和支付的实际情况与其基本原则之间的矛盾,形成了在基金制社会保障养老保险体制下的国家对于其覆盖范围内退休者和在职者的某种负债,这就是隐性债务。这一债务之所以称为"隐性"的原因在于其总体规模随时间而变化,并且是逐年地、部分地体现出来。袁志刚(2001)认为,在现收现付制下老年人的养老金是以隐性债务的形式存在的,也就是政府通过向青年人征税支付老年人的养老金,并承诺被征税的青年人年老后的养老金支付,但当养老体系转轨时,当代的青年人将养老

---

① 三支柱模式是指以基本养老保险、企业补充养老保险、个人储蓄养老保险为基础的养老保险体系。
② 为了能够清楚简洁地陈述隐性问题,我们有必要对一些概念作出解释:"新人"是指在基金制社会保障养老保险体制下刚参加工作的群体,他们的养老金完全可以按"自我积累、自我保障"原则筹集和支付;"中人"是指在基金制社会保障养老保险体制下的在职者;"老人"则是指基金制社会保障养老保险体制下的退休者。

保险贡献转入了个人账户,并投资于金融资产,那么该期的老年人的养老金债务就不再由当代青年人的养老保险贡献支付了,如何弥补这部分养老金债务就成为了转轨过程中必须解决的难题。虽然两种观点在表述上不尽相同,但其核心都认为隐性债务问题是养老保险制度改革[①]过程中突显的问题,该问题是否能够妥善解决,将直接关系到养老保险制度改革的成败。

解决隐性债务问题的实质在于明确回答以下两个问题——由谁承担?如何承担?在由谁来承担隐性债务的问题上,大多数学者(孙祁祥,2001;杨雯,2003;刘洪海,2003 等)一致认为,由于"中人"和"老人"已经对经济和社会发展作出了自己的贡献,他们是隐性债务的债权方,因此不能要求他们自己来支付隐性债务,隐性债务应当完全由政府来承担,而不应当让企业和个人来承担;否则就是不公平的表现。在隐性债务的承担方式上,一些学者(贾康,2000;许云芸,2001;李明镇,2001 等)提出了许多方法,如调整财政支出结构,开辟新的税收来源,发行特种国债进行筹资,拓宽养老基金投资的渠道,提高法定退休年龄,扩大养老保险覆盖率等。吴敬琏、林毅夫(2003)则提出可以划拨部分国有资产专门用于补偿养老金隐性债务。[②] 龚秀全(2003)进一步提出,通过债转股的方式解决养老金隐性债务问题的同时,还可以达到国有股减持的目的。

现有的研究是否已经明确地回答了解决隐性债务的实质问题?为何直到现在,政府仍未形成一套具体有效的解决该问题的方案?与其他研究不同,本书认为养老金制度在转轨时,首先需要对过去制度的财务状况进行分析,计算过去制度由于对职工作出的养老金承诺而需要在将来兑现的责任,也就是过去制度积累的债务。在此基础上根据社会经济的承受能力研究分担和消化债务的方法,选择改革方案。

---

① 这里所说的改革是指养老保险制度从现收现付制向基金制或部分基金制的转轨。

② 其实,早在 2000 年国务院就曾作出决定,以减持国有股的 10% 和中央财政特别拨款的融资来补偿养老金隐性债务,并成立全国社会保障理事会掌管和经营这部分资产。但这一方案一经提出,便遭到了股市投资者的激烈反对,不得不于 2001 年 6 月紧急叫停。这说明虽然国有股减持在理论上行得通,但却存在实际操作性上的缺陷。

对此,本课题将针对以上两个实质性问题作出回答,试图以隐性债务范围内的政府与私人之间的博弈①为出发点,寻求解决该问题的战略途径,以形成解决隐性债务问题的宏观理论构想,继而建立政府与私人的隐性债务博弈模型,通过经验数据模拟政府决策过程,并得出有效的决策组合方案。

第三,解决矛盾的关键——隐性债务在时空上的均衡

①问题的提出

从国情出发是解决我国隐性债务问题的基础。根据我国经济发展水平、人口结构、财政收支等现实状况回答以下两个实质性问题是解决问题的关键之所在。

◆承担者

尽管国内的主流观点认为,隐性债务应该由政府完全承担,而不能要求"老人"和"中人"来支付隐性债务,但这种观点主要以债权债务关系为支持,完全没有考虑到我国现有国情,没有考虑到现阶段我国财政资金紧缺造成政府没有能力独自偿还养老保险巨额隐性债务的情况。同时鉴于养老保险本身具有的准公共品性质(张昭华,2003),本课题认为我国的养老保险隐性债务既不能由国家完全承担,也不应由私人完全承担,而应该由私人和国家共同承担。那么,这里的"私人"具体指的是哪些人呢?首先,由于我国的养老保险标准较低,如果再让"老人"承担隐性债务,就会严重影响其生活水平,所以这类人口应当排除在承担者之外;第二,当期的"中人"虽然有能力承担部分隐性债务,但由于在原有的现收现付的体制下,他们已尽过部分赡养当期"老人"的义务,所以承担隐性债务的份额不宜过大,否则会造成对这一代人的不公平②;第三,无论从公平角度,还是从承担能力上,"新人"③都应当承担一定比例的隐性债务。归纳起来,

---

① 由于隐性债务问题的解决必然牵涉多方利益的得失,所以博弈方法理所当然地成为了我们理论分析问题的最佳选择。

② 社会养老保险体制改革中,公平性显得尤为重要,如果将转轨成本过多地加诸于某一代人身上,无疑会增加改革的阻力。虽然不可能实现绝对意义的公平,但在一定范围内力求最大限度的公平是必要的。所以,将隐性债务在几代人范围内合理分配,不失为增加其公平性的最佳办法。

③ 这里所指的"新人",是从即期起直到隐性债务问题完全解决那一期的所有"新人"。

隐性债务的承担者就是政府与当期到末期①的所有工作人口。

◆ 承担方式

由于以上所确定的隐性债务承担者具有跨期性,而实现债务跨期分配最有效的方式就是发行国债②,所以我国可以采取由国家发行适合社会养老保险体制改革的长期特种国债作为解决隐性债务问题的主要途径。同时不可否认,以往研究所提出的其他承担方式,在一定程度上也能够起到消除隐性债务的作用,多种方式相辅相成无疑能更好地解决隐性债务问题。

综上所述,根据我国养老保险隐性债务的承担者和承担方式,可以勾画出隐性债务在时间和空间上的分割示意图,如图8—7所示。时间上,将隐性债务均匀分配到 m 期内,规定每一期消除掉一部分债务;空间上,在同一时期,隐性债务由国家政府和当期的工作人口按一定比例共同分担。

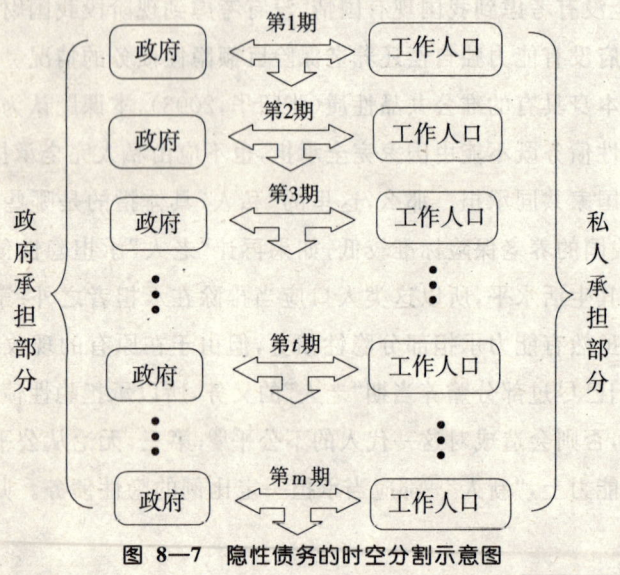

图 8—7 隐性债务的时空分割示意图

---

① 这里所指的末期,即隐性债务问题完全解决那一期。

② 有关我国国债的举债能力,国内许多研究作过许多深层次的探讨,普遍认为,近年来我国国债规模不断扩大,债务压力也随之增大,但是不可否认的是我国财政的应债能力十分宽松。这意味着我国采用发行国债的方式来解决隐性债务问题是大有可为的。另外,我国国债的结构还不尽合理,中短期国债占绝大多数,基本上没有适应社会养老保险体制改革所需的长期国债,所以发行特种养老长期国债具有很大的操作空间。

那么,究竟在政府和工作人口之间隐性债务该按何种比例分配呢? m 的取值又该为多少才算最合理? 这是本课题确定宏观方案后,需进一步解决的难题。由于隐性债务的分配过程实际上也是利益双方[1]进行博弈的过程,所以最后所确定的国家和私人的分配比例以及 m 的取值必然是博弈均衡的结果。对此,本章将通过构建隐性债务的博弈模型来推导均衡状态下国家和私人的分配比例以及 m 的取值。

②基本假设

为了简练地讨论问题,本章作出如下假设:

假设 1:每个人的一生分为两个时期——工作时期和退休时期;每一期社会中有且仅有两代人——退休人口和工作人口,且这两代人分别是两类同质[2]的个体;老年人的影响力参数为 k_1,年轻人的影响力参数为 k_2。

假设 2:基期社会上的退休人口和工作人口的数量分别为 N_1、N_2,人口增长率为 n。由此可以推算出第 t 期社会上退休人口的数量为 $N_1(1+n)^{t-1}$,工作人口的数量为 $N_1(1+n)^t$。

假设 3:社会养老保险制度按 η 的统筹比率实行部分基金制。

③目标函数及约束条件

根据以上假设前提,得出博弈双方的目标函数以及约束条件如下:

◆工作人口的目标函数及预算约束

在经济学分析中,个人的目标函数一般被设定为其效用函数[3]。由于在正常情况下的效用是正效用,且消费者各期消费的边际效用互相独立,因此可以假定效用函数是对数形式 $U(C)=\ln C$。第 t 期工作人口的

---

[1] 这里的利益双方是指政府和工作人口。至于退休人口,由于已经退出生产领域,属于无策略的群体,所以将不作为主体参与隐性债务问题的博弈,但是其效用将直接影响政府的效用函数,是政府决策的一个重要影响因素。

[2] 每类人的策略函数、效用函数、消费函数都分别相同。

[3] 本书中的效用函数是指跨期效用函数。莫迪里安尼认为,人类行为经验表明,个人总是试图把自己一生的全部收入在现期消费和延期消费之间作最佳分配,从而获得最大效用。参见莫迪里安尼等:《效用分析与消费函数——等横截面资料的一个解释》,载于肯尼斯·栗原编:《凯恩斯学派经济学》,商务印书馆 1964 年版。

目标效用函数为：

$$U_t^w = U(C_t, C_{t+1}) = \ln C_t + \frac{\ln C_{t+1}}{1+\partial} \tag{8.29}$$

这里，我们将人的一生分为两期——工作期和退休期。其中，C_t 表示第 t 期工作人口工作时期的消费，C_{t+1} 表示其退休后的消费，∂ 为未来效用的主观贴现率[①]。

由于本课题是基于养老保险范畴的研究，笔者排除其他因素对收入和消费的影响，将养老交费及个人承担的隐性债务引入分析框架，假定个人没有从别人那里继承财产，也不留财产给后人，那么，个人所面临的预算约束为：

$$C_t + \frac{C_{t+1}}{1+r} = Y_t - \theta \cdot Y_t - D_t^i + \frac{P_{t+1}}{1+r} \tag{8.30}$$

其中，r 表示平均利率，Y_t、$\theta \cdot Y_t$、D_t^i、P_{t+1} 分别表示第 t 期工作人口工作时的收入、社会养老保险的交费金额[②]、所承担的隐性债务份额和退休后所得到的社会养老保险金收入，θ 表示社会养老保险的交费率。

在半基金制下，用 ε 表示养老金平均收益率，第 t 期退休人口所获得的养老保险金额为当期统筹部分与上一期积累部分之和：

$$P_t = \theta \cdot \eta \cdot Y_t(1+n) + \theta \cdot (1-\eta) \cdot (1+\varepsilon)Y_{t-1} \tag{8.31}$$

第 t 期工作人口所承担的隐性债务为：

$$D_t^i = \frac{1-\sigma}{m \cdot N_1(1+n)} \cdot \left(\frac{1+r}{1+n}\right)^{t-1} \cdot D_0 \tag{8.32}$$

而第 t 期政府所承担的隐性债务则为：

$$D_t^g = \frac{\sigma}{m}(1+r)^{t-1} \cdot D_0 \tag{8.33}$$

其中，σ 表示政府所承担的隐性债务的比例，$0 \leqslant \sigma \leqslant 1$，$m$ 表示解决隐性债务问题所规划的期数，$1 \leqslant m \leqslant M$，$M$ 表示政府能够举债的最远一期，D_0 表示基期隐性债务总额。

[①] 参见臧旭恒等：《居民资产与消费选择行为分析》，上海人民出版社 2001 年版。
[②] 这里的养老保险缴费金额包含了统筹部分的缴费和个人积累部分的缴费，缴费率 θ 也是两部分统一计算的缴费率。

◆政府的目标函数及预算约束

在福利经济学分析中,政府被认为是以追求社会福利最大化为目标的,个人的效用函数是构成政府目标函数的个体。与一般分析框架不同,本课题从战略角度出发提出了解决社会养老保险隐性债务问题的宏观构想,其影响将延伸至今后的几代人,这就要求政府在改革中落实具体政策时必须具有很强的前瞻性。如果将政府的目标函数局限于当期社会效用上将不能满足制度设计的需要,所以,政府的目标函数也应表示为跨期形式:

$$S = \sum_{t=1}^{m} N_1(1+n)^{t-1}[k_1 u_t^r + k_2(1+n)u_t^w] \quad (8.34)$$

其中,u_t^r、u_t^w 表示第 t 期退休人口与工作人口的消费的效用函数[①],有:

$$u_t^r(C_t^r) = \ln C_t^r, C_t^r = P_t;$$
$$u_t^w(C_t^w) = \ln C_t^w, C_t^w = W_t\text{[②]} = Y_t - \theta \cdot Y_t - D_t^i \quad (8.35)$$

◆工作人口的策略

工作人口以个人产出 X_t 为策略,用 $X_{\max}$ 表示工作人口的最大产出可能,那么工作人口的策略空间可表述为:$X_i = \{X_t | 0 \leqslant X_t \leqslant X_{\max}\}$。

从宏观角度来看,假设每一期工作人口的产出策略是一致的,那么第 t 期国民生产总值可表示为:

$$G_t = N_1(1+n)^t X_t \quad (8.36)$$

在排除其他因素影响的情况下,工作人口的收入与国民生产总值有以下关系:

$$G_t - D_t^g = N_1(1+n)^t Y_t\text{[③]}$$

$$Y_t = X_t - \frac{D_t^g}{N_1(1+n)^t} \quad (8.37)$$

---

① u_t^r、u_t^w 只代表第 t 期工作人口和退休人口当期消费的效用函数,u_t^w 不同于 U_t^r,不具有跨期性。

② W_t 表示第 t 期工作人口的可支配收入,与第 t 期退休人口的可支配收入 P_t 相对应。

③ 为了集中分析问题,我们假定宏观经济领域内没有积累与投资,国民生产总值除了用于支付政府承担的隐性债务,剩下的全部分配给当期的工作人口。

由于生产力的进步,用 g 表示劳动生产力增长率,个人产出 X_t 满足以下自回归关系:

$$X_t = (1+g) \cdot X_{t-1} \tag{8.38}$$

◆ 政府的策略

由于政府通过确定隐性债务承担比例和承担期限来调整债务在时间和空间上的分布,从而达到解决问题的目的,所以政府的策略集为 $Z_g = \{\sigma \cup m\}$,政府的策略空间为:$Z_g = \{\sigma \cup m \mid 0 \leqslant \sigma \leqslant 1, 1 \leqslant m \leqslant M\}$。

④ 博弈均衡

在给定政府和私人的标准化目标函数和约束条件后,我们进行博弈分析,得到以下关于解决中国社会养老保险隐性债务问题的现实命题。

命题 3:在一定的社会养老保险体制模式下,隐性债务将直接影响各类人群的收入,所以政府应主要通过收入分配来实现社会效用最大化目标,在分配过程中,政府不仅要注重社会人口的内生性特征,还应全面把握社会养老保险体系的特点以及经济发展的一般性规律。

证明:对政府目标函数及其约束条件求导,其一阶条件有:

$$\frac{P_t}{W_t} = \frac{k_1}{k_2} \cdot \frac{\theta}{1-\theta} \cdot \left[\eta + (1-\eta) \cdot \frac{(1+\varepsilon)(1+g)}{1+n} \right]$$

。这说明,要实现政府目标效用最大化,须使第 t 期退休人口与工作人口的可支配收入维持上述固定比例,该比例由几方面因素共同确定。第一,两类人口的影响力参数。第 t 期工作人口及退休人口的可支配收入与自身的影响力参数呈正比。换言之,政府为了实现目标效用最大,在分配过程中应更多地考虑影响力参数较大的人群。第二,养老保险缴费率。第 t 期退休人口的可支配收入应与养老保险缴费率呈正比,而该期工作人口的可支配收入则应与 $(1-\theta)$ 呈正比。第三,统筹比率。严格说来,统筹比率不一定影响两类人口收入的分配①,其影响要视第四方面的因素而定。第四,积累部分养老金的平均收益率、劳动生产率增长率和人口增长率,这三个因素通过作用于积

---

① 这恰好从另一角度客观地解释了此前关于现收现付制($\eta=1$)、基金制($\eta=0$)与部分基金制($0<\eta<1$)孰优孰劣的争论——其实无论实行哪种体制都只是一种手段,并无实质上的区别,关键要看本国是否具备实行所选择体制的条件。

累比率$(1-\eta)$,间接影响收入分配。当养老金积累和劳动生产增长率等于人口增长速度,即$\frac{(1+\varepsilon)(1+g)}{1+n}=1$时,$\eta+(1-\eta)\cdot\frac{(1+\varepsilon)(1+g)}{1+n}=1$,不影响政府的分配策略;当养老金积累和劳动生产增长率快于人口增长速度,即$\frac{(1+\varepsilon)(1+g)}{1+n}>1$时,$\eta+(1-\eta)\cdot\frac{(1+\varepsilon)(1+g)}{1+n}>1$时,政府将按比例更多地分配给退休人口;反之,则少分配给退休人口,多分配给工作人口。

命题4:实现积累部分养老金的保值、增值是解决隐性债务问题及改善老年人口生活条件的重要条件。养老金投资收益率与利率的比较关系是影响政府分配决策的一个关键性因素。

证明:对政府目标函数及其约束条件求导,还可得到以下一阶条件:

$$\frac{P_t}{W_t}=\frac{k_1}{k_2}\cdot\left[\eta+(1-\eta)\cdot\frac{1+\varepsilon}{1+r}\right].$$

该结果更加清晰地阐释了第t期退休人口与工作人口的可支配收入的比例关系。除了命题3中所提到的两类人口的影响力参数、统筹比率等因素,养老金收益率与利率共同作用于积累比率,从而影响分配决策。当养老金收益率等于利率,即$\frac{1+\varepsilon}{1+r}=1$时,$\eta+(1-\eta)\cdot\frac{1+\varepsilon}{1+r}=1$,政府将以人口的影响力参数作为决定分配策略的唯一依据;当养老金收益率大于利率,即$\frac{1+\varepsilon}{1+r}>1$时,$\eta+(1-\eta)\cdot\frac{1+\varepsilon}{1+r}>1$,政府将按比例更多地分配给退休人口;反之,则少分配给退休人口,多分配给工作人口。

命题5:在解决隐性债务问题过程中,社会养老保险缴费率的确定是政府决策的一个重要内容。政府确定养老保险缴费率时,应当以本国人口、经济等多方面的特点为依据。

证明:根据命题3和命题4证明中所得的两个一阶条件可进一步推导出:

$$\frac{\theta}{1-\theta}=1-\frac{(1-\eta)}{\eta}\cdot\frac{1+\varepsilon}{1+r}\cdot\left[\frac{(1+r)(1+g)}{1+n}-1\right].$$

可以看出,养老保

险缴费率实际上也是统筹比率、养老金平均收益率、利率、劳动生产增长率、人口增长率等一系列因素交互确定的。如果给出以上因素的确定值,政府完全可以框算出社会效用最大化下最佳养老保险缴费率的取值①。能否正确确定养老保险缴费率直接关系到社会效用能否实现最大化以及隐性债务能否得到妥善解决。

8.3.5 实证模拟

本节试图利用经验数据模拟政府解决隐性债务问题的决策过程,并得出有效的决策组合。下面,首先对一些数据的变动趋势加以分析,为数值模拟作准备。

第一,数据采集

表 8—6　1990—2004 年我国人口增长率变动　　（单位:‰）

年　份	出生率	死亡率	自然增长率
1990	21.06	6.67	14.39
1991	19.68	6.7	12.98
1992	18.24	6.64	11.6
1993	18.09	6.64	11.45
1994	17.7	6.49	11.21
1995	17.12	6.57	10.55
1996	16.98	6.56	10.42
1997	16.57	6.51	10.06
1998	15.64	6.5	9.14
1999	14.64	6.46	8.18
2000	14.03	6.45	7.58
2001	13.38	6.43	6.95
2002	12.86	6.41	6.45
2003	12.41	6.4	6.01
2004	12.29	6.42	5.87

资料来源:《中国统计年鉴 2004》《2004 年国民经济和社会发展统计公报》。

人口增长率 n:根据 1990—2004 年②我国人口增长率的经验数据(见

---

① 在第三部分中,我们将利用经验数据计算社会效用最大化下的养老保险缴费率。
② 因为我国养老保险制度改革大致始于 20 世纪 90 年代,90 年代以后的数据对当前政策的适应性比较大。

表8—6),可以看出1990—2004年间,由于出生率受到明显控制,我国人口增长率呈逐年下降趋势。

利率 r:自1998年3月份起,为了治理通货紧缩,央行对人民币存款利率进行了大幅下调,直至2004年经济升温,通货膨胀率上升,央行才采取了增息措施,见表8—7。目前我国人民币一年期存款利率维持在2.25%,而且尚有一定回升空间。同时,这里所讨论的利率不应是名义利率,而应该是实际利率,即名义利率扣除通货膨胀率后的取值。可以看出,近两年来,由于名义利率仍然维持在一个较低水平,加上通货膨胀率的上升,人民币的实际利率实际为负值。

表8—7 1998年至2005年人民币实际利率 （单位:年利率%）

时间	名义利率（一年期）	通货膨胀率	实际利率（一年期）
1998年3月25日	5.22	−0.8	6.02
1998年7月1日	4.77	−0.8	5.57
1998年12月7日	3.78	−0.8	4.58
1999年	2.25	−1.4	3.65
2000年	2.25	0.4	1.85
2001年	2.25	0.7	1.55
2002年	1.98	−0.8	2.78
2003年	1.98	1.2	0.78
2004年	2.25	3.9	−1.65
2005年	2.25	2.5	−0.25

资料来源:历年《中国统计年鉴》。这里用全国居民消费价格指数来表示通货膨胀率;实际利率是用名义利率减去通货膨胀率计算出来的。其中,2005年通货膨胀率的数据是2005年一季度、4月和5月数据的加权平均值。

统筹比率 η:由于积累账户为空账,所以我国社会养老保险仍然实行的是现收现付制,当前统筹比率实际为1。不过随着空账的做实,统筹比率将逐步下降,而积累比率将逐步上升。

养老基金平均收益率 ε:我国养老基金运营的历史还相当短暂,直至2005年,我国才有小部分养老基金真正进入资本市场。根据2002—2005年我国社保基金的收益率变动情况(见表8—8)可以发现,尽管养老金名义收益率有逐年上升的趋势,但是由于通货膨胀率的影响,养老金实际收益率实际上是不稳定的。

表 8—8 2002—2005 年我国养老金收益率变动情况 （单位:%）

年份	2002	2003	2004	2005
名义收益率	2.25	2.75	3.56	3.32
实际收益率	3.05	1.55	−0.34	0.82

资料来源:全国社保基金理事会历年财务报告。因为我国目前养老基金并未单独管理,而是和全国社保基金共同营运,是全国社保基金最重要的组成部分,所以这里用全国社保基金收益率替代养老基金收益率。其中,实际收益率仍然是名义收益率减去通货膨胀率的取值。

劳动生产增长率 g:由(8.36)式和(8.38)式可以推导出: $g = \dfrac{G_t}{G_{t-1}} \cdot \dfrac{1}{1+n} - 1$,这里所指的劳动生产增长率是剔除人口增长因素的国内生产总值的增长率。根据 1978—2004 年的数据计算的结果如表 8—9 所示,可以进一步计算出 90 年代以来平均劳动生产增长率为 14.54%。

表 8—9 1990—2004 年劳动生产增长率变动情况

年份	G_t(亿元)	n(%)	g(%)
1990	18 547.9	0.014 39	14.90
1991	21 617.8	0.012 98	21.64
1992	26 638.1	0.011 60	28.53
1993	34 634.4	0.011 45	33.48
1994	46 759.4	0.011 21	23.68
1995	58 478.1	0.010 55	14.87
1996	67 884.6	0.010 42	8.56
1997	74 462.6	0.010 06	4.17
1998	78 345.2	0.009 14	3.80
1999	82 067.5	0.008 18	8.13
2000	89 468.1	0.007 58	7.95
2001	97 314.8	0.006 95	7.33
2002	105 172.3	0.006 45	10.77
2003	117 251.9	0.006 01	15.73
2004	136 515.0	0.005 87	—

资料来源:《2004 中国统计年鉴》和《2004 年国民经济和社会发展统计公报》。其中,g 是由上述公式推导而得。人均产出 X_t:根据公式(8.36),人均产出等于国内生产总值除以工作人口(见表 8—10),国内生产总值持续上升和就业人口增长速度相对减慢,使人均产出呈逐年上升趋势。

表 8—10 1991—2003 年我国人均产出变动

年份	G_t(亿元)	就业人口(万人)	X_t(元)
1991	21 617.8	58 360	3 704.22
1992	26 638.1	59 432	4 482.11
1993	34 634.4	60 220	5 751.31
1994	46 759.4	61 470	7 606.87
1995	58 478.1	67 947	8 606.43
1996	67 884.6	68 850	9 859.78
1997	74 462.6	69 600	10 698.65
1998	78 345.2	69 957	11 199.05
1999	82 067.5	70 586	11 626.60
2000	89 468.1	72 085	12 411.47
2001	97 314.8	73 025	13 326.23
2002	105 172.3	73 740	14 262.58
2003	117 251.9	74 432	15 752.89

资料来源：根据历年《中国统计年鉴》计算得出。

第二，数据处理

根据以上公式及数据，利用 MATLAB 软件进行处理，同时，根据以上因素的变动情况和发展趋势，本章将模拟出不同情况下重要的决策参数的取值。

统筹比率 η 呈下降趋势，分别讨论 $\eta=[0.90,0.8]$ 的情况；人口增长率呈逐年下降趋势，讨论 $n=[0.005,0.004]$ 的情况；利率 r 近年来维持在较低水平，取 $r=[-0.01,0.01,0.02]$；由于我国养老金收益率变动规律不明显，根据国际上养老金收益率的一般情况，取 $\varepsilon=[-0.01,0.01,0.02]$；劳动生产增长率从 20 世纪 90 年代以来一直维持在较高水平，我们讨论 $g=[0.15,0.20]$ 的情况。运用 MATLAB 软件，得出以下结果：

养老保险缴费率 θ：从表 8—11 以及两个辅助表格中可查出以上罗列的各种情况下的养老保险最优缴费率。为了模型简洁，假定只有私人对养老保险缴费，所以可以看到 θ 的取值较大，一般在 43%—50% 之间。实际上，企业也对养老保险承担了部分责任，分摊了部分缴费。我国现行的基本养老保险由单位和个人以个人纳税工资为基数共同缴费。单位缴费一部分进入个人账户使个人账户缴费达到个人纳税工资的 11%，另一部分进入社会统筹账户。但是从另一方面看,企业的财富是个人共同创造的,所以在这里本课题就不将企业缴费单独考虑,而将其归为私人缴费范畴内(这里的私人已包括个人与企业)。

表 8—11　最优缴费率 θ

$\dfrac{1+g}{1+n}-\dfrac{1}{1+r}$	$\eta=0.9$			$\eta=0.8$		
	$\varepsilon=-0.01$	$\varepsilon=0.01$	$\varepsilon=0.02$	$\varepsilon=-0.01$	$\varepsilon=0.01$	$\varepsilon=0.02$
0.134 2	0.491 56	0.432 05	0.448 04	0.496 28	0.471 35	0.474 22
0.183 9	0.488 36	0.433 03	0.447 81	0.494 89	0.471 52	0.474 20
0.135 3	0.491 49	0.432 07	0.448 03	0.496 25	0.471 36	0.474 22
0.185 1	0.488 28	0.433 05	0.447 80	0.494 86	0.471 53	0.474 20
0.154 2	0.490 27	0.432 45	0.447 95	0.495 72	0.471 42	0.474 21
0.203 9	0.487 06	0.433 42	0.447 72	0.494 33	0.471 59	0.474 19
0.155 3	0.490 20	0.432 47	0.447 94	0.495 69	0.471 43	0.474 21
0.205 1	0.486 98	0.433 45	0.447 71	0.494 30	0.471 60	0.474 19
0.164 2	0.489 63	0.432 64	0.447 90	0.495 44	0.471 46	0.474 20
0.213 9	0.486 41	0.433 62	0.447 67	0.494 05	0.471 62	0.474 19
0.165 3	0.489 56	0.432 66	0.447 90	0.495 41	0.471 46	0.474 20
0.215 1	0.486 33	0.433 64	0.447 66	0.494 01	0.471 63	0.474 19

注:在第二部分中有 $\dfrac{\theta}{1-\theta}=1-\dfrac{1-\eta}{\eta}\cdot\dfrac{1+\varepsilon}{1+r}\cdot\left[\dfrac{(1+r)(1+g)}{1+n}-1\right]$,进一步变形为:$\dfrac{\theta}{1-\theta}=1-\dfrac{1-\eta}{\eta}\cdot(1+\varepsilon)\left(\dfrac{1+g}{1+n}-\dfrac{1}{1+r}\right)$。由于计算中涉及变量较多,必须将运算过程进行分解,首先计算 $\dfrac{1+g}{1+n}$ 的值,即表 8—12,然后计算 $\dfrac{1+g}{1+n}-\dfrac{1}{1+r}$ 的值,即表 8—13,最后根据以上公式求出 θ 值,即该表所示结果。根据该表和下面两个辅助表格即可查得在一定条件下的最优缴费率 θ。

表 8—12　辅助表 1

	$g=0.15$	$g=0.2$
$n=0.005$	1.144 3	1.194
$n=0.004$	1.145 4	1.195 2

注:该表计算的数值为 $\dfrac{1+g}{1+n}$。

表 8—13　辅助表 2

	1.144 3	1.194	1.145 4	1.195 2
$r=-0.01$	0.134 2	0.183 9	0.135 3	0.185 1
$r=0.01$	0.154 2	0.203 9	0.155 3	0.205 1
$r=0.02$	0.164 2	0.213 9	0.165 3	0.215 1

注:①第 1 行数据是从表 8—12 的结果中而来,即 $\dfrac{1+g}{1+n}$ 的值。

②该表计算的数值为 $\dfrac{1+g}{1+n}-\dfrac{1}{1+r}$。

第三,政府决策方案选择

在解决隐性债务问题过程中,政府决策的关键是计算 m 与 σ 的组合:

根据 $\dfrac{P_t}{W_t}=\dfrac{k_1}{k_2}\cdot[\eta+(1-\eta)\cdot\dfrac{1+\varepsilon}{1+r}]$ 以及式(8.31)、(8.32)、(8.34)、(8.35)得:

$$W_t=(1-\theta)I_t-(1-\theta\sigma)\cdot\dfrac{D_0}{m}\cdot\dfrac{(1+r)^{t-1}}{N(1+n)^t} \quad (8.39)$$

$$P_t=\theta I_t[(1+n)\eta+(1-\eta)(1+\varepsilon)(1+g)]$$
$$-\dfrac{\theta\sigma D_0}{m}\cdot\dfrac{(1+r)^{t-2}}{N(1+n)^{t-1}}[(1+r)\eta+(1-\eta)(1+\varepsilon)]$$
$$(8.40)$$

由于计算过程中涉及的变量较多,本章无法一一罗列各种情况下的计算结果。以下就以贴近当前实际的条件按步骤举例说明。

步骤:

第一步,确定变量。由于人口进入老龄化,政府对老年人口的重视程度相应提高,设 $\dfrac{k_1}{k_2}=1.2$[①];取 $n=0.005$、$g=0.15$、$\eta=0.9$、$\varepsilon=0.01$、$r=-0.01$、$X_t=15\,000$;基期隐性债务 D_0 选用我国社会劳动保障部 2003 年公布的数值 3 万亿;2004 年全国参加基本养老保险人数为 16 342 万人,为计算简便,设 $N=16\,000$ 万人。

第二步,查表。根据以上 n、g、η、ε、r 的取值,查表 8—11、表 8—12 和表 8—13,得:$\theta=43.205\%$。

第三步,根据公式 $\dfrac{P_t}{W_t}=\dfrac{k_1}{k_2}\cdot[\eta+(1-\eta)\cdot\dfrac{1+\varepsilon}{1+r}]$,以及相关变量取值,计算出 $\dfrac{P_t}{W_t}=1.202\,4$。

第四步,将公式(8.39)和(8.40)引入 $\dfrac{P_t}{W_t}=1.202\,4$,并代入相关变量

---

① $\dfrac{k_1}{k_2}$ 是主观性的系数;由政府决策者主观决定。

的取值,计算 m 与 σ。由于在计算过程中 t 值是不确定的,所以我们需先计算 $\dfrac{(1+r)^{t-1}}{(1+n)^{t}}$ 和 $\dfrac{(1+r)^{t-2}}{(1+n)^{t-1}}$ 的取值。

表 8—14　辅助表 3

t	$\dfrac{(1+r)^{t-1}}{(1+n)^{t}}$	$\dfrac{(1+r)^{t-2}}{(1+n)^{t-1}}$
1	0.995 025	1.010 101
2	0.980 174	0.995 025
3	0.965 544	0.980 174
4	0.951 133	0.965 544
5	0.936 937	0.951 133
6	0.922 953	0.936 937
7	0.909 178	0.922 953
8	0.895 608	0.909 178
9	0.882 241	0.895 608
10	0.869 073	0.882 241

从表 8—14 中随机选取 t 值,如选 $t=3$,可计算得出以下恒等关系:
$3\,628.97m+17\,281.54\sigma=21\,767.2$。

接下来,给 m 赋值,计算 σ,得出表 8—15 中的组合:

表 8—15　在既定条件下解决隐性债务的一些组合

m	σ
1	104.96%
2	83.96%
3	62.96%
4	41.96%
5①	20.96%

注:该表是根据以上 m 与 σ 的恒等关系式,代入 m 的赋值计算而得。

第五步,讨论并选取合适的 m 与 σ 组合。因为前面选取的 $t=3$,又有 $m\geqslant t$,所以这里主要考察 $m\geqslant 3$ 的组合:

$m=3$ 时,$D_t^g=7\,618.16$ 亿元,$D_t^i=2\,235.13$ 元;

$m=4$ 时,$D_t^g=3\,115.53$ 亿元,$D_t^i=3\,502.35$ 元;

$m=5$ 时,$D_t^g=1\,232.57$ 亿元,$D_t^i=2\,861.74$ 元。

---

① 当 $m>5$ 时,σ 为负。

这三种组合都在可以考虑的范围内,最终选取哪一组还要视实际情况①以及政府决策者的偏好②而定。

第四,结论

本章研究的目的旨在确定解决我国养老保险隐性债务问题的合理办法,与其他研究不同,本课题的主要贡献有如下几点:

①通过时间一致性理论确定养老保险采取部分基金制的筹资方式是达到国家与个人效用最大化的最佳选择。为了使部分基金制能够真正运行,解决隐性债务的问题是其关键所在。本课题认为只有在时间和空间上合理分配债务,才能达到消除债务的目的,所以提倡以发行长期特种国债作为解决问题的主要手段。各方利益博弈的本质是隐性债务问题,围绕这个本质建立了政府和私人的动态博弈模型,求出社会效用最大化的博弈均衡解。

②从博弈均衡条件中得到以下结论:政府主要通过收入分配来实现社会效用最大化目标,在分配过程中,政府不仅要注重社会人口的内生性特征,还应全面把握社会养老保险体系的特点以及经济发展的一般性规律;实现积累部分养老金的保值、增值是解决隐性债务问题及改善老年人口生活条件的重要条件;在解决隐性债务问题过程中,社会养老保险缴费率的确定是政府决策的一个重要内容。

③在博弈均衡条件的基础上,搜集相关经验数据进行政府决策过程模拟,并举例求出在一定条件下政府决策的组合,这一点是富有启发意义的。通过以上数值模拟举例,可以得出以下政策建议:政府在解决养老保险隐性债务问题的过程中面临的不单单是一个债务问题,而是关系到社会经济、人口、制度等方方面面。政策制定者必须对诸多因素加以考虑和权衡才能使政策更加切合实际、行之有效。另外,政策制定者的主观因素和偏好也对决策有重大影响,消除不良主观影响和偏好的最佳方法是一

---

① 这里所指的实际情况主要包括财政承受能力、个人承受能力、社会体制改革的内在需要等多方面因素。

② 这是一个抉择——是愿意在短期内承担更多的债务来解决隐性债务问题呢,还是愿意承担较少的债务份额、花更多的时间来逐步消除债务。

切从国情出发,使主观尽可能地符合客观。

8.4 基于制度保障的经济来源的投资稳定性和良性利用的机制构造

8.4.1 问题的提出

不可否认,发达国家的经验对于完善我国的养老保障制度是有借鉴意义的。但我国老年人口生活质量还与我国的特殊国情有关,比如,我国经济发展水平低,企业效益和支付能力低,政府财政力量有限,同时,老年人口生活质量涵盖范围十分广泛,涉及经济、精神、健康、社会和家庭等等领域。鉴于制约我国老年人口生活质量改善的多方面障碍因素的存在,提高我国老年人口的生活质量必将是一个综合经济、政策、法规、观念转变以及环境改善为一体的系统性工程。在分析了影响老年人口生活质量的内在原因——保障制度的基础上,我们必须认识到:无论是公共环境保障制度、医疗保障制度,还是养老保障制度等,无不以经济的来源为基础。由于我国保障制度必须建立在我国现实社会经济发展水平的基础之上,尤其是我国现实财力允许的基础之上。因此,解决老年人口保障制度的经济来源与投资问题是建立以上保障制度的基础和前提。

本节试图从经济来源的可持续性与良性应用两个方面有所突破,站在宏观的、经济学的角度,以改善老年人生活质量问题为依托,运用博弈思想来解决这两个关键性问题:一是怎样建立起能够保证投资来源稳定性的约束机制,二是在保障制度的资源使用过程中如何有效防止"公共地悲剧"的发生。

8.4.2 保障制度投资来源的稳定性分析

由于保障制度的外溢性和非营利性,许多地方政府利用中央政府对投资项目的关注,与中央政府讨价还价,尽量减少地方的投资份额,或者是在中央与地方联合投资过程中要求中央追加投资,使投资额远远超过预算,甚至把本应由地方政府承担的项目推给中央,导致中央财政无法承受。

课题通过阶段博弈的运用,使用讨价还价模型对中央和地方的投资行为展开研究,以求在中央和地方的投资份额上找到一个合理的、可接受的临界值,并引进私人资本和消费群体来寻求约束和激励机制,保证资金来源的可持续性。

第一,中央政府和地方政府的投资份额博弈

①理论基础

博弈的基本假设前提是:中央和地方均为理性人,即中央政府和地方政府会按照各自效用的最大化来进行决策。博弈的基本规则如下:本博弈中有两个参与人,中央政府(甲)和地方政府(乙)。

假定双方讨价还价的过程遵循以下顺序:首先由甲提出一个投资分配方案,对此乙可以选择接受或者拒绝;如果乙拒绝甲的方案,则他自己应该提出另一个方案,让甲选择接受与否。若甲接受,则博弈结束;若甲拒绝,则甲来提方案,让乙来选择。如此循环。在循环过程中,只要一方接受对方的方案,博弈即宣告结束。如果方案被拒绝,则被拒绝方案就与以后的讨价还价过程不再有任何关系。每次一方提出一个方案和另一方选择是否接受共同构成一个时段。

将此博弈思想应用到中央与地方共同投资老年人口保障制度的基本项目上。中央的目标是在不超出预算支出的前提下使各地所提供的公共服务基本均等,同时使支出成本最小。地方政府的目标则是支出成本的最小化。另外中央政府还需要承担保障制度的外溢性问题,因而有一定的额外成本,而地方政府则不需要。假设讨价还价每多进行一个时段,由于谈判费用和利益损失等,双方的成本都要增长一次,增长率为 δ_0,令 $\delta_0 > 0$,$\delta = 1 + \delta_0$,总投资额为 I。

中央政府需要投资的项目很多,不可能在一个项目上拖延很长的时间,加上时间的拖延会增加双方的机会成本,以及每进行一次谈判都要支付一定的谈判费用,所以谈判不可能持续很长的时间,因此假设博弈只进行三个时段。

时段一,中央政府(甲)先确定方案,自己出 S_1,地方(乙)出 $I-S_1$,乙可以接受或不接受。若接受,则双方的投资为 S_1 和 $I-S_1$,若谈判的结果是乙不接受,则开始下一时段。

时段二,由乙确定方案,甲支出 S_2,自己支出 $I-S_2$。由甲选择是否接受此方案,若甲接受,则双方支出为 S_2 和 $I-S_2$,若甲不接受则进行下一时段。

时段三,甲提出自己支出 S,乙则支出 $I-S$,此时乙必须接受,双方的实际支出为 S 和 $I-S$。这个博弈过程可以用博弈的扩展形式来表述,如图 8—8:

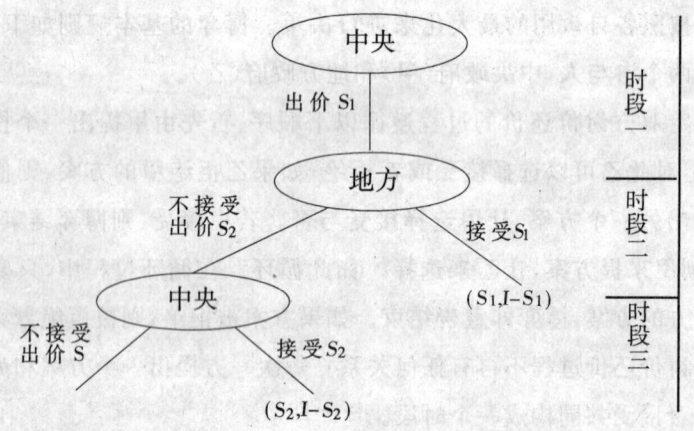

图 8—8 中央和地方政府就老年人保障制度投资分配额的讨价还价博弈模型

②时段分析

在分析之前要明确,博弈中暗含的假设是地方政府知道中央政府投资的最低数额,地方政府可以据此确定自己的投资数额。因此这是一个对称信息下的动态博弈问题。我们采用逆推归纳法来解此博弈。

时段三,甲出价 S,乙必须接受,双方支出为 $\delta^2 \times S$ 和 $\delta^2 \times (I-S)$。因为博弈只进行三个时段,在第三时段,乙已经没有选择的余地,只能选择接受。

时段二,乙很清楚,进入第三时段后,甲必会出 S,则乙只能出 $\delta^2 \times (I-S)$。甲实际投资 $\delta^2 \times S$。为使投资成本最小,则乙的投资 $I-S_2$ 不能使甲在第三时段投资更少。因而自己的投资额不能高于第三时段的投资。因此，乙在第二时段能让甲接受的最高投资额必须满足 $\delta \times S_2 = \delta^2 \times S$。即 $S_2 = \delta \times S$，此时，乙自己的投资为 $\delta \times (I - \delta \times S)$。因为 $\delta > 1$，故比第三时段乙的投资要小一些。这是乙的最小投资额。

时段一，甲在开始讨价还价时就知道第三时段自己的投资是 $\delta^2 \times S$，也知道乙在第二时段会出的投资是 $S_2 = \delta \times S$，且自己的投资仍是 $\delta^2 \times S$，此时乙会满足于最小投资 $\delta \times (I - \delta \times S)$。如果甲在第一时段就允许乙的投资额为 $\delta \times (I - \delta \times S)$，而自己又能投资得更少，这种方案对甲而言更好。而这只需要令 S_1 满足 $I - S_1 = \delta \times (I - \delta \times S)$，即 $S_1 = I - I \times \delta + \delta^2 \times S$。此时，乙的投资与第二时段以后的投资不变，而由于减少了讨价还价环节，节约了接触成本，甲的投资就比第二时段后的投资更小。从而，在第一时段出资金 $S_1 = I - I \times \delta + \delta^2 \times S$，乙方会接受，双方的投资额分别为 $S_1^* = I - I \times \delta + \delta^2 \times S, S_2^* = \delta \times (I - \delta \times S)$，这就构成了该博弈的均衡解。

从这个三时段博弈最终的纳什均衡来看，中央与地方在投资保障制度建设方面存在达成共识的基础。将这种共识形成书面约束规定，就可以解决中央政府和地方政府对资金纠缠不清的问题。这样中央政府的投资效率得到了提高，同时，由于地方政府也对项目进行了投资，项目建设的好坏与本地区的利益直接相关，所以在达成共识之后，可以增强地方政府的责任心，加强对项目实施的监督管理工作，提高投资的效率。而最重要的是，我们达到了所追求的既定目标，即确保投资来源的稳定性。

③对 δ 的分析

由于 $\delta = 1 + \delta_0$，而 $\delta_0 > 0$，从而 $\delta > 1$；由 $(S_1^*)' = 0$，可得 $\delta = I/2S$。故对 $S_1^* = I - I \times \delta + \delta^2 \times S$，当 $\delta \to 1^+$ 即 $\delta_0 \to 0^+$ 时，$\delta > I/2S$，则 $I/2S < 1$，S_1^* 单调增加，即甲的支出越来越大。对于 $S_2^* = \delta \times (I - \delta \times S)$，$S_2^*$ 单调递减，即乙的支出随着谈判成本增长率的降低在不断减少。$\delta \leqslant I/2S$ 时，$I/2S \geqslant 1$，则乙的支出递增，而甲的支出递减。

在分析之前，一个假设就是甲乙双方对第三时段甲的出价已非常清楚。现在说明这个假设的合理性:因为中央的总投资额是已知的,而对各个地区的投资分配比例会按照各地的经济条件进行分配。地方政府虽然不能知道具体的投资数额,但对某地投资额的范围还是能够预测到的。只不过在具体数额的确定上,可能会有所出入。对中央政府而言,中央希望在保证投资项目顺利完成的前提下,尽量减少投资,提高资金的使用效率。下面对 S 的取值范围分情况讨论,分析 S 的变化对中央与地方的投资博弈过程的影响。

◆中央的投资额 $S \geqslant I/2$

此时成本增长率 δ_0。当成本增长率逐渐减小趋近于 0 时,S_1^* 单调递增,S_2^* 单调递减。说明若中央的投资额超过 $I/2S$,此时随成本增长率的增加,中央有弊无利,对地方越来越有利。因此,相对地方而言,中央更不愿意拖延谈判时间,希望早点儿作出决定。而地方政府则可以利用这种状况,为自己争取更多的利益。但是地方政府也明白,若自己要得太多,有可能给中央造成不良的印象,中央会因此而减少投资额,转而向其他的地方投资。而且,这有可能影响中央对地方以后的投资,所以地方政府也不会要求得非常过分。因此均衡解可能发生的变动是中央的投资额稍大于 S_1^*,地方的投资额稍小于 S_2^*。

◆中央的投资额 $S < I/2$

当成本增长率趋近于 0 时,S_1^* 单调递减,S_2^* 单调递增。说明当中央的投资额只能小于 $I/2S$ 时,随成本增长率的减少,对中央将会比较有利,此时地方政府可能采取行动与中央妥协。中央政府的投资不会大于 S_1^*。

以上分析是在假定中央和地方均是理性决策者的前提下作出的。针对上述情况,中央和地方在共同合作投资保障制度建设时,可以更精确地知道彼此之间合理的支出划分,杜绝地方在项目申报过程中投机取巧以及各种门类的"钓鱼项目"。

在政企分开、转换经营机制以后,地方政府的权利增强,地方政府与企业之间的关系发生了变化,地方政府开始以出资者或资产所有者身份对企业进行监管。如何加强地方政府的投资责任,调动地方政府的积极性,发挥地方政府的能动作用,同时提高中央政府信守合同的可信度,是中央政府面临的一个重要问题。

第二,加入私人投资的稳定性分析

随着市场经济的发展,私人资本在国民经济中的作用不断加大,政府的宏观管理也逐渐由统筹管制变为引导。把私人资本引入保障制度项目投资,以股份制形式建设保障制度,一方面有利于减轻政府的财政负担;另一方面也能够充分发挥私人资本的市场作用,按照市场规律进行公益性事业的经营,能够吸取私人资本的成功经验,发挥其市场优势,提高管理水平和投资效率,使得保障制度建设摆脱传统的投资高、回报少、政府财政负担重但鉴于社会发展需要国家又不得不投资的尴尬局面。私人资本的加入,可以改善政府投资中的保障制度投资的地位,市场化经营也使得持续性投资成为可能。

当然,私人资本的加入也会使得保障制度建设产生一个新的风险,即是否会损害保障制度使用者的利益,导致无人消费的局面。按照市场规则,投资的目的在于赢利,私人资本更把赢利当做不二教条,而要赢利就要收取费用,这就把投资者和老年消费者的此消彼长的利益关系推上前台。此模型的建立就是在二者之间找到一个合理的范围,既能达到投资者的赢利目的,又能把支出限制在老年消费者可接受的范围。但问题的关键是找到一个合理的约束机制,本模型就是为了约束机制的建立展开讨论的。引进私人资本,对上面的博弈模型进行修正,加入一个新的博弈参与人,从而博弈有了3个参与人,即中央政府、地方政府和企业(这里为了行文的方便,我们把私人投资,无论是个人,还是市场赢利组织统称为企业)。但是由于上述模型已解决中央政府和地方政府的出资份额问题,按照上述模型二者已经达成共识,因此我们可以认为二者的出资比例一定,即无论它们的出资总额是多少,都会按照这一比例确定各自的投资数目。这样,我们完全可以把中央政府和地方政府看做一个整体,在下面的分析中,它们将被当做一个新的参与人——政府进行博弈。这样,博弈的参与人为两个——政府和企业。

企业投资的目的在于赢利,其利益直接来源于老年消费者的消费支付,要讨论企业的投资积极性必然要结合老年消费者行为。因此,在下面的博弈过程中,将有 3 个博弈方——政府、企业和老年消费者。

该博弈模型的假设前提如下:政府、企业和老年消费者均为理性人,即政府、企业和老年消费者都会按照各自效用的最大化来进行决策。博弈的基本规则是:政府有权利确定保障制度使用费用(保障老年人口的权益),企业根据自身获利程度选择投资与否,老年消费者根据支付费用有权决定使用与否。

下面来看各个博弈方的得益:

设税率为 t,政府投入为 C_z;企业投入为 C_c,老年消费者一次性消费支出为 P,老年消费者一次消费的效用为 U。

政府的得益函数:$V_z = P(1-t)\dfrac{C_z}{C_z+C_c} + P \times t - C_z$,

企业的得益函数:$V_c = P(1-t)\dfrac{C_c}{C_z+C_c} - C_c$,

老年消费者的得益函数:$V_p = U - P$,

讨论:对于企业而言,其目标是得益最大化

即 $\text{Max} V_c = P(1-t)\dfrac{C_c}{C_z+C_c} - C_c$,求 $\dfrac{\partial V_c}{\partial P} > 0$,得 $P > \dfrac{C_z+C_c}{1-t}$;

对于政府而言,其目标是得益最大化

即 $\text{Max} V_z = P(1-t)\dfrac{C_z}{C_z+C_c} + P \times t - C_z$,求 $\dfrac{\partial V_z}{\partial P} > 0$,得 $P > \dfrac{C_z(C_z+C_c)}{(1-t)C_z+t(C_z+C_c)}$;

由于老年消费者目标在于用最小的支付获取最大的效用,因此其最优支付为:

$$\text{Min}\left[\dfrac{C_z+C_c}{1-t}, \dfrac{C_z(C_z+C_c)}{(1-t)C_z+t(C_z+C_c)}\right]$$

故 $P = \text{Min}\left[\dfrac{C_z+C_c}{1-t}, \dfrac{C_z(C_z+C_c)}{(1-t)C_z+t(C_z+C_c)}\right]$ 为老年消费者的理想支出。

我们再来看,由于只有当 $U > P$ 时,老年消费者才会进行消费,因此,

$$U > \text{Min}\left[\frac{C_z+C_c}{1-t}, \frac{C_z(C_z+C_c)}{(1-t)C_z+t(C_z+C_c)}\right]$$

结论:要维持保障制度的正常投资来源和正常消费,只要把老年人口一次性消费使用价格确立在 $\text{Min}\left[\dfrac{C_z+C_c}{1-t}, \dfrac{C_z(C_z+C_c)}{(1-t)C_z+t(C_z+C_c)}\right]$ 基础上即可。

8.4.3 保障制度良性使用的可持续性分析

资金来源得以保证,为老年人口保障制度的建设提供了重要前提,但是老年人口保障制度的可持续还需要另外一个重要条件,那就是良性使用。这两者相得益彰,才构成其可持续性的充分条件。

然而,我国现有老年人口公共产品、医疗保障、养老保障制度的完善不容乐观。一方面在于管理不足,另一方面由于其制度本身的外溢性,造成老年人口对保障制度的物质载体使用过度乃至人为破坏。"公共地悲剧"在此再次发生。

下面我们通过博弈过程分析,寻找一个约束机制,来加强管理和遏制对保障制度的破坏。

博弈过程说明:该博弈有两个参与者——老年保障制度的提供商(即政府和私人投资的共同体)和老年消费者。老年消费者由于过度使用可以获得额外得益(使用额外效用),因此具有过度使用倾向;提供商可以选择监督和不监督,监督会产生监督支出,构成监督成本,但是一旦发现老年消费者过度使用就会采取处罚措施,以罚款形式获得补偿。

参数设置如下: U_0 ——无监督、不过度使用的提供商得益, U_1 ——无监督、不过度使用的老年消费者得益, m ——监督成本, n ——过度使用的损失, p ——老年消费者过度使用额外得益, q ——罚款。其中 U_0、U_1、m、n、$p>0$,且为已知,即常量, q 为变量。

假设:在提供商进行监督的情况下,老年消费者过度使用被发现的概率为 80%,博弈过程如图 8—9 所示。

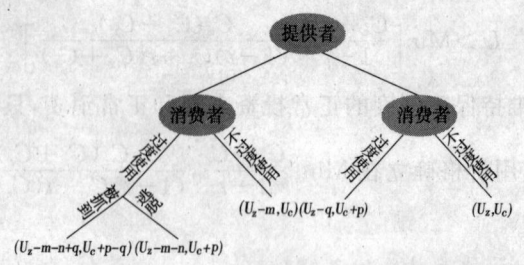

图 8—9 保障制度良性使用博弈树

下面进行博弈双方得益分析：

提供者监督得益 $= 80\%(U_0-m-n+q)+20\%(U_0-m-n)+(U_0-m)$

$\qquad = 2U_0-2m-n+80\%q$

提供者不监督得益 $=(U_0-q)+U_0$

$\qquad = 2U_0-q$

老年消费者过度使用得益 $= 80\%(U_1+p-q)+20\%(U_1+p)+$

$\qquad (U_1+p)$

$\qquad = 2U_1+2p-q$

老年消费者不过度使用得益 $= 2U_1$

讨论：采用倒推法，该博弈分析的目的在于遏制老年消费者的过度使用行为，因此老年消费者不过度使用得益应该大于老年消费者过度使用得益，即 $2U_1+2p-q > 2U_1$，得 $q > 2p$。进而，要使老年消费者不过度使用，提供商必须进行监督，则有提供商监督得益 > 提供商不监督得益，即 $2U_0-2m-n+80\%q > 2U_0-q$，得 $q > \dfrac{5(2m+n)}{9}$。

综合 $q > 2p$ 和 $q > \dfrac{5(2m+n)}{9}$，得 $q > \left\{2p, \dfrac{5(2m+n)}{9}\right\}$。

当 $q > \left\{2p, \dfrac{5(2m+n)}{9}\right\}$ 时，即可以保证老年人口保障制度在机制约束下的良性应用。

8.4.4 结论及建议

根据以上的讨论可以知道，从法律的角度对中央和地方的行为进行

约束是最有效的。因此有必要建立一套完整的科学管理制度,对中央政府、地方政府和企业的权限加以明确。可以采取以下措施:

第一,明文界定中央与地方的权限。以立法的形式,进一步明确中央与地方双方职权的性质,确定双方的职能范围,明确各自的权责界限并建立中央对地方政府的激励约束机制。使中央与地方关系法制化、规范化,限制中央政府的权利,使中央不能随意修改合同。

第二,严格界定政府和企业在保障制度投资中的角色。政府处在主动地位,决定投资份额的大小分配比例,具有征税权和税率确定权;企业作为追求赢利的市场主体参与该项投资,但必须在政府管制下合理进行,确保老年消费者的权益不受损害,这是保障制度建设投资的根本目的所在。

第三,强化政府的监督功能,避免或减少老年人口在享用保障制度过程中的道德危机行为的产生,构造对过度使用保障权益的约束机制,这是保障制度能够持续、健康发展的根本所在。

8.5 本章小结

通过分析影响我国老年人口生活质量的制度保障,揭示影响老年人口生活质量的深层次原因。对此,本课题分别从公共环境保障制度、医疗保障制度、养老保障制度三个方面进行了理论分析与模型构造,较为深入与合理地解释了第七章中所提及的存在的问题与成因,为解决问题提供了选择的路径及方向,为制度创新作了尝试性的工作。本章考虑并解决以下问题:

第一,国家投资、私人经营的公共产品保障制度的确立。公共产品往往存在供给不足与过度浪费的情况。如何解决这个困境,传统的以科斯为代表的产权私有化理论为本课题提供了理论借鉴。但不同的是我国公共产品投资具有非私人性质,因此,本课题采用政府投资、私人生产的博弈均衡模式为其困境提供了解决的路径。同时,尽管没有专门为老年人口设计公共产品的制度机制,但是公共产品的性质决定了它是不同年龄的人所共同面对的问题，具有一定的普遍意义。当然，应该考虑老年人口的经济实力与偏好给予不同程度的供给。如果制度设计能够较好地解决公共产品的有效供给，其对老年人口的特殊照顾与政策支持是可以通过使用老年证或发给优惠券等做到的。

第二，老年医疗保障制度的软预算约束机制的建立。医疗保险在严格意义上来说属于准公共产品范畴，既具有公共产品的性质，又具有私人产品的性质。因此这类产品的消费既要由个人付费，又需要政府支付部分成本，以保证这类产品的有效供给。医疗保险所形成的软预算约束在提高私人及社会总体福利方面都是十分有效率的，而且造成道德风险的可能性比较小。同时，将医疗资源更多地向老年人口转移能够降低道德风险，提高医疗保险的社会效率。转移的方式除了调低老年人口的共付保险率以外，对老年人常见慢性病治疗所需药品实行适当的价格限制和服务补贴等，都可以起到软化原有预算、满足老年人医疗需求、合理转移医疗资源的作用。

第三，养老保险基金筹资模式的确定。之所以对原有的养老保险体制进行改革，一个十分重要的原因是在人口老龄化的压力下，现收现付制所反映的抚养比过高引起在职人口的逆向选择，实际缴费人数减少，从而导致实际筹资能力下降。这就要求新的筹资模式比现收现付制有更强的筹资能力，更能激发工作人口缴费的积极性。因此，选择部分基金制养老保险较之现收现付制更能反映中国的现实。确定与保证筹资模式得以实施的前提是化解转轨成本，即所谓的隐性债务问题，这一问题的解决是我国能够真正推行部分基金制度的关键所在。本章认为由政府及个人分担的养老保险基金的转轨成本应该根据不同的时期与发展作出不同的方案选择。

第四，制度保障经济来源与使用的机制构造。以上三种制度的建立与完善都需要经济作为基础与前提。没有稳定的经济来源与制度的可持续发展，设计的保障制度将流于形式。因此，建立中央、地方政府和私人企业在保障制度投资中的分担机制，以保证老年人口享受保障制度建设投资的经济利益以及规范老年人口在享用制度权利时的行为，必须要强化政府的监督与约束机制。

第九章 研究结论与政策运用

本课题是关于我国老年人口生活质量指标体系的设置与评价的研究。课题在深入考察老年人口生活质量评价指标体系的基础上,揭示出制度保障对提高老年人口生活质量的重要意义。从理论和方法层面上回顾并借鉴了衡量老年人口生活质量的指标体系、影响老年人口生活质量的相关理论、生活质量的运行管理机制与保障制度,确定了研究的逻辑起点。针对既有分析范式的缺陷,从不同的视角和功能范式上,界定了老年人口生活质量的含义,并深化了对老年人口与一般人口不同的理解,确定了指标体系选择的依据及构架,进而通过指标体系的评价及制度分析、理论与实证得出了本课题的研究结论和政策建议。

9.1 研究结论

第一,反映老年人口生活质量指标体系的内容应该包括健康生活、物质生活、精神生活、家庭生活、生活环境等五个方面。

老年人口生活质量的评价应该突出老年人口以健康为主要内容的特殊性并与人口生活质量的共性相结合。通过客观与主观、宏观与微观、供给与需求相结合的角度所体现出来的共同特征,围绕老年健康这个中心确定了反映老年人口生活质量的五个方面的研究内容。

第二,老年人口生活质量的综合指数必须反映健康、物质、精神、家庭、环境等不同权重对指标体系的影响。

在层次分析方法基础上确定了老年人口生活质量各内容指标的权重(包括各系统层与指标层)。在赋予各指标权重的基础上,构造了老年人口生活质量指标的综合指数,这是评价老年人口生活质量高低的主要指标,为老年人口生活质量指标体系的评价及政策建议提供依据。

第三,老年人口生活质量的提升是健康生活、物质生活、精神生活、家庭生活、生活环境等协调的理想状态及其实现过程。

①人口生活质量在实施过程中都应该是健康、物质、精神、家庭、环境等的结合与协调。在衡量老年人口生活质量的过程中,对健康、物质、精神、家庭等生活质量的衡量,其环境生活质量表现出来的社会环境、自然环境对生活质量其他方面的影响,其性质与功能决定了应该采取的保障机制与制度模式。

②在提高老年人口生活质量的过程中,反映生活质量的五个方面的有机协调是保持老年人口适应现代市场经济要求及生活保障的理想状态及其实现过程的必要条件。其本质是保障老年人口生活质量的可持续发展。

③老年人口生活质量提高的五个方面的有机协调发展从理想状态上看是开放系统中的保障制度与生活质量在制度或机制作用下,健康、物质、精神和环境配合适当的良性循环态势,在逻辑上,客观地存在一个受健康要求、收入约束冲击、环境适宜程度以及制度、效应、结构变化影响的资源配置的理想状态比例。在健康要求、收入约束、环境适宜程度给定的条件下,协调发展取决于制度、机制与模式。

④老年人口生活质量提升过程中的五个方面的有机协调从实现过程上看是一个不断受环境因素干扰的、内部多目标相交织、矛盾复杂、多层次相交叉、需要支付成本、多任务博弈的从医疗、养老保险、公共产品到制度创新管理的系统运动过程。协调的基础是市场经济条件下,政府、企业、个人各主体的功能的发挥,核心在于制度与机制的建立,关键是政府行为与市场行为的协调。

第四,老年人口生活质量提高过程中五个方面的有机协调必须以科学的指标体系、评价方法和制度保证为条件。

①UML系统的应用为老年人口生活质量指标体系的选择提供了理论依据,同时也克服了指标设计中的随意性与主观性,为科学合理地评价老年人口生活质量奠定了基础。

②老年人口生活质量评价指标体系的目的是客观、合理地衡量老年

人口生活质量,从而有利于老年人口生活质量的提升与发展,而目的的实现必然要求指标体系的选择能够符合老年人口的特性。因此,无论从老年人口生活质量的内涵还是从其生活质量的评价看,都必须以生活质量指标体系作为生活质量评价的载体。完善与规范的老年人口生活质量指标体系是评价老年人口生活质量的基础与前提。

③在构建老年人口生活质量指标体系的基础上,保障机制的建立为老年人口生活质量的提高提供了制度保证。制度保障与评价方法的需求会随着宏观形势的变化而变化,但无论怎样变化,评价指标体系的衡量与制度保障对老年人口生活质量提升过程中的五个方面的有机协调都是相当重要的。

④在老年人口生活质量各个方面的有机协调发展过程中,制度的确立是政府职能、市场机制以及利益集团共同作用的结果。

第五,反映老年人口生活质量的健康、物质、精神、家庭、环境的指标体系的实证分析揭示了制度保障的重要性。

实证结果揭示出我国老年人口生活质量不高的根本原因在于反映制度指标的环境因素的权重严重偏低,制约了物质、健康、精神、家庭等因素的协调发展。模拟分析的结果发现了一个令人惊喜的结论,即提升反映制度保障指标的权重有利于提高我国老年人口生活质量的综合水平。

第六,老年人口生活质量与制度保障的共同发展是宏观环境下二者相互促进达成的最优供求均衡。

①老年人口健康生活、物质生活、精神生活、家庭生活及生活环境等无不需要老年人口的医疗保障、养老保障、公共产品及服务保障制度的确立与规范。而老年人口生活质量的提升是通过老年人口各方面生活质量的变化以推进保障制度的创新、发展与制度建设。

②老年保障制度的供求取决于经济发展、市场变动、人口结构等。老年人口对生活质量要求的变动取决于制度的保障及市场的规范作用。

③制度保障可以在一定程度上解决老年人口的医疗保险及养老基金对老年人口的物质保证、公共产品及服务制度对公共环境的保证,以此来影响老年人口的健康状况、物质基础、精神享受与家庭和谐等,健全的保

障制度有利于老年人口生活质量的需求与提升。

第七，反映老年人口生活质量的健康、物质、精神、家庭、环境与老年人口生活质量的保障制度变迁模式不同，在时间、结构及其相互影响上不协调。

①中国老年人口医疗保障、养老保险制度的变迁在改革开放前以强制性为主，所追求的目标：一是通过强制性制度供给降低管理费用，实现老年人口福利最大化；二是通过权利中心以及它所代表的利益集团的垄断租金最大化，实现其政治支持最大化，其结果是制度供给偏离了初衷，严重束缚了老年人口医疗保障、养老基金的供求平衡。

②随着我国人口结构的变化及经济制度的变迁，实现养老基金供求的均衡及基于基金保值增值动机的帕累托改进过程，是在引导性变迁推动自愿性变迁后，二者交互作用，由点到面的渐进式演进过程，微观投资主体与地方政府直接参与制度变迁，变迁主体及投资多元化。

③我国医疗保障、养老保险制度变迁是在严酷的初始条件下，受制于医疗保障、养老保险基金的供求缺口拉大、人口结构老化以及公共产品制度不成熟制约和利益集团驱动下的路径依赖过程。

④除了具有和保障制度相同的影响因素外，制度变迁还有以下特点：一是初始条件中，计划体制的安排构成了重要的影响；二是制度变迁中的利益集团的影响，主要是地方政府、政府的社会保障部门、企业集团之间的影响。

⑤与经济制度变迁相比，医疗保障制度、养老保险制度变迁不仅主体、路径和动机不同，变迁模式不相适应，而且在时间上滞后，在主体结构、供求结构和分配结构上失衡，相互影响上不对称。

第八，转轨时期我国老年人口生活质量与制度保障受内外因素影响未能在相互促进中协调发展。

①长期以来坚持的现收现付制度使养老保险基金的储蓄投资功能严重不足，这种只有短期投资的行为使银行与政府债券理所当然地充当了"保险箱"或"储钱罐"的角色。养老保险基金与其他投资渠道没有明显关系，殊不知，这种被认为十分"保险"的方式却由于时间价值的存在而使其

变得极不保险。

②我国医疗保障制度改革起步较晚,相对于市场经济的发展显得极不规范。由于过分强调医疗保险的市场化功能的观点,在市场经济发展过程中原有的并不成熟的医疗保障制度改革由于医疗预算的硬约束机制,使老年医疗保障制度的有效实施更是举步维艰。

③转轨时期中国老年人口生活质量的环境供给与需求的关系失调,是一定外在环境下制度"供给不足"和"需求过度"共同作用的结果。

第九,中国老年人口生活质量与保障制度关系失调的关键在于养老保障制度、基金的筹资方式、隐形债务化解的共同制约。

①我国老年人口生活质量的各个方面都离不开经济的支撑,养老保险制度对老年人口生活质量的作用日益突出。随着我国养老保险制度从现收现付制向部分基金制的转变,基本养老保险实行社会统筹与个人账户相结合的制度,个人账户制度的实施意味着职工要为自己的养老承担部分责任,而不全是由下代人赡养。这样虽然可以部分缓解在职职工养老的压力,但同时,由于我国传统的现收现付制下,随着老龄人口的急剧上升,隐形债务的问题更加严重,这将极大地约束社会统筹与个人账户的功能发挥。

②随着人口平均寿命不断提高,将引发个人账户累积储存不够支付的危机,为此必然会增加社会统筹基金的支付压力,加之国家财力的约束,使社会统筹部分不可避免地占用个人账户的基金,这就不得不引发个人账户的"空账化"运作,使其改革后的筹资模式并没有发生根本性转变,因此必然约束了筹资模式进行实质性转化的进程。

③没有明确与科学地建立转轨时期隐形债务的分担机制,致使中国老年人口生活质量与养老保障制度的关系严重失调。

第十,中国老年人口生活质量与制度保障关系失调源于医疗保险模式和预算硬约束的共同制约。

①长期以来的老年人口医疗保健使老年人口在医疗保险中存在医疗保险意愿制约医疗保险安全的行为悖论。只要是在医疗需求没有得到基本满足的情况下,医疗保险所形成的硬预算约束在提高私人及社会总体

福利方面的作用都是十分有限的,而且造成道德风险的可能性比较大,容易导致医疗资源的不合理配置。

②目前中国医疗保障制度的预算硬约束使老年人口对医疗保险的需求与制度的转变不相协调。医疗保障制度的转变,客观上要求这部分医疗保险的基金应该按照市场化的运作进行管理,但由于目前老年人口在目前的城镇医疗保障体系改革中承担了转轨成本,实际收入的减少使其难以满足自身医疗需求,在医疗保障体系无法覆盖的农村,情况就更加令人担忧。这些情况使得我国老年人口(特别是贫困的老年人口)的健康状况不容乐观。在医疗保险体系内存在严重的道德风险问题,它是导致许多具有良好初衷的政策无法实施的一个重要原因。为了提高老年人口的生活质量,必须对在一定预算约束下老年人口医疗保险的福利效用进行分析,从而找到一种能够化解道德风险,并提高当前老年人口医疗保障的公平及效率水平的有效途径。

第十一,中国老年人口生活质量与保障制度关系失调根源于公共产品制度的管理运行方式、激励机制与约束机制不力的共同影响。

①老年人口生活质量的提升依赖于公共资源与产品的支撑与保证。目前我国公共产品的供给不足与需求过度无不与其管理制度相关。

②中国老年人口需求的公共产品部分,即使采用市场化管理,由于激励机制与约束参与机制没有充分建立起来,因而也无法达成市场均衡,老年人口生活质量的制度设计的初衷仍然可能落空。这是公共保障基本模式转型过程中制度运行管理方式不明确而引发的,不是改革目标本身存在的问题。

第十二,我国老年人口生活质量与保障制度协调发展模式具有实现机理一致性和实现形态多样性的特点。

①我国老年人口生活质量与保障机制的协调发展,是针对市场经济条件下,借鉴国外已有的发展经验,依据医疗保险制度、养老保险模式、公共产品保障制度的概念内涵、基本特征、实现机理,将老年人口生活质量与保障制度协调发展的要素加以抽象、概括、类比、分析和逻辑演绎而构建的以指导老年人口生活质量的提升为目的的一种框架性方案。

②我国老年人口生活质量与保障制度协调发展模式是协调发展系统、协调对象及其相互关系、作用方式与协调手段等协调机制实现形式的抽象表达。

③老年人口生活质量与保障制度协调发展机制的构建包括:确立老年人口生活质量提升的目标、原则、手段、前提和要求。

④老年人口生活质量与保障制度协调发展模式的总体框架受协调发展机理决定,具有一致性,其形态取决于具体目标、约束条件、激励手段的最优组合。

⑤老年人口生活质量与保障制度协调发展机制的构造或探索过程具有一致性,有规律可循。

9.2 政策运用

第一,重视与完善我国老年人口生活质量的评价指标体系

①建立相对稳定的老年人口生活质量评价指标体系并在此基础上逐渐加以完善。政府在条件允许的情况下应该专门组织专家对老年人口生活质量指标体系的内容及评价进行充分的论证,在得到权威部门及专家认可的情况下,保持指标体系的相对稳定,以有利于对老年人口生活质量的动态评价。

②保证老年人口生活质量评价指标体系符合人口生活质量指标体系设置的总体框架,同时也符合国际指标体系的评价标准。老年人口生活质量指标体系的设置应该具有人口生活质量的共性与老年人口的特殊性相结合的特点,并力求与国际上指标体系的评价内容一致以有利于老年人口生活质量的横向比较。

③构造的老年人口生活质量指标体系的内容应该符合社会经济可持续发展的要求。可持续发展是世界各国在社会经济发展过程中的永恒主题,我国老年人口生活质量评价指标体系的内容上应该始终贯穿这一主题并体现以人为本的思想。

第二,强化我国老年人口生活质量与保障制度互动发展的制度功能

①强化老年人口生活质量提升的制度保障功能,确立现代制度保障观念与意识,以现代制度意识指导老年人口生活质量的评价过程。

②解除老年人口生活质量不能真正提高的外部约束。第一,前提约束:制定强有力措施,以避免公共产品外部性,克服医疗保障中的预算硬约束及现收现付制下的养老保险基金的供给缺口等问题,使养老保险制度真正做到部分基金制度的"实账化"运作;落实老年医疗保障制度中的软预算约束机制以及公共产品的制度约束机制。第二,市场约束:市场经济体制的不断完善与规范需要加快其建设的步伐。第三,机制约束:本课题认为,无论是公共产品的保障运行制度,还是医疗保障制度、养老保障制度等一系列制度体系的运行机构,都一定是以人口生活质量的提高为目标、符合市场运行规律的、能够按照市场机制运行的代表政府职能的管理机构。

③营造老年人口生活质量与保障制度协调发展的宏观制度环境。第一,以完善市场经济体制为目标,进一步规范和健全老年人口消费市场与公共服务市场。第二,以老年医疗软预算约束为核心,制定和实施适宜的共付保险率。第三,以保值增值为重点,在强化养老保险基金的安全性的同时,也要强调以部分基金制养老保险模式为主要内容的制度设计与战略构想。第四,以制度保障的经济来源为前提,构造制度保障投资的稳定性和良性利用的有效机制。

第三,解除养老保险制度运行模式中的养老金缺口的约束

①从现收现付制向部分基金制转轨的过程中,其转轨成本的分担机制应该考虑老年人口的利益,以真正填补基金缺口。

②分离统筹基金与个人账户基金。仅将统筹基金的职能设定为满足基本养老保险的需求,将个人账户基金纳入补充养老保险的范畴是不够的,应归入强制性补充养老保险的内容,而不同于一般个人自愿储蓄性质的商业养老保险和企业补充养老保险。统筹分离后,统筹基金由企业或单位供款组成,实行现收现付制。个人账户基金由单位和个人双方供款组成,实行完全积累制。

③合理解决转制成本。统账分离、做实个人账户必然会使现收现付

制度下参保职工积累起来的养老金权益问题显现出来,也就是使现收现付制下由后代人兑付的隐性债务突显出来,变为显性债务。只有正视和解决这个债务问题,才能使部分基金制真正建立起来。采取部分基金制,并在一定程度地保留现收现付制,本身就解决了一部分隐性债务问题,剩下未能解决的隐性债务缺口就构成了转制成本,因此,转制成本要小于隐性债务。大体上说,转制成本主要由养活已离退休人员所需资金减去统筹基金的收入加上在职职工未曾积累的个人账户基金两大部分构成。转制成本虽然是一笔巨大的资金,但要保证新制度运行下去,实现预定的目标,必须尽早有计划地加以解决。可以采用如下办法:一是采取开源措施,多渠道筹集资金。主要渠道包括变现部分国有股;划转部分国有机器设备、土地、公房等国有资产的出售、租赁收入;调整财政支出结构,预算安排一部分资金;增加一部分税收来源如利息税、特种消费税、遗产赠与税等;发行特种国债;转让一部分彩票发行收入等等。二是采取私人与国家的债务分担机制,其分担的比例随着人口收入结构与国家的财政状况作出调整。在私人承担的隐形债务(非退休者)中,所建立的分担机制应该视私人(包括企业)的收入状况不同而不同,其目的是减少收入差距的扩大以利于整体生活水平的提高。三是发放认可债券。根据参加账户做实后的新制度的在职职工原国有单位工龄和不同年份的当地社会平均工资,再适当考虑职工本人的职务和职称级别,计算每个职工的应得补偿额。可借鉴智利等拉美国家的做法,以一定的利率发放认可债券,规定认可债券到职工退休时才可兑付,在此之前只能根据情况允许职工到证券市场交易债券。通过上述方法明确转制成本,有利于分清各级政府和不同政府部门之间的责任,并可将筹集到的资金视情况在地区间进行调剂。

第四,优化我国老年医疗保障中的预算软约束

老年人是对医疗产品及服务有旺盛需求和特殊偏好的群体,而且我国老年人的收入水平普遍低于年轻人,所以老年人的医疗消费需求达到饱和的概率低于年轻人。将医疗资源向老年人口转移能够降低道德风险,提高医疗保险的社会效率。转移的方式除了前面所提到的调低老年人口的共付保险率以外,还有许多方式,如对老年人常见慢性病治疗所需药品实行适当的价格限制和服务补贴等,都可以起到软化原有预算、满足老年人医疗需求、合理转移医疗资源的作用。具体可采取如下做法:

①建立以个人账户为基础的社会统筹的医疗保险体系。

②确立专门供老年人口使用的保付率以保证老年人口健康生活质量的提高。

③将医疗资源更多地向老年人口转移可以降低医疗保险中的道德风险问题。

第五,构造影响我国老年人口生活质量的公共产品运行过程中的市场管理模式与机制

选择什么样的管理公共产品的运行模式,对于老年人口生活环境的改善与提高具有十分关键的意义。为了适应社会主义市场经济体制的需要,在统一管理的前提下,中国应建立适应中国老年群体对公共产品需求的公共保障制度。对此,必须认清以下几点:

①政府生产下的公共产品的低产出必然造成对公共产品的供给不足。

②私人生产经营下的公共产品带来的政府与私人的双赢。

③政府购买(投资)私人生产的制度设计有利于公共产品提高生活质量。

④在公共产品的有效供给中,制度设计应该使老年人口对公共产品的有效需求能够得到满足,以有利于老年人口生活环境质量的提高。

9.3 研究展望

第一,本课题研究工作的局限性

老年人口生活质量评价指标体系及其相关内容是一个十分广泛且复杂的体系,需要研究的内容很多,可以用到的研究方法也有多种,在其运作过程中,我国十分注重政府的导向意见。课题组虽然也做了一些工作,但限于课题组的能力,肯定也存在不少缺陷。具体来说,课题研究报告可

能存在以下不足:

①在研究样本上。本课题采集的样本数据主要来源于对某个地区的城镇与农村的抽样调查,而居于全国范围内的调查没有全面展开(这是本课题的能力所无法达到的,它需要政府行为的参与),如果在以后的研究中能够获取全国范围内各地区类型的不同样本数据,这将极大地修正与完善本课题的研究结论。

②在研究方法上,本课题主要采用 UML 计算机语言、博弈论和经济学方法,但有些问题结合其他研究方法可能更合适,如养老保险基金筹资总体博弈框架构造,如果结合系统的分析方法,建立系统动力学模型,可能能够更好地加以描述和分析。

③没有就研究结论进行政策实验。如课题关于制度影响老年人口生活质量的方案选择,政策实验有助于检验课题的研究结果;虽然采用了模拟的研究方法,但实证中的参数确定还不够明确。实证还有助于修正指标体系中的政策参数,譬如,政府的导向意见可能影响指标体系的构造。本课题这些工作还没到位,有待于在后续研究中加以完善。

④本课题在构建指标体系评价模式时,为方便计算,对主观指标及生活质量的指标加以简化,假定该方案在其他变量不变的情况下存在。但事实上许多参数是变化的。课题的简化研究虽然不影响基本结论,但在机制设计时,如果考虑未来获益是参数的函数的情形将可能使得选择范围更精确。我们将在后续研究中进一步完善。

⑤老年人口生活质量保障的运作机制还可能包括基于其他局中人互动博弈的一些机制,如制度保障的退出机制等。课题关于政府对制度的激励约束机制进行了细致的描述,但还可以建立考虑其他外生变量影响的信息经济学模型进行分析。本课题没有就这些问题——展开,有待于在后续的研究中进行完善。

第二,需要进一步研究的工作

本课题只涉及老年人口生活质量评价指标体系中的一部分,有待进一步开展的研究工作还有很多,也很复杂,需要我们在后续研究中逐步加以完善。

①完善老年人口生活质量指标体系的实证研究。本课题的区域性实证研究为评价我国老年人口的生活质量提供了可参考的依据。但在全国范围内的样本指标的采集为更加科学合理地全面评价老年人口生活质量提出了进一步的要求,并为本课题的后续研究指明了方向。

②基于老年人口生活质量与保障制度互动行为的政策实验和政策效应研究。本课题理论的研究只是为老年人口生活质量的保障制度的实践提供理论视角,但关于保障制度如何制定与规范等均没有专门论述,还需要完善基于这些博弈互动行为的政策效应研究,检验理论结果能否指导实践,判断理论研究是否需要进一步修正,以审视现有政策的完备性、有效性以及产生的正负面效应。

③完善养老保险筹资模式中的运行机制,包括对隐形债务发生的约束机制、做实个人账户的激励约束机制,并从筹资过程中的激励约束方面设计政府监管的政策通道。

④研究医疗保险中的共付保险率。鉴于老年人口对医疗保障的迫切需求,同时也为了减轻过渡过程中老年人支付的转轨成本,如何确定一个适宜的共付保险率使之既不会使老年人产生道德风险的行为,又不以降低老年人口对医疗保障的需求为代价,这是后续研究中应该重点研究的问题。

总之,"中国老年人口生活质量评价指标体系研究"具有深刻的内涵和宽广的外延。本课题的研究为今后系统而深入地研究这一问题做了抛砖引玉的工作,研究侧重于宏观与制度层面,研究的结果进一步提出了向微观以及制度和技术操作层面深化的要求。

参 考 文 献

[1] David A. Wise, *The Economics of Aging*, The University of Chicago Press, 1989.

[2] Frank Armour, *Granville Miller Advanced Use Case Modeling-Software Systems*, 机械工业出版社 2004 年版。

[3] Hans Erik Eriksson, Magnus Penker：《UML 业务建模》，机械工业出版社 2004 年版。

[4] J. K. Galbraith, *The Affluent Society*, Boston, 1984.

[5] James H. Schulz, Borowski and Crown, *Economics of Population Aging*, Auburn Hous, 1990.

[6] Jim Arlow, Ila Neustadt：《UML 和统一过程实用面向对象分析和设计》，机械工业出版社 2003 年版。

[7] Joseph Schmuller：《UML 基础、案例与应用（第三版）》，人民邮电出版社 2004 年版。

[8] Robert Holzmann & Joseph E. Stiglitz, 胡劲松等译：《21 世纪可持续发展的养老金制度》，中国劳动社会保障出版社 2004 年版。

[9] WHO：《身体状况：体检的应用和解释》，日内瓦，1995。

[10] Aaron, Henry, "The Social Insurance Paradox", *The Canadian Journal of Economics and Political Science*, Vol. 32, 1966, Issue 3, 352—374.

[11] Booch, "Grady Object Oriented Analysis and Design with Application", *2nd Reading*, MA: Addison-Wesley, 1994.

[12] Barr, Nicholas, "Reforming Pensions: Myths, Truths, & Policy Choices", IMF working paper, 2000, WP/00/139.

[13] Diamond, P. A., "National Debt in a Neoclassical Growth

Model", *American Economic Review*, Vol. 55, 1965, Issue 5, 1120—1158.

[14] Finn E. Kydland & Edward C. Prescott, "Rules Rather than Discretion: The Inconsistency of Optimal Plans", *Journal of Political Economy*, Vol. 85, No. 3, 1977.

[15] Feldstein, Martin, "The Optimal Level of Social Security Benefits", *Quarterly Journal of Economics*, Issue 2, 1985, Ma.

[16] Ferriss, Abbott L., "The Quality of Life among U.S. States", *Social Indications Research*, 2000.

[17] Holman K., Winblad B., "Quality of Life among the Elderly, State of Mood and Loneliness in Two Selected Groups", *Scans Caring Science*, 1999.

[18] James, Estelle, "New Models for Old-age Security: Experiments, Evidence and Unanswered Questions", 在"养老金制度：从危机走向改革"研讨会上提交的论文, 1996 年 11 月 21 至 22 日, 华盛顿.

[19] Janos Kornai, "Eric Maskin & Gerard Roland. Understanding", the Soft Budget Constraint, working paper, UC Berkeley, 2002.

[20] Justin Yifu Lin & Zhiyun Li. "Policy Burden, Moral Hazard and Soft Budget Constraint", working paper, UC Berkeley, 2002.

[21] Li, Daikui, "Public Ownership as the Cause of a Soft Budget Constrain", *Mimeo Harvard University*, 1992.

[22] Morris David, "Measuring the Changing Quality of the World's Poor: The Physical Quality of Life Index", working paper for the comparative study of development. providence: Brown University Center, 1996.

[23] Reich J. W., Zautra A. J., "Activity, Event Transactions, and Quality of Life in Older Adults", *Psychology and Aging*, 1987. 4.

[24] Samuelson, P. A., "An Exact Consumption-Loan Model of Interest with or without the Social Contrivance of Money", *Journal of*

Political Economy, 1958.

[25] Samuelson, P. A., "Optimum Social Security in a Life-Cycle Growth Model". *International Economic Review*, Vol. 16, No. 3, October, 1975.

[26] Sartorius, N. and Kuyken W., "Translation of Health Status Instrument, Quality of Life Assessment", *International Perspectives*, 1994.

[27] W. W. Rostow, "Politics and the Stages of Growth", London: Cambridge University Press, 1971.

[28] Zahir S. "Geometry of Decision Making and the Vector Space Formulation of the AHP", *European Journal of Operational Research*, 1999.

[29] 埃格特森:《新制度经济学》,商务印书馆1996年版。

[30] 陈振明:《公共政策分析》,中国人民大学出版社2003年版。

[31] 高峰:《生活质量与小康社会》,苏州大学出版社2003年版。

[32] 何鹏飞:《Delphi 7程序设计教程》,清华大学出版社2003年版。

[33] 贺卫:《寻租经济学》,中国发展出版社1999年版。

[34] 洪银发:《可持续发展经济学》,商务印书馆2003年版。

[35] 刘润东:《UML对象设计与编程》,希望电子出版社2001年版。

[36] 蒲勇健:《博弈论与经济模型》,重庆大学讲义,2001.年。

[37] 齐铱:《中国内地和香港地区老年人生活状况和生活质量研究》,北京大学出版社1998年版。

[38] 舍曼·富兰德、艾伦·C.古德曼等:《健康经济学》,中国人民大学出版社2004年版。

[39] 唐·帕迁金:《货币、价格和利息》,中国社会科学出版社1996年版。

[40] 唐均:《中国城市居民贫困线研究》,上海社会科学出版社1994年版。

[41] 王键中:《Delphi 数据库系统开发实例与解析》,高等教育出版社 2003 年版。

[42] 乌日图:《医疗保障制度国际比较》,化学工业出版社 2003 年版。

[43] 邬沧萍、穆光宗:《中国人口的现状和对策》,清华大学出版社 1998 年版。

[44] 吴敬琏、林毅夫:"划拨国有资产归还国家对老职工社保基金欠账",《比较》第 6 辑,中信出版社 2003 年版。

[45] 谢识予:《经济博弈论》,复旦大学出版社 2002 年版。

[46] 许树柏:《层次分析法原理》,天津大学出版社 1988 年版。

[47] 叶响裙:《中国社会养老保障:困境与决策》,社会科学文献出版社 2004 年版。

[48] 于学军:《中国人口老化的经济学研究》,中国人口出版社 1995 年版。

[49] 臧旭恒等:《居民资产与消费选择行为分析》,上海人民出版社 2001 年版。

[50] 张维迎:《博弈论与信息经济学》,上海三联书店、上海人民出版社 1996 年版。

[51] 张海藩:《软件工程导论》,清华大学出版社 2004 年版。

[52] 张智星:《MATLAB 程序设计与应用》,清华大学出版社 2002 年版。

[53] 中国老龄科学研究中心:《中国城乡老年人口状况一次性抽样调查数据分析》,中国标准出版社 2003 年版。

[54] 中国老年科学研究中心:《中国老年人供养体系调查数据汇编》,华龄出版社 1994 年版。

[55] 周长城:《中国生活质量》,社会科学文献出版社 2003 年版。

[56] 周长城:《全面小康:生活质量与测量》,社会科学文献出版社 2003 年版。

[57] 田雪原:《人口老龄化与可持续发展》,中国大百科全书出版社

2004年版。

[58] 朱柏铭：《公共部门经济学》，浙江大学出版社2003年版。

[59] 朱顺泉：《管理信息系统理论与实务》，人民邮电出版社2004年版。

[60] 陈卫、杜夏："中国高龄老人养老与生活状况的影响因素"，《中国人口科学》2002(6)。

[61] 楚军红、柳玉芝："中国的百岁老人"，《人口与经济》2001(4)。

[62] 戴静、刘协和等："老年人生活质量影响因素分析"，《中国心理卫生杂志》2003(2)。

[63] 董人铮："关于高龄老人生活质量现状的思考"，《中国人口科学》2001(增刊)。

[64] 房长茂："生活质量的定义分类和测评"，《国外医学护理学分册》1997(1)。

[65] 封进："中国养老保险体系改革的福利经济学分析"，《经济研究》2004(2)。

[66] 冯立天："中国人口生活质量研究——小康生活质量目标的进程与省际比较"，《人口与经济》1995(6)。

[67] 冯立天："中国人口生活质量与国际比较"，《人口学刊》1995(6)。

[68] 龚鹤琴、王晓锋等："老年人生活质量研究现状及发展趋势"，《卫生软科学》2003(2)。

[69] 龚秀全："通过债转股解决养老保险基金隐性债务"，《人口与市场分析》2003(5)。

[70] 顾大男、曾毅、柳玉芝："健康寿命计算方法述评"，《市场与人口分析》2001(4)。

[71] 顾大男："婚姻对中国高龄老人健康长寿影响的性别作用差异分析"，《中国人口科学》2003(3)。

[72] 顾大男："老年健康数据质量评估问题探讨"，《人口与经济》2001(2)。

[73] 顾大男:"中国高龄老人生活自理能力多变量多状态生命表分析",《人口与经济》2004(4)。

[74] 桂世勋:"中国高龄老年人口生活质量研究",《南方人口》2001(4)。

[75] 郭志刚:"中国高龄老人的居住方式及其影响因素",《人口研究》2002(1)。

[76] 国锋、孙海岩、张保成:"中国医疗保障制度中消费者预算约束的影响",《经济学动态》2004(3)。

[77] 国际老年学学会:"对联合国老龄问题世界大会后的十年评估",《老年学杂志》1993(6)。

[78] 韩敏、刘慧、李天昊、孟华:"基于UML的湿地地理信息系统设计和开发",《计算机应用研究》2004(6)。

[79] 何燕玲、瞿光亚、张梅清:"老年人日常生活活动能力的评定",《老年学杂志》1990(10)。

[80] 贺常梅:"老年人生活质量与心理健康",中国老龄协会调研部。

[81] 贾海龙、管雷:"我国中西部农村老年人生活状况调查",中国改革论坛网。

[82] 贾康、王瑞:"调整财政支出结构是减少养老保险隐性债务的重要途径",《财政研究》2000(6)。

[83] 健康时报:"老年人心理健康十条标准",http://www.js.chinanews.com.cn/2004-05-24/142/3.html。

[84] 姜向群、陈艳:"对我国当前推迟退休年龄之说的质疑",《人口研究》2004(5)。

[85] 蒋青:"城镇居民生活质量及其影响因素",《财经科学》2004(1)。

[86] 老年人心理健康十条标准,http://www.china.org.cn/chinese/health/443172.htm。

[87] 李建民:"提高老年人生活质量:政府的责任",南开大学人口与发展研究所。

[88] 李建新:"社会支持与老年人口生活满意度的关系研究",《中国人口科学》2004(增刊)。

[89] 李凯、郝秦:"中国高龄老人健康预期寿命的研究",《中国老年学杂志》2004(10)。

[90] 李明镇:"历史欠债怎么来还?",《人口研究》2001(5)。

[91] 李永胜:"老年人生活质量指标体系的构建设想",《四川行政学院学报》2003(1)。

[92] 刘红波:"SF-36 问卷应用于老年人群生命质量的研究",《中国慢性病预防与控制》2002(1)。

[93] 刘洪海:"中国社会保障养老基金的隐性债务问题",http://www.ssf.gov.cn/web/SearchNews.asp,2003(6)。

[94] 刘晶:"子女数对农村高龄老人养老及生活状况的影响",《中国人口科学》,2004(增刊)。

[95] 刘渝琳:"劳动力价格与劳动力素质的博弈分析",《中国软科学》2004(2)。

[96] 柳玉芝、张纯元:"高龄老人的经济和医疗保障现状、问题与对策思考",《人口与经济》2003(1)。

[97] 卢汉龙:"来自个体的报告——上海市民生活质量分析",《社会学研究》1990(1)。

[98] 卢淑华、韦鲁英:"生活质量主客观指标作用机制",《中国社会科学》1992(1)。

[99] 吕学静:"可供借鉴的外国养老险模式",http://www.social-policy.info/938.htm。

[100] 罗萍、殷燕敏、张学军等:"国内生活质量指标体系研究现状评析",《武汉大学学报(人文社会科学版)》2000(5)。

[101] 马庆堃:"高龄老人健康水平自评的比较分析",《西北人口》2002(2)。

[102] 美国人口普查局:"一个老龄化的世界(二),1992-1993 国际人口报告",1993 年。

[103]莫迪里安尼:《效用分析与消费函数——等横截面资料的一个解释》,商务印书馆1964年版。

[104]牛世献、杨宇华:"生活质量指标的设置及测算",《科技情报开发与经济》2000(6)。

[105]潘祖光、王瑞粹:"中国老年人口生活质量研究",《人口研究》1995(3)。

[106]潘祖光:"生活质量研究的现状和趋势",《浙江社会科学》1994(6)。

[107]彭念一、李丽:"我国居民生活质量评价指标与综合评价研究",《湖南大学学报(社会科学版)》2003(5)。

[108]邵明磊:"浅谈老年人的心理问题",http://www.cnd7.com/w/health 2004.5。

[109]施箴吾、张素君等:"成都市3333例老年人健康状况调查分析",《中华流行病学杂志》1998(2)。

[110]施祖辉:"台湾的生活质量指标研究",http://www.cnki.net。

[111]宋来刚、张士杰:"基于UML的CAPP系统建模与开发",《计算机应用研究》2004(1)。

[112]宋新明、陈功:"高龄老人慢性躯体疾病的认知能力对日常生活自理能力的影响",《中国人口科学》2001(增刊)。

[113]孙祁祥:"'空账'与转轨成本——中国养老保险体制改革的效应分析",《经济研究》2001(5)。

[114]唐仲勋:"再现生命的辉煌——中国老年生活质量展望",《学海》1996(1)。

[115]陶立群:"高龄老人自理能力和生活照料及其对策",《中国人口科学》2001年(增刊)。

[116]王德文等:"高龄老人日常生活自理能力及其影响因素",《中国人口科学》2004(增刊)。

[117]王红漫、祖国平:"老龄问题研究的方法和态度",《北京大学学报(哲社版)》2000(2)。

[118] 王香蘋:"台湾老人患病、活动功能、及健康自评的分析:1989年—1996年",《台湾社会福利学刊》(3)。

[119] 王晓燕:"医疗保险个人账户制的激励性初探",《人口与经济》2004(2)。

[120] 王以彭、李结松、刘立元:"层次分析法在确定评价指标权重系数中的应用",《第一军医大学学报》1999(4)。

[121] 王莹、傅崇辉、李玉柱:"老年人的心理特征因素对生活满意度的影响",《中国人口科学》2004(增刊)。

[122] 邬沧萍:"提高对老年人生活质量的科学认识",《人口研究》2002(5)。

[123] 夏海勇:"生活质量研究:检视与评价",《市场与人口分析》2002(1)。

[124] 萧振禹、徐勤、原野:"巴马百岁老人状况及长寿原因探讨",《中国人口科学》1996(3)。

[125] 徐勤:"对百岁老人实证性研究",http://www.xueshizhai.anyp.cn。

[126] 徐勤:"高龄老人的心理状况分析",《人口学刊》2001(5)。

[127] 徐陶钧、欧琼:"广东开平、博罗农村老年人生活质量调查",《中华流行病学杂志》1998(2)。

[128] 徐煜等:"通用供需链绩效评价系统框架的研究与实现",《计算机应用研究》2004(6)。

[129] 许云芸:"养老保险隐性债务的形成与对策",《统计与信息论坛》2001(11)。

[130] 杨雯:"我国养老保险制度中的隐性债务与政府责任",《山东大学学报(哲学社会科学版)》2003(3)。

[131] 杨中新:"构建有中国特色的老年人生活质量体系",《深圳大学学报(人文社会科学版)》2002(3)。

[132] 袁志刚:"由现收现付制向基金制转轨的经济学分析",《经济研究》2003(4)。

[133] 袁志刚:"中国养老保险体系选择的经济学分析",《经济研究》2001(5)。

[134] 曾毅、顾大男:"老年人生活质量研究的国际动态",《中国人口科学》2002(5)。

[135] 曾毅、王正联:"中国家庭与老年人居住安排的变化",《中国人口科学》2004(5)。

[136] 詹天痒:"生活质量评估的指标与方法",《中山大学学报论丛》1997(6)。

[137] 张纯元:"高龄老人受教育程度与健康长寿关系研究",《南方人口》2001(3)。

[138] 张继海、杨士保:"老年人生活质量测量与评价研究",《中国老年学杂志》2004(4)。

[139] 张秋霞:"高龄老人心理状况与健康长寿关系研究",《中国人口科学》2004(增刊)。

[140] 张文娟、李树茁:"代际支持对高龄老人身心健康状况的影响研究",《中国人口科学》2004(增刊)。

[141] 张玉卫、姜宝法、徐涛等:"老年人生活质量调查表的信度和效度研究",《实用预防医学》2003(4)。

[142] 张昭华:"农村养老保险制度的经济分析与制度创新",csss.whu.edu.cn/down/view.asp? id=76 18K 2006-7-21。

[143] 张震:"中国高龄老人居住方式的影响因素研究",《中国人口科学》2001(增刊)。

[144] 张震:"子女生活照料对老年人健康的影响:促进还是选择",《中国人口科学》2004(增刊)。

[145] 赵耀辉、徐建国:"中国城镇养老保险体制的转轨问题",《改革》2000(3)。

[146] 郑晓瑛:"中国老年人口健康评价指标研究",《北京大学学报》(哲社版)2000(4)。

[147] 郑晓瑛:"老年人口健康生活质量评价原则的探讨",《南方人

口》2000(1)。

[148] 郑志学、朱汉民等:"如何提高百岁老人生活质量探讨",第二届华裔老人国际研讨会论文。

[149] 中华老年医学会流行病学学组:"老年人生活质量调查内容及评价标准建议",《中华老年医学杂志》1996(15)。

[150] 周长城、蔡静诚:"生活质量主观指标的发展及其研究",中国社会学网。

[151] 周长城、袁浩:"专家的观点可靠吗——对国内生活质量综合指数建构问题的探讨",《社会学研究》2002(1)。

[152] 周长城:"生活质量测量方法研究",《数量经济技术经济研究》2001(10)。

[153] 周云:"合理分配医学资源,提高老年人的生活质量",《市场与人口分析》2002(6)。

[154] 朱国宏:"生活质量综合指数问题初探",《经济学家》1993(2)。

[155] 诸克军、张新兰:"Fuzzy AHP方法及应用",《系统工程理论与实践》1997(12)。

附录 A 老年人口生活质量问卷调查表

您的年龄	您的性别 1. 男 2. 女		
您现在的文化程度 1. 小学 2. 初中 3. 高中(中专) 4. 大学及以上 5. 文盲 6. 识字			
您现在住在什么地方 1. 城镇 2. 农村	您的身高_____(米)	您的体重_____(公斤)	
您是否患有下列病症： 1. 高血压病 2. 心脏病 3. 慢性胃炎 4. 慢性支气管炎 5. 关节炎 6. 肺结核 7. 中风(脑血管意外) 8. 糖尿病 9. 白内障 10. 其他(共_____种病)	以下十条内容与您相似的请打"√"： 1. 保持自己性格开朗，不孤僻。 2. 随和，不固执己见。 3. 很少感到紧张、害怕。 4. 遇事会想得开，善于自我调控。 5. 与周围环境保持接触，并经常保持兴趣。 6. 能在集体允许范围内发挥个性，认为自己仍能发挥作用。 7. 愿意与他人交谈，保持适当的良好的社会交往。 8. 能接受别人的建议，对人宽容。 9. 生活目标切合实际，处理问题较现实，有自知之明。 10. 具有从经验中总结学习的能力。		
80岁及以上	您上厕所大小便时是否需要他人帮助？ 1.需要 2.不需要		
	您在室内活动时是否需要他人帮助？ 1.需要 2.不需要		
	您洗澡时是否需要他人帮助？ 1.需要 2.不需要	您穿衣时是否需要他人帮助？ 1.需要 2.不需要	
	您是否能控制大小便？ 1.能 2.不能	您吃饭时是否需要他人帮助？ 1.需要 2.不需要	
60—79岁	您是否能自己剪脚趾甲？ 1.能 2.不能	您是否能自己做饭？ 1.能 2.不能	
	您是否能自己理财？ 1.能 2.不能	您是否能自己乘车外出？ 1.能 2.不能	
	您是否能自己购物？ 1.能 2.不能	您是否能自己上下楼？ 1.能 2.不能	
您觉得您现在的健康状况怎么样？ 1.非常满意 2.满意 3.一般 4.不满意 5.很不满意			
您现在有工作吗？若有其主要职业是：1.农,林,牧,渔业 2.制造业 3. 建筑业 4. 电力、燃气业 5.交通运输业 6.其他 金额_____元。(400以下 500—1000 1000—1500 1500—2000 2000以上)			
您现在第一位的生活来源是：1. 退休金 2. 配偶 3. 子女 4. 其他亲属 5. 自己劳动或工作 6. 当地政府或社团 7. 其他，请注明_____ 金额_____元。(400以下 500—1000 1000—1500 1500—2000 2000以上)			
您现在第二位的生活来源是：1. 退休金 2. 配偶 3. 子女 4. 其他亲属 5. 自己劳动或工作 6. 当地政府或社团 7. 其他，请注明_____ 金额_____元。(400以下 500—1000 1000—1500 1500—2000 2000以上)			

续表

您每月生活费至少支出＿＿＿元	您每月用于吃所占收入的比例或具体的金额＿＿＿元	
您家中有彩电 1.有 2.无	您家中有电话 1.有 2.无	您现在的居住面积是＿＿＿（平方米）
您认为您现在的物质生活怎么样？ 1.非常满意 2.满意 3.一般 4.不满意 5.很不满意		
您的婚姻状况 1.已婚 2.离婚 3.丧偶 4.从未结过婚		
您对您现在的婚姻状况 1.非常满意 2.满意 3.一般 4.不满意 5.很不满意		
您对子女的孝敬 1.非常满意 2.满意 3.一般 4.不满意 5.很不满意		
您对您现在的居住方式 1.非常满意 2.满意 3.一般 4.不满意 5.很不满意		
您认为您现在的家庭生活怎么样？ 1.非常满意 2.满意 3.一般 4.不满意 5.很不满意		
您的业余爱好是：1.体育锻炼 2.阅读书报 3.饲养家禽（家畜） 4.打牌（打麻将） 5.看电视听广播 6.郊游 7.社区活动 8.其他		
您现在对社区（自发）组织的活动每月参加的次数 0次 1次 2次 3次 4次及以上		
您对您现在的精神文化生活 1.非常满意 2.满意 3.一般 4.不满意 5.很不满意		
您是否参加了医疗保险？ 1.是 2.否	您是否参加了养老保险？ 1.是 2.否	

注：实际调查有效样本数为1 468份，在附件各调查表中只录入了其中部分样表以体现其调查过程，由于农村的调查表与城镇的基本相同，故只列出了城镇老年人口样本调查表。

附录 B 城镇老年人口样本调查

表 B1 城镇老年人口样本——经济生活及参加保险调查表

年龄	性别	文化程度	自评物质生活	居住面积(平方米)	现工作职业	现工作收入(元)	第一生活来源	第一生活来源金额(元)	第二生活来源	第二生活来源金额(元)	每月生活支出(元)	每月吃金额(元)	家中有彩电	家中有电话	参加医疗保险	参加养老保险
77	2	5	50	60	3	200	6	110	0	0	200	170	1	1	1	1
69	2	5	50	60	0	0	3	200	6	90	260	200	1	1	1	1
73	2	5	50	70	0	0	3	200	6	110	300	250	1	1	1	1
76	1	1	50	50	0	0	3	250	6	110	300	270	1	1	1	1
70	1	1	50	50	0	0	3	200	6	110	300	210	0	1	1	1
78	1	1	50	50	0	0	3	250	6	110	300	250	1	1	1	1
77	2	5	50	50	0	0	3	200	6	110	300	200	1	1	1	1
81	2	5	50	50	0	0	3	250	6	130	260	200	1	1	0	0
81	2	5	50	70	0	0	3	200	6	130	200	200	1	1	0	1
84	2	5	50	50	0	0	3	200	6	130	300	200	1	0	0	0
69	1	2	50	50	0	0	3	300	6	90	350	300	1	1	1	1
73	1	3	50	50	0	0	1	400	0	0	350	300	1	1	0	1
74	1	5	50	50	0	0	3	300	6	110	300	260	1	1	1	1
75	2	5	50	50	0	0	3	250	6	110	300	200	1	1	1	1
85	2	5	60	70	0	0	3	300	6	130	350	300	1	1	1	1
75	1	1	60	60	0	0	3	300	6	110	350	270	1	1	1	1
85	1	1	60	50	0	0	3	300	6	130	240	200	1	0	0	0
73	2	5	60	60	0	0	3	300	6	110	350	260	1	1	1	1
66	2	5	60	60	0	0	3	300	6	90	300	200	0	1	1	1
68	1	1	60	60	0	0	3	300	6	90	300	200	1	1	1	1
73	2	5	50	60	0	0	3	300	6	110	350	250	0	1	1	1
77	1	1	60	60	0	0	3	300	6	110	350	250	1	1	1	1
66	2	5	60	60	0	0	1	400	0	0	300	200	1	1	1	1
78	1	1	60	60	0	0	3	300	6	110	300	200	1	1	1	1
70	2	5	50	60	0	0	3	300	6	110	300	200	1	1	1	1
73	2	5	50	50	0	0	3	300	6	110	300	200	1	1	1	1
71	2	5	50	50	0	0	3	350	6	110	300	250	1	1	1	1
80	2	5	50	60	0	0	3	300	6	130	350	250	1	1	1	1
67	1	1	60	60	0	0	3	300	6	90	350	200	1	1	1	1
68	2	2	50	50	0	0	1	300	6	100	300	250	1	1	1	1

注：部分项目用"1"或"0"表示"有"或"无"。下同。

表 B2　城镇老年人口样本——精神生活调查表

年龄	性别	文化程度	业余爱好广泛度	社会活动参与率	自评精神生活	体育锻炼	阅读书报	饲养家禽	打牌打麻将	看电视听广播	郊游	社区活动次数	其他
77	2	100	60	60	70	1	1	0	0	0	0	2	0
69	2	100	60	60	80	0	1	0	0	1	0	2	0
73	2	100	100	60	90	1	1	0	0	1	1	2	1
76	1	20	20	80	50	0	0	0	0	0	0	3	0
70	1	20	80	80	60	1	0	0	0	1	1	3	0
78	1	20	80	60	50	0	1	0	0	1	1	2	0
77	2	20	100	80	60	1	0	0	0	1	0	2	0
81	2	100	20	80	70	0	0	0	0	0	0	3	0
81	2	100	80	60	80	0	1	0	0	1	0	2	1
84	2	100	40	60	70	0	0	0	0	1	0	2	0
69	1	40	100	60	60	1	1	0	1	1	0	2	1
73	1	60	100	60	70	1	1	0	1	1	1	2	0
74	1	100	80	60	80	0	0	0	0	1	1	2	0
75	2	100	60	80	80	0	0	0	0	1	0	3	0
85	2	100	100	60	90	1	1	0	0	1	1	2	0
75	1	20	40	80	50	0	0	0	0	1	0	3	0
85	1	20	100	40	50	1	1	1	1	1	1	1	0
73	2	100	100	60	90	1	1	0	1	1	0	2	0
66	2	100	100	60	90	1	1	0	0	1	0	2	1
68	1	20	60	80	60	0	1	0	0	0	1	3	0
73	2	100	40	60	60	0	0	0	0	1	0	3	0
77	1	20	60	80	60	1	0	0	0	1	0	3	0
66	2	100	40	60	60	0	1	0	0	0	0	2	0
78	1	20	60	60	50	1	0	0	0	1	0	2	0
70	2	100	60	80	80	1	0	0	0	1	0	3	0
73	2	100	40	80	70	0	0	0	0	1	0	3	0
71	2	20	40	80	50	0	0	0	0	1	0	3	0
80	2	100	60	80	80	0	1	0	0	1	0	3	0
67	1	20	60	80	70	1	0	0	0	1	0	3	0
68	1	20	60	80	60	1	1	0	0	0	0	3	0

表 B3　城镇老年人口样本——家庭生活调查表

年龄	性别	文化程度	婚姻满意度	居住方式满意度	婚姻状况	子女孝敬	自评
77	2	4	100	80	100	100	90
69	2	3	80	80	40	80	70
73	2	3	100	80	100	100	90
76	1	5	40	20	100	20	50
70	1	1	100	100	40	80	70
78	1	2	80	80	100	80	80
77	2	4	100	80	100	100	90
81	2	5	60	80	40	60	50
81	2	3	80	80	40	80	70
84	2	5	20	60	100	60	50
69	1	2	80	60	40	40	50
73	1	3	100	60	100	80	80
74	1	1	60	100	100	80	80
75	2	2	60	80	100	60	70
85	2	4	80	60	40	40	50
75	1	1	80	100	40	60	70
85	1	5	100	40	40	40	60
73	2	2	40	80	40	40	50
66	2	5	60	80	40	40	50
68	1	5	80	60	100	60	80
73	2	3	80	60	100	60	70
77	1	2	80	80	100	80	80
66	2	3	60	60	100	80	70
78	1	3	60	60	40	60	70
70	2	2	60	60	100	80	70
73	2	2	60	60	40	60	50
71	2	3	60	60	40	80	60
80	2	2	60	40	100	40	70
67	1	2	80	60	40	40	50
68	1	2	80	60	100	80	80

表 B4 城市老年人口样本——(身、心)健康生活调查表一

年龄	性别	身高（米）	体重（公斤）	自评健康	高血压病	心脏病	慢性胃炎	慢性支气管炎	关节炎	肺结核	中风/脑血管	糖尿病	白内障	其他病	开朗不孤僻	随和	很少紧张	自我调控	环境接触	发挥个性	社交良好	对人宽容	有自知之明	有学习能力
77	2	1.5	60	90	0	0	0	0	0	0	0	0	0	0	1	1	1	1	1	0	1	1	1	1
69	2	1.5	56	90	0	0	0	0	0	0	0	0	0	0	1	1	1	1	1	1	1	1	1	1
73	2	1.6	56	90	0	0	0	1	0	0	0	0	0	0	1	1	1	1	1	1	1	1	1	1
76	1	1.7	67	80	1	1	0	0	1	0	0	0	0	0	1	1	1	1	1	1	1	1	1	1
70	1	1.7	68	80	0	0	0	0	0	0	0	1	1	0	1	1	1	1	1	1	1	1	1	1
78	1	164	62	80	0	0	0	0	0	0	0	0	0	0	1	1	1	1	1	1	0	1	1	1
77	1	1.7	65	90	0	0	0	0	0	0	0	0	0	0	1	1	1	1	1	1	1	1	1	1
81	2	1.7	41	90	0	0	0	0	0	0	0	0	0	0	1	1	1	1	1	1	1	1	1	1
81	2	1.7	61	90	1	0	0	0	0	0	0	0	0	0	1	1	1	1	1	1	1	1	1	1
84	2	1.5	48	60	0	0	0	0	0	0	0	0	0	1	0	0	0	0	0	0	0	0	0	0
69	1	1.6	55	70	1	0	0	0	0	0	0	0	0	0	1	0	1	0	0	0	1	1	1	0
73	1	1.6	71	70	1	1	0	0	0	0	0	0	1	0	1	1	1	1	1	0	1	1	1	1
74	1	1.6	45	80	0	0	0	0	0	0	0	0	0	0	1	1	1	1	1	1	1	1	1	1
75	2	1.6	60	70	0	0	0	0	0	0	0	0	0	0	1	1	1	1	1	1	1	1	1	1
85	2	1.6	52	70	0	1	0	1	0	0	0	0	0	0	1	1	1	1	1	1	1	1	1	1
75	1	1.6	57	70	1	0	0	1	1	0	0	0	0	0	1	1	1	1	1	1	1	1	1	1
85	1	1.7	78	60	1	0	0	1	0	0	0	0	0	0	1	1	1	1	1	0	1	1	1	0
73	2	1.6	50	90	0	0	0	0	0	0	0	0	0	0	1	1	1	1	1	1	1	1	1	1
66	2	1.5	55	90	0	0	0	0	0	0	0	0	0	0	1	1	1	1	1	1	1	1	1	1
68	1	1.8	62	70	1	0	0	0	0	0	0	0	0	0	1	1	1	1	1	1	1	1	1	1
73	1	1.6	58	70	0	0	0	0	0	0	0	1	0	0	1	1	1	1	1	1	1	1	1	0
77	1	1.7	79	70	1	0	0	0	0	0	0	1	0	0	1	1	1	1	1	0	1	1	1	0
66	2	1.6	65	80	1	0	0	0	0	0	0	0	0	0	1	1	1	1	1	1	1	1	1	1
78	1	1.7	69	80	1	1	0	0	1	0	0	0	0	0	1	1	1	1	1	1	1	1	1	1
70	2	1.5	55	70	0	0	0	1	1	0	0	0	1	0	1	1	1	1	1	1	1	1	1	0
73	2	1.5	47	60	0	0	1	0	0	0	0	0	0	0	1	1	1	0	0	0	0	0	0	0
71	2	1.4	40	60	1	0	0	0	0	0	0	0	0	0	1	1	1	0	0	0	0	0	0	0
80	2	1.6	55	60	0	0	1	1	0	0	0	0	0	0	1	1	0	0	0	1	0	0	0	0
67	1	1.6	53	60	0	0	1	0	0	0	0	0	0	0	1	1	1	0	0	1	0	0	0	1
68	1	1.4	40	70	0	0	1	0	0	0	0	0	0	0	1	1	0	0	0	0	0	0	0	0

表 B5　城市老年人口样本——（身、心）健康生活调查表二

年龄	80 岁及以上						60—79 岁					
	如厕要帮助	室内活动要帮助	洗澡要帮助	穿衣要帮助	能控制大小便	吃饭要帮助	自己剪脚趾甲	自己做饭	自己理财	自己乘车外出	自己购物	自己上下楼
77							1	1	1	1	1	1
69							1	1	1	1	1	1
73							1	1	1	1	1	1
76							1	1	0	1	1	1
70							1	1	1	1	1	1
78							1	0	0	1	1	1
77							0	0	0	0	0	0
81	0	1	0	1	1	1						
81	1	1	1	1	0	1						
84	0	0	1	1	1	1						
69							1	1	1	1	1	1
73							1	0	1	0	1	1
74							1	1	1	1	1	1
75							0	0	0	0	1	1
85	1	1	1	1	1	1						
75							1	1	0	1	1	1
85	1	1	0	1	1	1						
73							0	0	1	1	0	1
66							1	1	1	1	1	1
68							1	1	1	1	1	1
73							1	1	1	1	1	1
77							1	0	0	1	1	1
66							1	1	1	1	1	1
78							0	0	1	1	1	1
70							1	1	1	1	1	1
73							1	0	0	0	0	1
71							1	1	1	1	1	1
80	1	1	1	1	1	1						
67							1	1	1	1	1	1
68							1	1	1	1	1	1

注：由于有的数据是分年龄阶段的，空格处说明这些数据对评价这位老人的生活自理不起作用，并不表示信息缺失。

附录C 老年人口生活质量评价系统

老年人口生活质量评价系统(以下简称评价系统)是为了更好地辅助"我国老年人口生活质量指标体系的设置与评价研究"课题的研究而开发的数据库管理软件。

1 系统的设计与研究

1.1 系统总体设计与实现功能

评价系统是典型的信息管理系统(MIS),主要包括后台数据库的设计、建立和维护以及前端应用程序的开发两个方面。对于前者要求建立起数据一致性和完整性、数据安全性好的数据库;对于后者则要求应用程序具有界面美观、功能完备、易使用等特点(徐煜,2004)。根据需求分析,评价系统的功能模块如图C1所示:

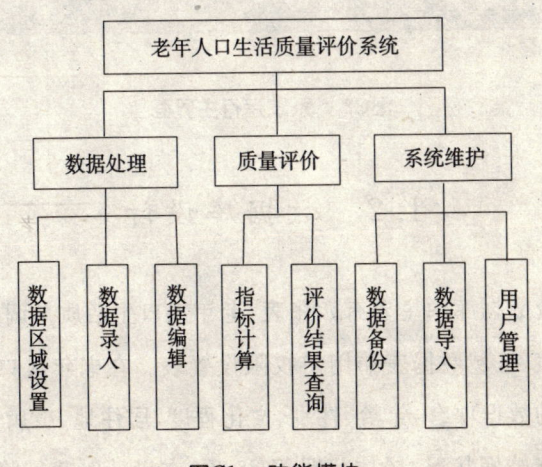

图C1 功能模块

其中主要模块完成的功能如下：
- 数据处理：先进行区域设置，将入户调查的样本数据快速正确地录入计算机中，并可对数据进行编辑（增、删、改）。
- 质量评价：对已处理的数据按公式进行指标计算，根据用户的选择，快速显示出老年人口生活质量的各方面评价结果。
- 系统维护：用户权限管理、数据备份、数据导入。

其运行主界面如图 C2 所示：

图C2　系统运行主界面

1.2　数据库设计

评价系统数据库中主要有四张表：老年人口生活质量调查表、指标评价结果存放表、区域数据表和用户权限设置表。在老年人口生活质量调查表中包括的数据项有：年龄、性别、文化程度、居住地、患病情况、心理健康、自理能力、婚姻状况、居住状况等85项，在设计时我们将调查表中有关老年人个人的数据信息全部放入一个数据表中,区域的共同数据放入另一个数据表中,这样做既保证了数据的一致性,减小了数据的冗余,同时也提高了对数据的操作效率;将评价结果保存在表中,可以满足快速查看系统评价结果的需求,减少重复计算的工作量。为了减小数据库容量,通常将调查表中回答为有/无和一些主观的感受等字段均定义为字节类型,取值为 0 或 1。

1.3 使用数据模块组件访问数据库

Delphi 7 对于开发不同的数据库系统提供了相应的数据库组件集合,这些组件封装了大量的数据库底层操作细节。利用组件可以不输入任何代码,就能对数据库进行操作,使系统开发简单、快速。数据库组件主要有数据感知组件、数据访问组件和数据连接接收组件(体现为 ADO 组件),它们与数据库的关系可用图 C3 来表示(王键中,2003)。

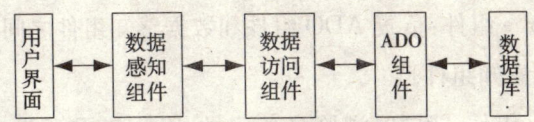

图C3　数据库组件与数据库的关系

其中,ADO 是 Active Data Object 的缩写,是 Microsoft 用来访问各种数据库的接口。

数据访问组件用于从 ADO 组件中获得数据并将这些数据提供给数据感知组件进行操作。

数据感知组件与数据访问组件配合,以实现用户对数据进行浏览、编辑等操作。数据感知组件必须通过数据访问组件中的 DataSource 组件与数据库建立连接。

由于在评价系统中,要同时提供大量信息给用户,所以需较多地使用 TADOQuery、TADataSource、TADOTable 等数据库组件,若把这些数据库组件都放在设计窗体中,会给窗体界面设计带来不少麻烦,也容易出现混乱。为了解决这个矛盾,可引用数据模块。由于数据模块可以用来存放所有与数据库相关的不可视的组件,从发展的角度,若运用数据模块来开发系统,就能实现数据与功能分离,将会使将来由单机系统改变到 C/S(客户机/服务器)模式、B/S(浏览器/服务器)模式或者多层应用更为方便(何鹏飞,2003)。所以为了便于存放所有与数据库相关的不可视控件和考虑到升级空间,在评价系统中,采用 Delphi 7 提供的数据模块组件来实现对数据库的操作。

在评价系统中,使用的数据库组件如下:

➤ 数据模块组件:

ADOConnection:数据连接组件,用于与数据库建立连接。

ADOTable:数据集组件,通过 TableName 属性指定获取某张数据表的数据。

ADOQuery:数据集组件,通过 SQL 属性获取数据。

➤ 数据访问组件:

DataSource 组件:负责 ADO 组件和数据感知组件之间的连接。

➤ 数据感知组件:

TDBGrid 组件:能同时浏览多条记录,因此使用简单、广泛,主要用于实现评价系统中的浏览功能。

TDBEdit 组件:可以显示和编辑数据集中字段类型为文本、数字型的字段值,主要用于实现评价系统中的编辑功能。

TDBCtrlGrid 组件:与 TDBGrid 组件功能差不多,TDBCtrlGrid 组件是采用用户自定义的方法来显示各条记录的,通过它可以设计出非常美观的数据库应用程序界面。

TDBText 组件:可以显示数据集中的文本、数字型字段值,主要用于实现评价系统中查询结果的显示。

TDBChart 组件:数据图形显示的组件,主要用于实现评价系统统计模块中数据图形的显示。

2 功能模块的设计技巧及特点

人机界面设计是软件接口设计的一个重要的组成部分,其设计结果将对用户工作时的心情和工作效率产生重要影响,人机界面设计得好,会使软件系统对用户产生吸引力,用户在使用系统的过程中会感到兴奋,从而提高用户的工作效率(张海藩,2003)。

2.1 登录模块设计

作为一个数据库管理系统,必然会涉及数据的安全性和隐私性,通过设计登录模块来解决是大多数系统所采用的方式。登录模块一般分为注册系统注册表方式和程序访问数据库判断方式。本系统采用后者来对用户进行管理。

登录模块是根据 ADOQuery 控件访问数据库中的 amdi 表中的值,进行筛选比对,只有输入的值与筛选的值相同才视为合法用户,然后按其不同的权限执行不同的功能,否则拒绝访问程序。各类用户对应的功能如表 C1 所示:

表 C1 用户对应的功能

用　户	权　限
系统管理员	数据处理,质量评价,用户权限设置
数据录入员	数据录入,数据编辑,指标计算
数据分析员	评价结果查询

2.2 数据区域设置

要对不同地区的数据分别进行评价,首先要进行数据区域的设置。在进行数据区域设置中有两个选择,如图 C4 所示。

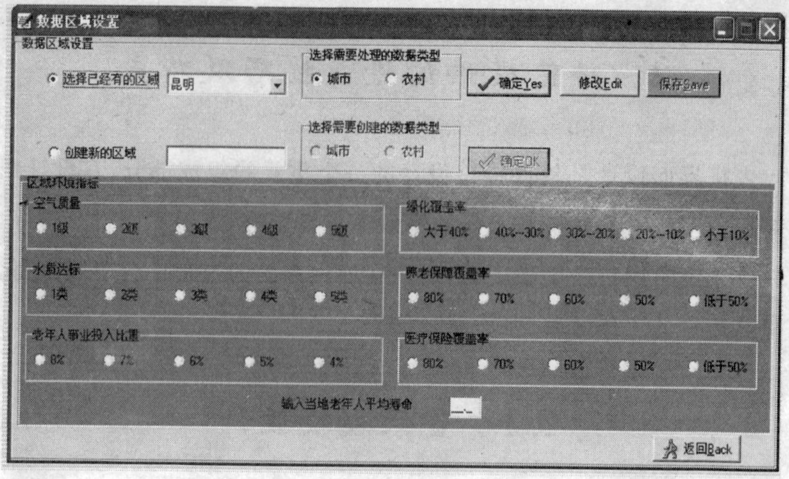

图C4　数据区域设置

- 选择已经有的区域,单击确定按钮后,可选择录入数据菜单项继续录入未录完的数据,如果该区域的公共参数发生改变或输入错误需要更改,可单击"修改"按钮进行设置。
- 创建新的区域,设置相应数据地区的参数后,可选择录入数据菜单项进行数据录入。

部分关键代码如下:
```
Function test(CBX:TComboBox;Tablestring:string):Boolean;
var
    X,tmpIndex:Integer;
    ifExist:Boolean;
begin
    tmpIndex:=0;
    ifExist:=False;
    for X:=0 to CBX.Items.Count-1 do
     if CBX.Items.Strings[X]=Tablestring then
      begin
        tmpIndex:=X;
        ifExist:=True;
```

```
        end;
    result:=ifExist;
end;
procedure TFM_qy.FormCreate(Sender:TObject);
var
    dir:string;
begin
    GetDir(0,dir); { 0 = Current drive }
    ADOConnection1.ConnectionString:='Provider=Microsoft.Jet.
OLEDB.4.0;Data Source='+dir+'\db1.mdb;Persist Security Info=
True;Jet OLEDB:Database Password=kmu.edu.cn';
    try
    ADOTable1.Open;
    showmessage('区域设置已经打开! 请设置数据源的区域!');
    except
    showMessage('读取区域设置出错!');
    ADoTable1.Close;
    end;
    kq:=0;sz:=0;lh:=0;yl:=0;yb:=0;tr:=0;data_type:=0
end;
procedure TFM_qy.BitBtn2Click(Sender:TObject);
begin
    sm:=strtofloat(trim(MEage.text));
    try
        begin
        qy:=ED_qy.Text;
    if (kq<>0) and (sz<>0) and (lh<>0) and (yl<>0) and (yb<>
0) and (tr<>0) and (data_type<>0) and (qy<>'') and (strtofloat
(MEage.Text)>59) then
        begin
```

```
ADOTable1.Open;
ADOTable1.First;
    if not ADOTable1.Locate('区域;居住地',VarArrayOf([qy,data_type]),[]) then
        begin
            ADOTable1.Last;
            ADOTable1.Insert;
            ADOTable1.FieldByName('区域').AsString:=ED_qy.Text;
            ADOTable1.FieldByName('空气').AsInteger:=kq;
            ADOTable1.FieldByName('水质').AsInteger:=sz;
            ADOTable1.FieldByName('绿化').AsInteger:=lh;
            ADOTable1.FieldByName('养老保险').AsInteger:=yl;
            ADOTable1.FieldByName('医保').AsInteger:=yb;
            ADOTable1.FieldByName('老年事业投入').AsInteger:=tr;
            ADOTable1.FieldByName('居住地').AsInteger:=data_type;
            ADOTable1.FieldByName('平均寿命').AsFloat:=sm;
            ADOTable1.Post;
            ADOTable1.Close;
            showmessage('区域设置完成!');
            M_Form.Npost.Enabled:=true;
            M_Form.Nedit.Enabled:=true;
            M_Form.Nzbj.Enabled:=true;
            FM_qy.Close;
```

```
                end
            else
                showmessage('该区域的数据类型设置已经设置过!');
        end
    else
            begin
                showmessage('有项目没有选取!');
            end;
        end; // 设置新建区域结束
    except
        showmessage('设置区域失败!请检查项目的正确性!');
    end;
end;
procedure TFM_qy.FormShow(Sender: TObject);
begin
    try
    ADOTable1.Open;
    ADOTable1.First;
    while not ADOTable1.Eof do
      begin
         if not test(CBqyu,ADOTable1.FieldByName('区域').AsString) then
            CBqyu.Items.Add(ADOTable1.FieldByName('区域').AsString);
         ADOTable1.Next;
      end;
    CBqyu.ItemIndex:=0;
    except
    showmessage('读取已有数据的区域失败!');
    FM_qy.Close;
```

```
    end;
end;
procedure TFM_qy.RG2Click(Sender：TObject);
begin
    if RG1.Items.Strings[RG2.ItemIndex]='城市' then
        data_type：=1
    else
        data_type：=2;
end;
```

2.3 数据录入模块设计

数据录入是评价系统的基本功能之一。输入的数据完全是根据输出的要求来选择的。由于一切输出均依赖于输入，而输入的个别错误可能引起输出的大量错误。因此，保证输入的绝对正确是系统成败的关键（朱顺泉，2004）。

录入模块通过 ADOTable 控件的 append 和 post 属性访问数据集，实现对数据集进行数据添加。录入模块的运行界面如图 C5 所示：

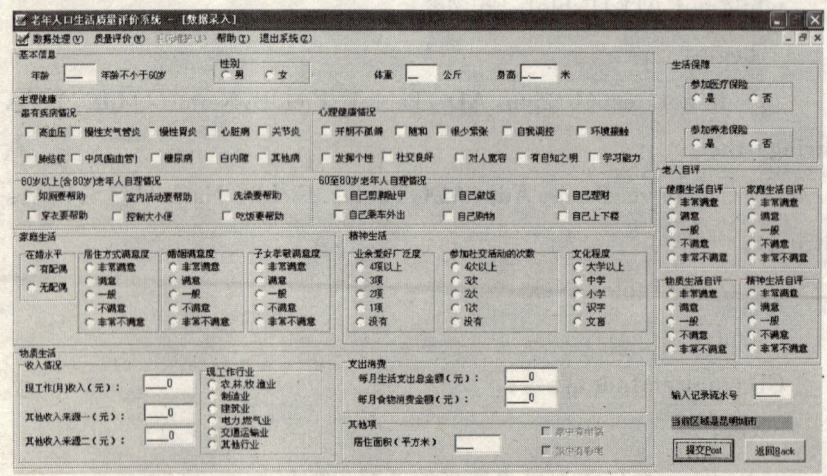

图C5　录入模块运行界面

为了尽量减少用户的录入量和记忆负担,利用了单选按钮、复选框、组合框提供用户录入数据。同时在录入过程中增加了校验功能,用于检验数据的正确性并提供反馈,以便及时进行修改。

部分关键代码如下:

```
procedure TF_input.Button1Click(Sender:TObject);
var
  s:integer;
begin
  try
    begin
    DataM.ADOTable1.open;
    DataM.ADOTable1.Last;
    s:=DataM.ADOTable1.FieldByName('ID').Value;
    if not DataM.ADOTable1.Locate('编号;区域;居住地',VarArrayOf([MKbh.text,Unit8.qy,Unit8.data_type]),[]) then
      begin
        DataM.ADOTable1.Insert;
        DataM.ADOTable1.FieldByName('年龄').Value:=StrToInt(trim(MEage.Text));
        DataM.ADOTable1.FieldByName('性别').Value:=sex;
        DataM.ADOTable1.FieldByName('体重').Value:=StrToFloat(trim(MEweight.Text));
        DataM.ADOTable1.FieldByName('身高').Value:=StrToFloat(trim(MEhight.Text));
        DataM.ADOTable1.FieldByName('高血压病').Value
            :=Abs(strtoint(booltostr(CheckBox1.Checked)));
        DataM.ADOTable1.FieldByName('慢性支气管炎').Value
            :=Abs(strtoint(booltostr(CheckBox4.Checked)));
        ……
```

```
        DataM.ADOTable1.FieldByName('区域').AsString:=Unit8.qy;
        DataM.ADOTable1.FieldByName('编号').Value:=Strtofloat
(trim(MKbh.Text));
        DataM.ADOTable1.Post;
        showmessage('数据表数据已经提交,请单击退出返回!');
        MEage.Text:='';
        MEage.Text:='';
        MEweight.Text:='';
        MEhight.Text:='';
        MKbh.Text:='';
        CheckBox1.Checked:=false;
        CheckBox2.Checked:=false;
        ……
        CheckBox34.Checked:=false;
        MEshouru.Text:='';
        MEly1.Text:='';
        MEly2.Text:='';
        MEzje.Text:='';
        MEyshi.Text:='';
        MEjzmj.Text:='';
        RGsex.ItemIndex:=-1;
        ……
        RGjs.ItemIndex:=-1;
    end
    else
        showmessage('记录流水编号重复请修改!');
    end;
except
  begin
```

```
        DataM. ADOTable1. Close;
        showmessage('数据表中有未填项目或错误项目(记录编号可能重
复)！请检查！');
        end;
      end;
    DataM. ADOTable1. Close;
end;
procedure TF_input. MEageExit(Sender: TObject);
begin
    try
        if strtoint(trim(MEage. Text))>79 then
            begin
                GroupBox5. Enabled:=false;
                GroupBox5. Color:=clHotLight;
                GroupBox4. Enabled:=true;
                GroupBox4. Color:=clBtnFace;
            end
        else
            begin
                GroupBox4. Enabled:=false;
                GroupBox4. Color:=clHotLight;
                GroupBox5. Enabled:=true;
                GroupBox5. Color:=clBtnFace;
            end;
        if (strtoint(trim(MEage. Text))<60) or (strtoint(trim(MEage.
Text))>150) then
            begin
                showmessage('年龄值不正确！');
                MEage. Clear;
```

```
        end;
     except
        begin
           showmessage('年龄值未填写!');
        end;
     end;
end;
procedure TF_input.MEhightExit(Sender: TObject);
begin
     try
        if (strtofloat(trim(MEhight.Text))<1.00) or (strtofloat(trim(MEhight.Text))>2.00) then
           begin
              showmessage('身高值不正确!');
              MEhight.Clear;
           end;
     except
        begin
           showmessage('身高值未填写!');
        end;
     end;
end;

procedure TF_input.FormShow(Sender: TObject);
begin
     Button1.SetFocus;
        if Unit8.data_type=1 then
           begin
              CheckBox33.Enabled:=false;
```

         CheckBox34. Enabled:=false;
         Lqy. Caption:='当前区域是'+Unit8. qy+'城市';
       end;
    if Unit8. data_type=2 then
       begin
         Lqy. Caption:='当前区域是'+Unit8. qy+'农村';
       end;
    M_Form. Nqy. Enabled:=false;
    M_Form. Nedit. Enabled:=false;
    M_Form. Nzbj. Enabled:=false;
    M_Form. Nw. Enabled:=false;
end;
procedure TF_input. BitBtn1Click(Sender:TObject);
begin
       F_input. Close;
end;

2.4 数据编辑模块设计

　　为了方便用户查找要修改的数据,通过输入记录流水号,使用数据感知控件(DBText)及 ADOQuery 控件的 EDIT 方法实现数据的编辑。编辑模块的运行界面与数据录入模块的运行界面基本保持一致,故运行界面略。部分关键代码如下:
procedure TF_input4. FormShow(Sender:TObject);
begin
    MKbh. SetFocus;
    if Unit8. data_type=1 then
       begin
         CheckBox33. Enabled:=false;

```
        CheckBox34.Enabled:=false;
        Lqy.Caption:='当前区域是'+Unit8.qy+'城市';
        end;
    if Unit8.data_type=2 then
        begin
            Lqy.Caption:='当前区域是'+Unit8..qy+'农村';
        end;
    M_Form.Nqy.Enabled:=false;
    M_Form.Npost.Enabled:=false;
    M_Form.Nzbj.Enabled:=false;
    M_Form.Nw.Enabled:=false;
end;
procedure TF_input4.BBDClick(Sender:TObject);
begin
    try
        if MessageDlg('是否确定删除记录?',mtConfirmation,[mbYes,mbNo],0)=mrYes then
        begin
            DataM.ADOTable1.open;
            DataM.ADOTable1.Locate('编号;区域居住地',VarArrayOf([MKbh.text,Unit8.qy,Unit8.data_type]),[]);
            DataM.ADOTable1.Edit;
            DataM.ADOTable1.Delete;
            showmessage('已经删除记录');
            Close;
        end
        else
            MKbh.SetFocus;
    except
```

```
    begin
        showmessage('删除失败!');
        MKbh.SetFocus;
        end;
      end;
end;
procedure TF_input4.BitBtn1Click(Sender:TObject);
begin
    F_input4.Close;
end;
```

2.5 指标计算

指标计算是评价系统的核心部分,它利用了第五章我国老年人口生活质量指标指数的构造中的各项具体计算公式对老年人口的生活地区(城市、农村)分别进行评价,对各指标项分别进行计算评分,并给出老年人口生活质量的最终得分,为使用者提供了准确的数据参考。部分关键代码如下:

```
function CreateForm(CForm:TForm):boolean;
var { ***** 用户自定义 MDIChild 子窗体存在判断函数 ***** }
    No:integer;
    FormExist:boolean;
begin
    FormExist := false;
    if (CForm = NiL) then //判断 CForm 是否为空
      begin
        CreateForm := false;
        exit;
        end;
```

```
    for No:=0 to Screen.FormCount-1 do //判断窗体是否已经被建立起来
      begin
       if Screen.Forms[No].ClassType = CForm.ClassType then
          FormExist:= true;  //窗体已经创建,用户没看到可能是处于隐藏或者最小化
      end;
    if FormExist = false then //窗体没有创建,返回 false
       CreateForm:= false;
    if CForm.WindowState = wsMinimized then //窗体已经创建,但处于最小化状态
       ShowWindow(CForm.Handle,SW_SHOWNORMAL)
    else                          //窗体已经创建,但处于隐藏状态
       ShowWindow(CForm.Handle,SW_SHOWNA);
    if not CForm.Visible then
      CForm.Visible:= true;
    CForm.BringToFront; //当前窗口显示在最前面
    CForm.SetFocus;     //把光标的焦点转移到刚才创建或显示的窗口上
    CreateForm:= true;      //函数返回值赋 true
end;
function hasForm(a:String):Boolean;
  var
    x:Integer;
    r:Boolean;
begin
  r:= false;
  for x:= 0 to Screen.FormCount-1 do
    begin
```

```
        if Screen.Forms[x].Name = a then
            r := true;
        end;
        result := r;
end;
procedure TM_Form.N8Click(Sender: TObject);
begin
        if not hasForm('lgoDlg') then
        begin
        Application.CreateForm(TlgoDlg, lgoDlg);
        lgoDlg.Show;
        end;
end;
procedure TM_Form.NexitClick(Sender: TObject);
begin
        Application.Terminate;
end;
procedure TM_Form.NchaClick(Sender: TObject);
begin
if not hasForm('Form6') then
        begin
        Application.CreateForm(TForm6, Form6);
        Form6.Show;
        end;
end;
procedure TM_Form.NzbjClick(Sender: TObject);
begin
        c_str:=Unit8.qy;
        sp:=1;jksh:=0;wuzhishh:=0;jtshh:=0;jssh:=0;shhhj:=0;
```

```
qol:=0;qol1:=0;
    sexf_sum:=0;sexm_sum:=0;age60:=0;age80:=0;
    jksh_sum1:=0;wuzhishh_sum1:=0;jtshh_sum1:=0;jssh_sum1:=0;
    jksh_sum2:=0;wuzhishh_sum2:=0;jtshh_sum2:=0;jssh_sum2:=0;
    jksh_sum3:=0;wuzhishh_sum3:=0;jtshh_sum3:=0;jssh_sum3:=0;
    jksh_sum4:=0;wuzhishh_sum4:=0;jtshh_sum4:=0;jssh_sum4:=0;
    jksh_sum5:=0;wuzhishh_sum5:=0;jtshh_sum5:=0;jssh_sum5:=0;
    try
        begin
            DataM.ADOTable1.Open;
            DataM.ADOTable1.First;
            sm:=Unit8.sm;
            if sm>59 then
                begin
                    while (not DataM.ADOTable1.Eof) do
                        if (DataM.ADOTable1.FieldByName('区域').AsString=c_str) and (DataM.ADOTable1.FieldByName('居住地').AsInteger=Unit8.data_type) then
                            begin //读取变量值
                                age:=DataM.ADOTable1.FieldByName('年龄').AsInteger;
                                weight:=DataM.ADOTable1.FieldByName('体重').AsInteger;
                                hight:=DataM.ADOTable1.FieldByName('身高').AsFloat;
                                sex:=DataM.ADOTable1.FieldByName('性别').AsInteger;
                                jzd:=DataM.ADOTable1.FieldByName('居住地').AsInteger;
```

······

```
        B20:=DataM.ADOTable1.FieldByName('学习的能
力').AsInteger;
        if (DataM.ADOTable1.FieldByName('年龄').AsInte-
ger>79) then
            begin
            B21:=DataM.ADOTable1.FieldByName('洗澡要
帮助').AsInteger;
                B22:=DataM.ADOTable1.FieldByName('穿衣要
帮助').AsInteger;
                B23:=DataM.ADOTable1.FieldByName('室内活
动要帮助').AsInteger;
                B24:=DataM.ADOTable1.FieldByName('控制大
小便').AsInteger;
                B25:=DataM.ADOTable1.FieldByName('吃饭要
帮助').AsInteger;
                B26:=DataM.ADOTable1.FieldByName('如厕要
帮助').AsInteger;
            end
        else
            begin
                B27:=DataM.ADOTable1.FieldByName('自己剪
脚趾甲').AsInteger;
                B28:=DataM.ADOTable1.FieldByName('自己做
饭').AsInteger;
                B29:=DataM.ADOTable1.FieldByName('自己理
财').AsInteger;
                B30:=DataM.ADOTable1.FieldByName('自己乘
车外出').AsInteger;
```

```
            B31:=DataM.ADOTable1.FieldByName('自己购
物').AsInteger;
            B32:=DataM.ADOTable1.FieldByName('自己上
下楼').AsInteger;
         end;
      //计算健康生活质量
      if age>79 then
          dsc:=((B21+B22+B23+B24+B25+B26)/6*100)
      else
          dsc:=((B27+B28+B29+B30+B31+B32)/6*
100);
      if age>75 then
          ey:=100
      else
          ey:=75*Exp(0.04*(age-sm));
      psyh:=10*(B11+B12+B13+B14+B15+B16+B17+
B18+B19+B20);
          ph:=100*Power(0.75,(B1+B2+B3+B4+B5+B6+
B7+B8+B9+B10));
          pi:=100*Power(0.93,sqrt(Sqr((weight/(hight*
hight))-22.0)));
      if jzd=1 then
         begin
         jkf:=(0.28*ph+0.1*ey+0.15*pi+0.23*dsc+
0.24*psyh);
         jksh:=jksh+jkf;
            if (jkf>90) or (jkf=90) then
            jksh_sum1:=jksh_sum1+1
            else if (jkf>80) or (jkf=80) then
```

```
            jksh_sum2:=jksh_sum2+1
        else if (jkf>70) or (jkf=70) then
            jksh_sum3:=jksh_sum3+1
        else if (jkf>60) or (jkf=60) then
            jksh_sum4:=jksh_sum4+1
        else
            jksh_sum5:=jksh_sum5+1;
    end
else
    begin
        jkf:=(0.33*ph+0.1*ey+0.25*pi+0.16*dsc+0.16*psyh);
        jksh:=jksh+jkf;
        if (jkf>90) or (jkf=90) then
            jksh_sum1:=jksh_sum1+1
        else if (jkf>80) or (jkf=80) then
            jksh_sum2:=jksh_sum2+1
        else if (jkf>70) or (jkf=70) then
            jksh_sum3:=jksh_sum3+1
        else if (jkf>60) or (jkf=60) then
            jksh_sum4:=jksh_sum4+1
        else
            jksh_sum5:=jksh_sum5+1;
    end;
//计算物质生活质量
if (yshi>zje) or (yshi=0) or (zje=0) then      egr:=0
else egr:=(1-(yshi/zje))*100;
if (shouru+ly1+ly2>600) or (shouru+ly1+ly2=600) then   l:=100
```

```
        else     l:=((shouru+ly1+ly2)/600)*100;
    if jzmj>100 then jzmj:=100;
    if jzd=1 then
      begin
        wf:=(0.48*l+0.22*area+0.34*negr); //计算城市的物质生活质量指标
        wuzhishh:=wuzhishh+wf;
        if (wf>90) or (wf=90) then
          wuzhishh_sum1:=wuzhishh_sum1+1
        else if (wf>80) or (wf=80) then
          wuzhishh_sum2:=wuzhishh_sum2+1
          else if (wf>70) or (wf=70) then
            wuzhishh_sum3:=wuzhishh_sum3+1
            else if (wf>60) or (wf=60) then
              wuzhishh_sum4:=wuzhishh_sum4+1
              else
                wuzhishh_sum5:=wuzhishh_sum5+1;
      end
    else
      begin
        //计算农村的物质生活质量指标
        wf:=(0.4*l+0.2*negr+0.2*area+0.12*stv+0.08*stel);
        wuzhishh:=wuzhishh+wf;
        if (wf>90) or (wf=90) then
          wuzhishh_sum1:=wuzhishh_sum1+1
        else if (wf>80) or (wf=80) then
          wuzhishh_sum2:=wuzhishh_sum2+1
          else if (wf>70) or (wf=70) then
```

```
                    wuzhishh_sum3:=wuzhishh_sum3+1
                else if (wf>60) or (wf=60) then
                    wuzhishh_sum4:=wuzhishh_sum4+1
                else
                    wuzhishh_sum5:=wuzhishh_sum5+1;
        end;
        //计算家庭生活质量
        if jzd=1 then
        begin
            jtf:=(0.24*mq+0.33*mmyd+0.18*lmyd+0.25*imyd);
            jtshh:=jtshh+jtf;
            if (jtf>90) or (jtf=90) then
                jtshh_sum1:=jtshh_sum1+1
            else if (jtf>80) or (jtf=80) then
                jtshh_sum2:=jtshh_sum2+1
            else if (jtf>70) or (jtf=70) then
                jtshh_sum3:=jtshh_sum3+1
            else if (jtf>60) or (jtf=60) then
                jtshh_sum4:=jtshh_sum4+1
            else
                jtshh_sum5:=jtshh_sum5+1;
        end
        else
        begin
            jtf:=(0.3*imyd+0.38*lmyd+0.20*mmyd+0.12*mq);
            jtshh:=jtshh+jtf;
            if (jtf>90) or (jtf=90) then
```

```
                jtshh_sum1:=jtshh_sum1+1
            else if (jtf>80) or (jtf=80) then
                jtshh_sum2:=jtshh_sum2+1
            else if (jtf>70) or (jtf=70) then
                jtshh_sum3:=jtshh_sum3+1
            else if (jtf>60) or (jtf=60) then
                jtshh_sum4:=jtshh_sum4+1
            else
                jtshh_sum5:=jtshh_sum5+1;
    end;
    //计算精神生活质量
    jsf:=(0.4*whcd+0.3*sjcs+0.3*ah);
    jssh:=jssh+jsf;
    if (jsf>90) or (jsf=90) then
        jssh_sum1:=jssh_sum1+1
    else if (jsf>80) or (jsf=80) then
        jssh_sum2:=jssh_sum2+1
    else if (jsf>70) or (jsf=70) then
        jssh_sum3:=jssh_sum3+1
    else if (jsf>60) or (jsf=60) then
        jssh_sum4:=jssh_sum4+1
    else
        jssh_sum5:=jssh_sum5+1;
    //计算环境质量
    shhhj:=shhhj+(0.1*kq+0.1*szhi+0.1*lh+0.3*tr+0.2*fgl+0.2*yb);
    if sex=1 then
        sexm_sum:=sexm_sum+1
    else
```

```
            sexf_sum:=sexf_sum+1;
        if (age>59) and (age<79) then
            age60:=age60+1
        else
            age80:=age80+1;
        sp:=sp+1;
        DataM.ADOTable1.Next;
        end //计算结束，while 结束
        else
            DataM.ADOTable1.Next;
        //计算总分
        qol:=(0.32*jksh+0.21*wuzhishh+0.21*jtshh+
0.13*jssh+0.13*shhhj)/sp;
        jksh:=jksh/sp;
        wuzhishh:=wuzhishh/sp;
        jtshh:=jtshh/sp;
        jssh:=jssh/sp;
        shhhj:=shhhj/sp;
     end
     else
        begin
            DataM.ADOTable1.Close;
        end;
    end;
except
    begin
        DataM.ADOTable1.Close;
        showmessage('读取数据失败！请检查数据记录的正确性！');
    end;
end;
```

// 保存计算的分数

```
try
    DataM.ADOTable3.Open;
    DataM.ADOTable3.First;
    if DataM.ADOTable3.Locate('区域;居住地',VarArrayOf([Unit8.qy,Unit8.data_type]),[]) then
        begin
            DataM.ADOTable3.Edit;
            DataM.ADOTable3.Delete;
        end;
    DataM.ADOTable3.Last;
    DataM.ADOTable3.Insert;
    DataM.ADOTable3.FieldByName('区域').AsString:=Unit8.qy;
    DataM.ADOTable3.FieldByName('居住地').AsVariant:=Unit8.data_type;
    DataM.ADOTable3.FieldByName('健康生活分数').AsFloat:=jksh;
    DataM.ADOTable3.FieldByName('家庭生活分数').AsFloat:=jtshh;
    DataM.ADOTable3.FieldByName('物质生活分数').AsFloat:=wuzhishh;
    DataM.ADOTable3.FieldByName('精神生活分数').AsFloat:=jssh;
    DataM.ADOTable3.FieldByName('生活质量分数').AsFloat:=qol;
    DataM.ADOTable3.FieldByName('生活环境分数').AsFloat:=shhhj;
    DataM.ADOTable3.FieldByName('jk1').AsFloat:=jksh_sum1;
    ...
    DataM.ADOTable3.FieldByName('age60').AsInteger:=age60;
    DataM.ADOTable3.FieldByName('age80').AsInteger:=age80;
    DataM.ADOTable3.Post;
    DataM.ADOTable3.Close;
except
```

```
        showmessage('未能保存!');
end;
        showmessage('计算完成,已经保存结果! 可以查看评价结果');
end;
```

2.6 评价结果查询模块设计

评价结果查询模块是评价系统中重要的组成部分,能对已计算的各地区指标评价结果进行快速查询显示,同时也能显示对相关数据的统计,并利用 Delphi 的数据感知控件 DBChart 图表,将统计结果直观地显示出来。其运行界面如图 C6 所示。

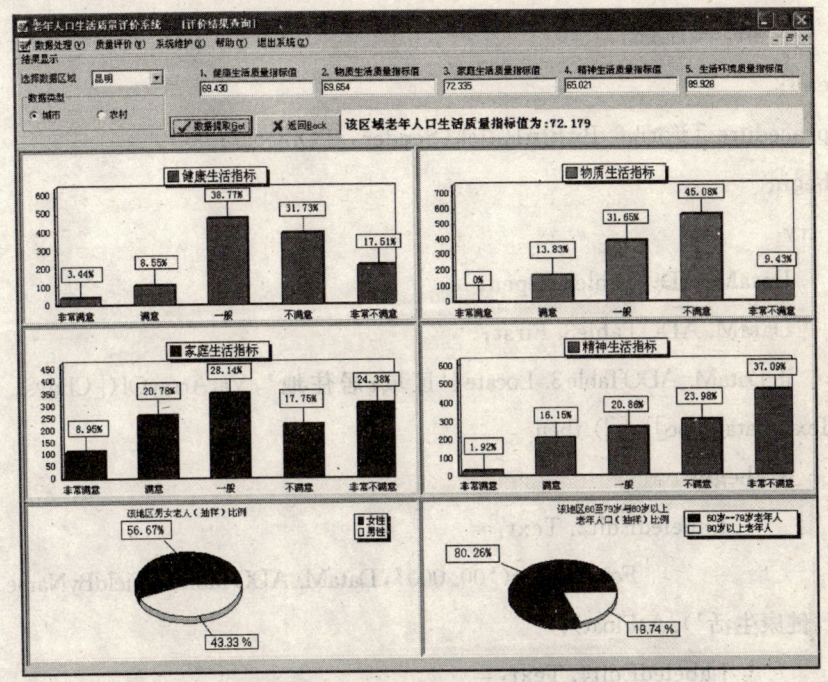

图C6　评价结果查询模块运行界面

部分关键代码如下:
```
Function test(CBX:TComboBox;Tablestring:string):Boolean;
var
```

```
        X, tmpIndex: Integer;
        ifExist: Boolean;
begin
        tmpIndex:=0;
        ifExist:=False;
        for X:=0 to CBX.Items.Count-1 do
          if CBX.Items.Strings[X]=Tablestring then
            begin
              tmpIndex:=X;
              ifExist:=True;
            end;
        result:=ifExist;
end;
procedure TForm6.BitBtn1Click(Sender: TObject);
begin
 try
    DataM.ADOTable3.Open;
    DataM.ADOTable3.First;
    if DataM.ADOTable3.Locate('区域;居住地',VarArrayOf([CBqysz.
Text,data_type]),[]) then
        begin
            LabeledEdit2.Text:=
                    Formatfloat('00.000',DataM.ADOTable3.FieldByName
('健康生活').AsFloat);
            LabeledEdit4.Text:=
                    Formatfloat('00.000',DataM.ADOTable3.FieldByName
('家庭生活').AsFloat);
            LabeledEdit3.Text:=
                    Formatfloat('00.000',DataM.ADOTable3.FieldByName
```

('物质生活'). AsFloat);

　　LabeledEdit5. Text:=

　　　　Formatfloat('00.000',DataM. ADOTable3. FieldByName('精神生活'). AsFloat);

　　LabeledEdit6. Text:=

　　　　Formatfloat('00.000',DataM. ADOTable3. FieldByName('生活环境'). AsFloat);

　　Label3. Caption:='该区域老年人口生活质量指标值是'+

Formatfloat('00.000',DataM. ADOTable3. FieldByName('生活质量分数'). AsFloat)+'分。';

　　jk1:=DataM. ADOTable3. FieldByName('jk1'). AsFloat;

　　jk2:=DataM. ADOTable3. FieldByName('jk2'). AsFloat;

　　……

　　sexm:=DataM. ADOTable3. FieldByName('sexm'). AsInteger;

　　sexf:=DataM. ADOTable3. FieldByName('sexf'). AsInteger;

　　age60:=DataM. ADOTable3. FieldByName('age60'). AsInteger;

　　age80:=DataM. ADOTable3. FieldByName('age80'). AsInteger;

　　DataM. ADOTable3. Close;

With Series1 do

　Begin

　　Clear;

　　AddXY(1,jk1,'非常满意',clTeeColor);

　　AddXY(2,jk2,'满意',clTeeColor);

　　AddXY(3,jk3,'一般',clTeeColor);

　　AddXY(4,jk4,'不满意',clTeeColor);

```
            Addxy(5,jk5,'非常不满意',clTeeColor);
          end;
       ……
       with Series3 do
         begin
           clear;
           Add(sexf,'女性',clBlack);
           Add(sexm,'男性',clWhite);
         end;
       with PieSeries2 do
         begin
           clear;
           Add(age60,'60 岁—79 岁老年人',clBlack);
           Add(age80,'80 岁以上老年人',clwhite);
         end;
      end
    else
       showmessage('该区域没有计算过值！请先执行数据处理中的计
算操作！');
    except
       showmessage('读取记录错误！');
  end;
end;
procedure TForm6.FormCreate(Sender：TObject);
begin
    try
      begin
       DataM.ADOTable2.Open;
       DataM.ADOTable2.First;
```

```
            while not DataM.ADOTable2.Eof do
                begin
                    if not test(CBqysz,DataM.ADOTable2.FieldbyName('区
域').AsString) then
                        CBqysz.Items.Add(DataM.ADOTable2.FieldbyName('区
域').AsString);
                    DataM.ADOTable2.Next;
                end;
            DataM.ADOTable2.Close;
            CBqysz.ItemIndex:=0;
        end;
        except
        showmessage('读取区域设置错误!');
        end;
end;
procedure TForm6.RGcClick(Sender:TObject);
begin
    if RGc.Items.Strings[RGc.ItemIndex]='城市' then
        begin
        data_type:=1;
        BitBtn1.Enabled:=true
        end
    else
        begin
        data_type:=2;
        BitBtn1.Enabled:=true;
        end;
end;
end.
```

3 结束语

评价系统的开发充分利用了 Delphi 7 中的数据库组件,其特点是开发周期短、实用性强。投入运行后,为课题研究工作中调查数据的处理提供了有效的支持,特别是对指标体系的验证工作起到了明显的辅助作用。

后　记

本书是国家社会科学基金项目——"我国老年人口生活质量指标体系的设置与评价研究"的研究成果。该研究成果主要由重庆大学、昆明大学合作完成。研究成果的作者主要是重庆大学、昆明大学的教授、副教授、学者，也包括参与课题重要问题讨论和资料收集的博士生和硕士生。他们围绕项目的研究主线，深入调查及广泛收集文献。研究成果凝聚了课题组成员的心血和汗水。

在此，我首先要对支持和帮助课题研究的相关部门及参加课题研究的各位表示由衷的感谢。特别是昆明大学的刘渝妍副教授、王路副教授、赵卿老师，他们在指标体系的构建、问卷调查等方面做了大量的工作，为本课题的完成奠定了重要的基础，在此向他们表示感谢。在研究成果出版之际，我还要感谢积极参与本项目研究的重庆大学的曹华、韩加强、陈媛、杨先斌等同学，他们辛勤而默默无闻的工作是本研究能够成功完成的重要保证。

必须指出，本研究成果属于学术研究，书中对老年人口生活质量的评价只是本课题组研究之成果，不代表任何政府部门的观点。

刘渝琳

2007 年 3 月于重庆大学